코드 한 줄 없이 시작하는
MicroSoft 파워 앱스

코드 한 줄 없이 시작하는
MicroSoft 파워 앱스

초판 1쇄 2022년 11월 21일
2쇄 2023년 10월 2일

지은이 김성준, 김태완, 조민준, 한익환
발행인 최홍석

발행처 (주)프리렉
출판신고 2000년 3월 7일 제 13-634호
주소 경기도 부천시 길주로 77번길 19 세진프라자 201호
전화 032-326-7282(代) **팩스** 032-326-5866
URL www.freelec.co.kr

편 집 서선영
디자인 황인옥

ISBN 978-89-6540-344-9

이 책에 대한 의견이나 오탈자, 잘못된 내용의 수정 정보 등은 프리렉 홈페이지(freelec.co.kr) 또는 이메일(help@freelec.co.kr)로 연락 바랍니다.

코드 한 줄 없이 시작하는 ———

MicroSoft
파워 앱스 Apps

김성준, 김태완
조민준, 한익환
지음

시작하세요!
어려운 코딩 없이
앱 개발도
엑셀처럼!

프리렉

차례

PART 1

Hello,
파워 앱스!

1장   파워 앱스와 만나기   13

PART 2

파워 앱스로 만드는 나만의 앱

포춘 500대 기업의 91%가 마이크로소프트의 파워 앱스를 기업에 도입해 디지털 혁신을 가속하고 있다고 한다. 마이크로소프트(Microsoft)가 클라우드 기반의 기업 소프트웨어 시장에 영향력을 확대하고 있는 것이다. 개인적으로 주목했던 것은 마이크로소프트가 파워 오토메이트(Power Automate) 데스크톱을 무료로 배포한다는 전략을 발표한 것이다. 즉, 자동화라는 새로운 디지털 세상을 만날 기회가 누구에게나 활짝 열렸다. 이에 따라 대중이 폭넓게 RPA를 수용하고 RPA 시장도 급성장할 것이라고 예상했다. 파워 오토메이트가 포함되어 있는 파워 플랫폼의 제품군은 서로 긴밀하게 연결되어 있다. 업무 자동화 솔루션인 파워 오토메이트를 시작으로, 파워 플랫폼의 제품군을 시리즈 도서로 소개해 보자고 막연하게 생각했다. 반복적인 수작업을 자동화하는 RPA를 업무에 적용하고 있다면, 다음 단계로는 수작업이 수반되는 업무 프로세스를 디지털 환경으로 전환하는 파워 앱스를 고려할 필요가 있다. 현장에서 종이에 수기로 기록한 데이터를 사무실 직원이 다시 시스템으로 입력하는 단순 업무는 꽤나 빈번하게 목격되는 작업 형태이다. 이러한 비생산적인 중복 수작업을 최소화해야 한다. 파워 플랫폼을 활용하면 디지털 전환이 그렇게 어려운 과제만은 아니다. 데이터 집계용 엑셀 파일을 파워 앱스에 업로드하면 모바일 디바이스에서 실행할 수 있는 앱이 자동으로 만들어진다. 현장 작업자가 스마트폰이나 태블릿에서 데이터를 입력하는 즉시, 사무실에서는 실시간으로 데이터를 확인할 수 있다. 모른다고 외면할 수 있는 디지털 전환(디지털 트랜스포메이션, digital transformation)이 아니다. 세상은 이미 디지털 환경으로 빠르게 변하고 있다. '나'(혹은 우리 기업)만 예전 방식의 반복적인 수작업을 고집하고 있는 건 아닌지 돌아봐야 한다. 안다고 해서 마냥 부정하고 회피할 수 있는 디지털 세상도 아니다. 거부하거나 경쟁하려 하지 말고,

달리는 말에 올라타야 한다. 민첩하게 배우고 업무에 활용해서 효율성을 높여야 한다. 아니면, 뒤처지고 도태될 수밖에 없다.

습관처럼 컴퓨터를 켜고 새로운 IT 기술이 소개되었는지 찾아본다. 계절의 변화보다 기술의 변화가 더 빠르다. 지난달에 익혔던 기능이 업데이트되어서, 해당 메뉴를 찾는 것도 쉽지가 않다. 오늘 배운 것은 내일이면 옛것이 되어버린다. 어떻게 하면 세상을 더 편리하게 변화시킬지 기업들은 서로 경쟁하고 있다. 많은 노코드(No-code) 솔루션이 개발되면서, 개발자와 비개발자의 경계가 점차 허물어지고 있다. 누구나 쉽게 IT 기술을 배울 수 있고, 최소한의 코드(노코드, 로코드(Low Code))로 본인에게 필요한 앱을 만들고 자동화를 구현할 수 있게 되었다. 이전에는 컨설턴트와 개발자가 구현한 IT 시스템이 업무 프로세스를 주도했다면, 이제는 현업 담당자가 직접 필요한 애플리케이션을 개발할 수 있는 시대가 도래한 것이다. 디지털 시대에는 IT 전문가 자격에 한 가지 자질이 더 요구된다. 먼저 찾아서 학습하고 시뮬레이션하면서, 시민 개발자가 IT 시스템을 스스로 잘 운용할 수 있도록 앞서 교육하고 뒤에서 서포트해야 한다. 깨어 있고 열린 마음으로 시대의 흐름에 리듬을 맞추며 즐기는 유연함이 필요함을 깨닫는다.

2022년 8월 무더운 여름날에, 저자진 씀.

PART 1

Hello,
파워 앱스!

디지털 시대가 도래함에 따라 각 기업은 '노코드'와 '자동화'에 열광하고 있다. MS는 파워 플랫폼이라는 자사 제품을 통해 소비자들에게 클라우드 기반의 개발 플랫폼을 제공한다. 파워 플랫폼은 5가지 제품군이 유기적으로 연결되어 있다. 업무 자동화를 구현하는 Power Automate(파워 오토메이트), 인공지능 기반의 대화형 챗봇을 빌드하는 Power Virtual Agent(파워 버추얼 에이전트), 분석 리포트를 자동으로 생성하는 Power BI(파워 비아이), 개방형 웹사이트를 생성하는 Power Pages(파워 페이지) 그리고 모바일 앱을 노코드로 만드는 Power Apps(파워 앱스)이다. 1장에서는 파워 플랫폼과 파워 앱스의 개발 환경을 소개하고, 코드 한 줄 없이 모바일 앱을 뚝딱 만드는 방법에 대해서 소개한다.

파워 앱스와 만나기

실행 영상 파일
URL: https://cafe.naver.com/msapp/98

파워 플랫폼이란
무엇인가?

제4차 산업혁명과 함께 기업마다 디지털 전환(디지털 트랜스포메이션)이 열풍이다. 이런 기류와 함께 노코드(No-code) 솔루션도 활황을 맞이하고 있다. 포털사이트에서 '노코드'로 검색하면 수많은 솔루션이 나열된다. 자고 일어나면 새로운 기술이 소개되고 공부할 것이 넘쳐나는 디지털 세상이다. 여러 가지 노코드 솔루션을 기웃거리다 파워 플랫폼에 집중하기로 마음을 다잡는다. 많은 의미로 해석될 수 있는 **디지털 전환**은 과연 무엇을 의미하는 것일까? 우리 저자진은 디지털 전환을 다음 3가지 키워드로 정리해 보려 한다.

1. 데이터의 **초연결성**(세상의 모든 데이터가 인터넷에 연결)

2. 데이터의 **초월성**(장소와 시간에 구애받지 않고 데이터에 접속)

3. 데이터의 **초대중성**(누구나 쉽게 데이터를 조회하고 분석)

디지털 전환은 한마디로 세상의 모든 데이터를 인터넷에 연결해 전산화한다는 것이다. IoT(사물 인터넷) 기술을 이용해서 자동으로 데이터를 수집할 수 있다. 모바일 앱이나 웹 사이트를 이용해서 사람이 수동으로 데이터를 입력하는 것도 디지털 전환의 한 형태이다. 모바일 앱을 활용한다는 것은 언제 어디서나 누구나 시스템에 데이터를 입력할 수 있다는 의미이며, 이러한 기반은 공장의 디지털 전환과 물류의 디지털 전환 등의 영역으로 확장된다.

공장에서 많은 IT 시스템을 사용하면서 스마트 팩토리라는 개념이 등장했다. 이것 또한 작업자의 생산 진행 상황을 종이에 입력하던 것을 디지털 데이터로 처리하는 것부터 시작한다. 그 입력 방법을 자동화로 할 것인지 사람이 수동으로 입력할 것인지에 대한 차이가 있는 정도이다. 조립 로봇을 이용한 공장 자동화가 있긴 하지만, 자동화에 대한 접근을 너무 기술적인 시각으로만 볼 필요는 없다.

스마트폰에는 아주 유용하게 활용할 수 있는 카메라가 탑재되어 있다. 카메라는 QR 코드 또는 바코드를 인식할 수 있기 때문에 자동으로 데이터를 읽어서 시스템에 저장할 수 있다. 또한 모바일 디바이스에는 NFC 리더기가 내장되어 있기 때문에 스마트 팩토리를 구현하는 데 NFC 태그를 활용할 수도 있다. 뉴스에서 택배 직원의 인터뷰를 우연찮게 보았다. 택배 물류에서 가장 힘든 작업 중 하나는 배달해야 할 물품을 수작업으로 분류하는 일인데, 최근에는 바코드를 읽어서 자동으로 분류하는 시스템이 구축되었기 때문에 이른 새벽부터의 수작업 노동이 필요 없어졌다고 한다. 어떤 기술이 사용되는지는 정확하게 알지는 못하지만, 카메라가 바코드를 읽어서 배달할 목적지를 분류하고 이 주소가 컨베이어에 전달되어서 해당 택배 차량으로 물품이 배포되리라 추측해 본다.

IT 선진국인 우리나라에서도 여전히 많은 기업의 직원들이 수작업으로 종이에 데이터를 쓰거나 엑셀에 데이터를 입력한다. 디지털 전환은 이러한 수작업을 발굴해서 개선하는 것부터 시작해야 한다. 특히 IT 시스템에 투자할 여력이 부족한 중소기업은 노코드 솔루션을 이용해서 일반 사무직원(시민 개발자)이 모바일 앱을 만들어서 업무에 적용하는 것부터 시도해 볼 것을 권유한다. 여러 가지 많은 도구가 있지만, 기업용 모바일 앱으로는 시작하기엔 파워 앱스가 가장 쉽다. 여타 노코드 솔루션과 비교할 때 파워 플랫폼은 기업형 솔루션에 가깝다. 그런데 2022년 5월에 개방형 웹 사이트를 개발하는 노코드 도구인 파워 페이지(Power Pages, https://make.powerpages.microsoft.com/)가 출시되었다. 이전의 파워 플랫폼이 기업 내의 프로세스 개선에 초점을 두었다면, 이제는 기업 내부뿐만 아니라 외부 고객까지 포함하는 대중성 있는 디지털 인프라가 된 것이다.

다양한 국가의 직원들과 화상회의를 하는 언택트 업무 환경에서는 협업과 자동화 프로세스가 더할 나위 없이 중요하다. 언제 어디서나 업무 처리가 가능한 클라우드 환경의 디지털 오피스가 트렌드가 되고 있다. 마이크로소프트는 모든 사람이 클라우드 환경에서 일하고, 고효율의 업무 자동화를 위해 스스로 프로그램을 개발할 수 있는 세상을 꿈꾼다. 이러한 큰 비전을 이루고자 설계한 것이 바로 마이크로소프트 365의 기본 틀인 **파워 플랫폼**(Power Platform)이다. 마이크로소프트 365 환

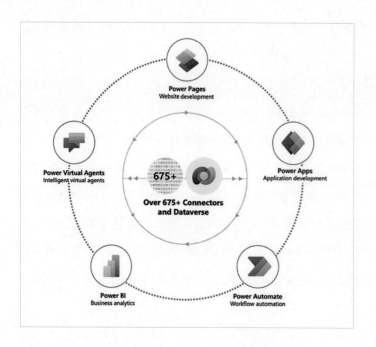

- 파워 오토메이트(Power Automate): 노코드로 업무 자동화 구현

- 파워 앱스(Power Apps): 노코드로 업무용 앱 개발과 AI 연계

- 파워 페이지(Power Pages): 노코드로 개방형 웹사이트 개발

- 파워 버추얼 에이전트(Power Virtual Agents (Chatbot)): AI에 기반을 둔 챗봇 개발

- 파워 비아이(Power BI): 기업용 분석 리포트 자동 개발

경에서는 전통적인 개발 방식인 스크립트를 더는 사용할 필요가 없다. 노코드에 기반을 둔 파워 플
랫폼에서는 누구나 쉽게 모바일 앱을 개발하고 업무 자동화를 구현할 수 있다. 시민개발자와 전문
개발자가 퓨전팀을 구성하여 서로의 코드를 공유하고 협업할 수 있도록 지원한다. 파워 플랫폼은
인공지능까지 접목해서 사람의 판단이 필요한 영역까지 기술이 진보하고 있다. 커넥터(Connector)
를 통해서 다양한 앱과도 통합할 수 있도록 설계했다. 그 확장성이 무한하기에 하나하나 설명하기
가 불가능할 정도이다. 디지털 기술의 혁신적인 진화를 보여주는 마이크로소프트 파워 플랫폼은 5
개 그룹으로 구성된다(16페이지 그림 참고).

파워 앱스란?

파워 앱스(Power Apps)는 모바일 앱을 만드는 파워 플랫폼의 한 도구이다. 노코드에 기반을 두므로 누구나 쉽게 모바일 앱을 만들어서 기업 시스템으로 활용할 수 있다. 예를 들어, 엑셀 프로그램으로 관리하는 데이터를 모바일 앱으로 변환해서 언제 어디서나 스마트폰에서 데이터를 확인하고 관리할 수 있다.

파워 앱스는 **마이크로소프트 오피스 제품인 파워포인트와 엑셀 프로그램의 합작품**이라고 이해하면 된다. 화면 디자인은 파워포인트로 슬라이드에 도형이나 이미지를 삽입하는 방법과 비슷하다. 그리고 화면에 추가한 버튼과 같은 UI 요소를 컨트롤하는 로직은 엑셀에서 사용하는 함수와 아주 비슷하다. 파워 플랫폼에서 사용하는 로코드 언어를 Power FX라고 한다.

파워 앱스

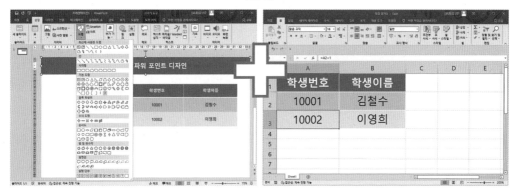

[파워포인트(화면 디자인)]   [엑셀(함수)]

디지털 전환 이전에는 팀원의 휴가 계획을 집계하려면, 팀원들에게 엑셀 파일을 메일로 보낸 후에 입력을 요청해야 했다. 마이크로소프트 365 환경에서는 파워 앱스 모바일 앱을 만들어서 팀원에게 링크 주소만을 전달하거나 앱을 실행해서 직접 입력하도록 안내하기만 하면 된다. 코드 한 줄 없이 앱을 만들어서 디지털 환경의 모바일 오피스를 구현할 수 있다. 또한, 이전에는 문서를 출력해서 휴가 결재를 진행했다면 이제는 모바일 앱에서 휴가를 신청하고 승인하면 된다. 디지털 전환의 덤 으로, 종이 없는 친환경 업무 환경을 만들어 ESG 경영을 실천하는 기업으로도 변모할 수 있다.

가속하는 디지털 전환에 발맞추어 IT 부서의 업무 방식도 변화하고 있다. 완벽하게 제품을 만들어 서 배포하는 전통적인 IT 개발 방법론보다는 프로토타입처럼 단위 모듈을 개발해서 단계적으로 제품을 완성해 가는 애자일(Agile) 방법론을 선호한다. 또한, 애플리케이션 개발이 개발자를 비롯한 IT 전문가만의 영역이 아니라는 도전이 현실로 이루어지고 있다. 누구나 개발자가 될 수 있다는 이 른바 **시민 개발**(Citizen Development)이라는 개념이 새롭게 등장했고 관련 솔루션도 출시되었다.

시민 개발이란, 누구나 단위 모듈을 연결해서 애플리케이션을 개발할 수 있도록 지원하는 방법론 또는 개발 도구를 의미한다. 즉, 프로그램 소스 코드를 직접 만드는 것이 아니라 이미 만들어진 모 듈(기능)을 재사용하는 개념이므로 누구나 애플리케이션을 개발할 수 있다. 네이버나 다음과 같은 포털에서 소스 코드 한 줄 없이 개인 블로그를 개설하는 것도 시민 개발의 한 예시이다. 재사용 모 듈은 **노코드**(No-code) 또는 **로코드**(Low-code)라고 정의하기도 한다. 노코드와 로코드는 복잡한 소스 코드를 아주 간단한 명령으로 모듈화한 것을 뜻한다.

노코드 솔루션의 등장으로 IT 개발자와 일반 사용자의 업무 경계가 일부 허물어지고 있다. 먼저 시 작하는 사람이 해당 분야의 전문가가 되기도 한다. 저자진이 재직 중인 한 회사의 일반 사무직원은 파워 앱스를 스스로 학습하여 부서 업무와 관련된 앱을 직접 개발한다. 모바일 기기(스마트폰, 태블 릿 등)에서 카메라를 이용해 바코드를 읽어 제품 정보를 메일로 전송하거나 자동으로 승인 요청을 보내는 등의 다양한 앱을 사용한다.

IT 부서에도 파워 앱스를 담당하는 전문가가 있지만, 해당 직원은 스스로 학습하는 방법으로 앱을 만들어 업무에 활용한다. IT 팀에서 개발해야 할 앱을 일반 사용자가 직접 개발하고 부서 내에서 공유해서 사용하는 것을 보며 놀라움과 위기감을 느낄 수밖에 없었다.

"보통 코드 기반 프로그래밍을 배우려면 3개월에서 6개월 정도의 시간이 필요합니다. 하지만 파워 앱스는 코드를 기반으로 하지 않으므로 2~3일의 교육으로도 실무에서 필요한 앱을 개발할 수 있습니다."

보통 코드 기반 프로그래밍을 배우려면 최소 1개월에서 6개월 정도의 시간이 필요하다. 로코드 기반의 파워 앱스는 2~3일 정도 교육으로도 실무에서 필요한 앱을 개발할 수 있다.

- **코드 기반 프로그램 교육 기간: 1개월~6개월**
- **로코드인 파워 앱스 교육 기간: 2일~3일**

파워 앱스 세미나를 진행하면서 만난 한 쇼핑몰 업체 사장님도 전형적인 시민 개발자의 한 사례였다. 파워 앱스를 이용해 회사에서 사용하는 앱을 본인이 개발하고 있었다. IT 담당자를 채용하고 많은 비용을 들여 시스템 개발을 했지만, 투입한 노력에 비해 결과물이 만족스럽지 않아서 직접 공부해 보기로 결단을 내렸다고 한다. 다만, 파워 앱스의 기본 이론을 이해하지 못한 상황에서 학습 영상을 따라 하면서 앱을 만들다 보니 수정사항이 생길 때마다 힘들다고 하소연했다.

이렇게 노코드 방식을 이용하면 IT 개발자의 지원이 필수가 아니므로 개발비를 줄일 수 있다. 소스 코드를 기술하는 프로그래밍 방식과 비교하면 모듈 조립식 개발은 사람의 개입이 적기 때문에 오류가 줄어드는 효과도 있다. 그리고 프로그램을 개발하는 시간을 절감할 수 있다. 데이터 원본만 있으면 앱을 자동으로 만드는 기능을 포함하므로 개발 생산성 역시 아주 높다. 예를 들어, 엑셀 파일을 파워 앱스에 연결하면 멋진 모바일 앱이 자동으로 만들어진다. 예를 들어, 다음 그림과 같은 '학생성적' 엑셀 파일을 파워 앱스에 연결하면 자동으로 모바일 앱으로 변환된다.

모바일 앱으로 변환한 후에는 스마트폰 또는 태블릿에서 파워 앱스를 실행할 수 있다. 물론, URL

[엑셀 원본 파일]　　　　　　　　　　[파워 앱스 모바일 앱 변환 화면]

[회의실 예약 리스트 화면]   [회의실 예약 신청 화면]   [회의실 예약 신청 상세 화면]

주소를 이용해서 마이크로소프트 엣지(Edge)와 크롬(Chrome) 같은 웹 브라우저에서도 접속할 수 있다. 개발자 부족 시대에 시민 개발자 스스로 소스 코드 한 줄 없이 모바일 오피스 환경을 구축할 수 있는 것이다. 다음은 파워 앱스로 개발한 회의실 예약 신청 예시 화면이다.

파워 앱스를 이용해서 새로운 프로그램을 개발하거나, 오래된 웹 시스템을 파워 앱스로 대체 개발하는 등 실무에서 파워 앱스의 사용 범위가 점점 확대되고 있다. 파워 앱스의 가장 큰 장점은 개발후, 모바일 장치에서 바로 사용할 수 있다는 데 있다. 현장 작업자 또는 운송을 담당하는 트럭 기사가 스마트폰으로 데이터를 입력할 수 있으며 태블릿의 카메라로 제품에 부착된 바코드를 스캔해서 시스템에 저장할 수도 있다.

파워 앱스 앱에서 연결할 수 있는 원본 데이터는 셰어포인트(SharePoint), 원드라이브(OneDrive), 데이터버스(Dataverse), SQL 서버 등 아주 다양하다. 그리고 파워 앱스는 RPA인 파워 오토메이트(Power Automate)와 연결해서 자동화 프로세스를 구현할 수 있다. 즉, 모바일 앱과 RPA(로봇 업무 자동화, Robotic Process Automation)의 접목으로 앱 기능을 더욱 확장할 수 있다. 파워 앱스 모바일 앱에서 필요한 값을 입력받은 후에 파워 오토메이트 자동화로 연결하는 것이 이상적이다.

파워 오토메이트는 개인 및 기업의 업무를 개선하고 자동화하는 데 더 큰 효과가 있으며 파워 앱스는 기업의 IT 아키텍처(체질)를 완전히 탈바꿈할 수 있다. 다양한 커넥터를 통해서 SAP ERP와 같은 기업의 주요 시스템과도 연결할 수 있다. 파워 앱스에서 개발한 모바일 앱과 SAP ERP 연결 방법은 이 책의 부록에서 소개한다.

파워 앱스와 한 가족인 파워 오토메이트를 학습하는 것도 업무 생산성과 효율성을 높이는 데 큰 도움이 된다. 더군다나 마이크로소프트의 RPA는 윈도우 환경에서 누구나 무료로 사용할 수 있다. 업무 자동화에 대한 현업의 반응은 절로 나오는 감탄과 박수가 설명을 대신한다. "우와", "대박!"이라는 감탄사가 가장 잘 어울리는 상황을 RPA는 아주 쉽게, 자주 만들어 낸다. 바쁘다며 시큰둥한 표정으로 시작된 RPA 교육은 영감을 얻은 듯 반짝이는 눈빛으로 끝나곤 한다. 네이버와 카카오 쇼핑몰에서 평균 판매가보다 저렴하게 판매하는 업체를 찾아내고, 배송 지연과 관련된 후기를 RPA가 자동으로 추출해 낸다. 무엇을 상상하든 RPA 로봇 비서는 꽤 똑똑하게 업무를 처리한다.

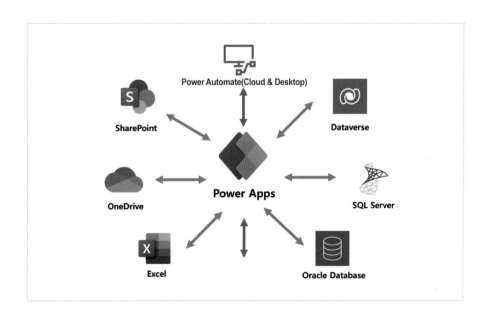

파워 오토메이트 클라우드와 데스크톱

파워 플랫폼의 구성 요소인 파워 오토메이트에는 데스크톱과 클라우드, 2가지 버전이 있다. 파워 오토메이트 데스크톱을 파워 오토메이트 앱이라고도 하며, 윈도우10 이상의 버전이 설치된 모든 PC에서 무료로 사용할 수 있다.

파워 오토메이트 클라우드는 웹사이트(https://make.powerautomate.com/)에서 자동화 흐름을 구현한다. 클라우드 환경이기 때문에 ID와 패스워드만 입력하면 언제 어디서나 접속할 수 있다. 반면에 파워 오토메이트 데스크톱(PAD, Power Automate Desktop)은 개인 PC에 소프트웨어를 설치해야 한다.

파워 오토메이트 클라우드는 사용자가 흐름을 직접 실행할 필요가 없는 업무 프로세스 자동화에 더 효율적이다. 기업 제반 업무를 디지털 기술을 이용해서 자동화한다는 의미로 DPA(Digital Process Automaton)라고 한다(참고로 파워 오토메이트 데스크톱은 RPA라고 볼 수 있다).

반면에, 파워 오토메이트 데스크톱(PAD)은 개인 컴퓨터에서 사용자가 조작해야 하는 응용 프로그램이나 웹사이트의 자동화에 최적화되어 있다. 특히 PAD는 Python, JavaScript, Vbscript와 같은 소스 코드 기반의 프로그래밍을 모듈로 추가할 수 있다. 또한 API 기능도 지원되기 때문에 타 시스템과의 연결도 가능하다.

파워 오토메이트 데스크톱(RPA)	파워 오토메이트 클라우드(DPA)
UI 기반 녹화 자동화 중점	커넥터(API)를 통한 시스템간 통합 자동화
개인의 반복업무 및 수작업 자동화 중점	기업의 업무 프로세스 자동화 중점
태스크 자동화(Task Automation)	프로세스 자동화(Digital Process Automation)
2가지 모두 Digital Process Automation + Task automation에 활용될 수 있음	

기본적으로 DPA와 PAD의 자동화 대상 영역은 차이가 있다. 하지만, 서로 연결할 수 있으므로 하나의 파워 오토메이트 솔루션이라고 한다. 즉, 다음 그림에서 보듯이, PAD는 DPA 자동화 흐름을 구성하는 하나의 요소이다. PAD 작업을 호출한 후에는 기타 여러 가지 앱을 다시 호출해서 후속 작업을 진행할 수 있다.

엄밀하게 구분하자면, DPA는 RPA라기 보다는 BPM(Business Process Management)에 더 가깝다. BPM은 생산, 영업, 재무관리 등 기업 전체 비즈니스 프로세스를 효율적으로 관리하고 최적화할 수 있는 변화 관리 시스템(구현 방법)이다.

파워 오토메이트
클라우드 흐름

연결

파워 오토메이트
데스크톱 흐름

파워 앱스 온라인 설명서 보기

마이크로소프트 제품 설명서는 마이크로소프트 사이트(https://learn.microsoft.com/ko-kr/docs/)에서 무료로
제공한다. 마이크로소프트 기술 문서 사이트에 접속한 후 [Power Apps] 링크를 클릭하자.

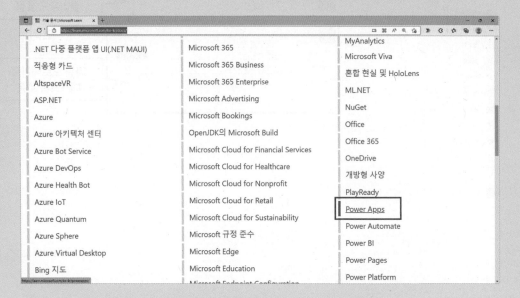

파워 앱스의 소개부터 매뉴얼이 잘 정리되어 있다. [앱 만들기 시작] 링크를 클릭하면 파워 앱스 설명서 사
이트로 이동한다.

이 책은 시민 개발자가 파워 앱스를 쉽게 시작할 수 있도록 안내하는 것이 목적이다. 즉, 파워 앱스에서 제공하는 모든 명령(함수)의 기능을 자세하게 설명하지 않으므로 개별 함수 사용법은 파워 앱스의 매뉴얼 사이트를 참고하자. 파워 앱스를 활용하는 개발자는 보통, 해당 사이트를 열어 놓고 참고하면서 개발한다. 검색 입력 필드에 명령을 입력하고 조회하면 개별 명령의 자세한 사용법을 볼 수 있다.

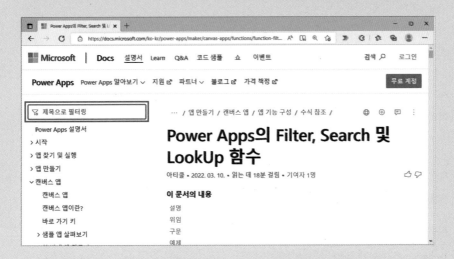

그리고 문서 사이트 왼쪽 아래의 [PDF 다운로드] 링크를 누르면 설명서 전체를 PDF 파일로 내려받을 수 있다.

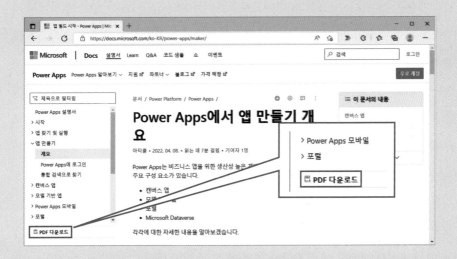

파워 앱스 시작하기

"이제 모두가 마이크로소프트 파워 앱스를 사용하여 로코드 앱을 더 빠르게 빌드하고 공유할 수 있습니다."

이 문장은 파워 앱스 홈페이지에 접속하면 처음으로 만나게 되는 메시지이다. '모두'라는 단어에서 알 수 있듯이 전문 개발자가 아닌 모든 사람이 파워 앱스를 이용하여 앱을 개발할 수 있다는 뜻이다. 개발자가 부족한 시대에 일반 사무직원이 더 빠르고 더 효율적으로 업무에 필요한 앱을 스스로 만들 수 있게 되었다.

글로벌 시장 조사기관인 가트너(Gartner)는 기업에서 사용하는 새로운 앱의 70%가 2025년까지 로코드 플랫폼으로 개발될 것이라고 발표했다. 마이크로소프트는 Microsoft Build 2022 행사에서 파워 앱스로 개발하는 앱이 수백만 개 이상으로, 기하급수로 증가하고 있다고 설명했다. 그리고 노코드에서 더 진보하여 사용자가 그림으로 그린 스케치 화면을 자동으로 앱으로 빌드하는 기능도 소개했다. 2023년 '일의 미래(The Future of Work)' 행사에서는 파워 플랫폼용 AI 코파일럿의 프리뷰 버전을 공개했다. 이제 기업 사용자들은 파워 앱스(Power Apps), 파워 오토메이트(Power Automate)에서 코파일럿을 활용하여, 업무용 앱과 자동화를 자연어로 사용해 만들 수 있게 되었다. 디지털 기술 발달이 얼마나 빠른지 다시 한번 체감하게 된다. 그리고 포레스터(Forrester)의 보고서를 보면 로코드 개발은 전통 개발 방식보다 10배 이상 개발 시간을 절감할 수 있다고 한다.

파워 앱스도 노코드 솔루션이므로 개발 생산성이 아주 높다는 것을 실습 과정을 통해서 알게 될 것이다. 여기서는 엑셀 파일을 이용한 아주 간단한 파워 앱스 앱 개발 방법을 알아보도록 하자. 파워 앱스를 사용하려면 개인 계정이 아닌 **회사 계정** 또는 **학교 계정**으로 마이크로소프트 365에 로그인해야 한다. **학교 계정**을 사용하면 **파워 앱스의 모든 기능을 무료로 사용할 수 있다.** 회사 계정에 파워 앱스 라이선스가 없으면 30일 무료 평가판으로 개발 환경을 체험할 수 있다.

TIP

파워 앱스 라이선스는 매월 결제하는 구독 요금제와 사용한 만큼 내는 종량제로 구분된다. 라이선스 비용은 다음 웹 사이트에서 확인할 수 있다.

URL 마이크로소프트 파워 앱스 가격 페이지(https://powerapps.microsoft.com/ko-kr/pricing/)

파워 앱스 홈페이지(https://powerapps.microsoft.com/ko-kr/)에서 **무료로 시작 >** 아이콘을 눌러서 회사 또는 학교 메일 계정으로 로그인하면 파워 앱스를 개발하는 사이트(https://make.powerapps.com)로 이동한다.

파워 앱스 사이트에서 왼쪽 메뉴 ① [+ 만들기]를 누른 후에 페이지 아래로 이동하면 다양한 ② 템플릿을 확인할 수 있다. 기본 이론을 학습한 후에 템플릿을 활용해서 앱을 만드는 것이 효율적이다.

파워 앱스 템플릿 알아보기

파워 앱스 홈페이지에는 다양한 템플릿 앱을 제공한다. 그중 [경비 관리(My Expenses)] 앱을 이용하면 앱의
전체적인 디자인과 로직을 배울 수 있다.

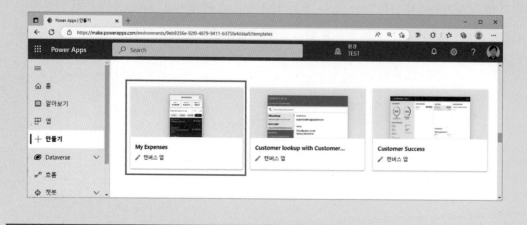

템플릿 앱을 선택하면 새로운 앱을 만드는 팝업 창이 열린다. 앱 이름을 입력하고 **만들기** 아이콘을 눌러보자. 앱에 사용된 개별 컨트롤과 로직을 제어하는 데 어떤 명령을 사용했는지 참고할 수 있다.

학생 성적을 관리하는 엑셀 표를 올리고 이를 모바일 앱으로 만드는 실습을 진행해 보자. 엑셀 파일은 원드라이브, 구글 드라이브 또는 드롭박스와 같은 클라우드 스토리지 계정에 미리 올려야 한다.

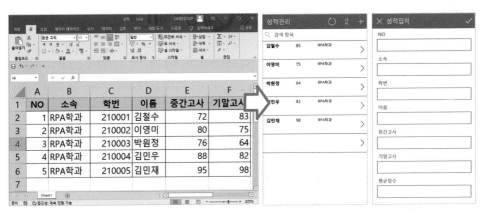

[엑셀 파일]　　　　　　　　　　　[파워 앱스로 만든 앱]

01 시작하기 전에 먼저 엑셀 파일의 데이터를 '표'로 설정해야 한다. 학생 성적 엑셀 파일을 작성하고, 엑셀 메뉴에서 [삽입] → [표]를 선택해서 데이터를 표로 전환하자. [표 만들기] 팝업 창이 열리면 '머리글 포함'을 선택하고 [확인]을 누른다. 그러면 엑셀 파일 데이터가 표 형태로 변환된다.

> **TIP**
>
> 네이버 카페의 교재 자료 게시판에서 '학생성적.xls' 파일을 내려받을 수 있다.
>
> URL 파워 앱스 네이버 카페(https://cafe.naver.com/msapp)

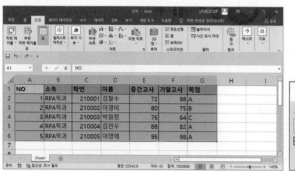

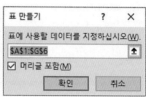

02 [테이블 디자인] 탭으로 이동한 후에 표 이름을 '성적'으로 변경한다.

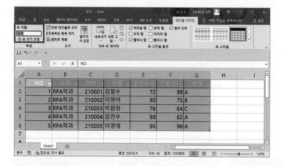

03 본인의 원드라이브를 열어서 해당 파일을 붙여넣는다. 또는 마이크로소프트 365(https://www.office.com/)에 접속한 후 왼쪽 상단 와플 메뉴에서 [OneDrive] 메뉴를 클릭한다. 그런 다음, [업로드]를 누르고 '학생성적.xls' 파일을 올린다. 원드라이브 앱을 설치했다면 적당한 폴더로 복사한다.

[마이크로소프트 365 원드라이브]   [원드라이브 탐색기 창]

04 파워 앱스 모바일 프로그램을 생성하고자 파워 앱스 사이트(https://make.powerapps.com/)로 이동한다. '빠르게 비즈니스 앱 빌드' 영역의 여러 가지 메뉴 중에서 [Excel]을 선택한다. 오른쪽 아래의 [추가 만들기 옵션]에서 '추가 데이터 원본'을 클릭하고 원드라이브를 선택할 수도 있다.

05 [OneDrive]를 선택하고 올린 엑셀 파일을 더블클릭한다.

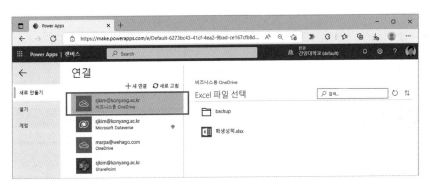

06 2단계에서 설정한 대로 엑셀 파일의 테이블 이름이 '성적'으로 조회된다. 테이블을 선택하고 **연결** 을 누른다.

07 파워 앱스가 모바일 앱을 자동으로 빌드(생성)한다.

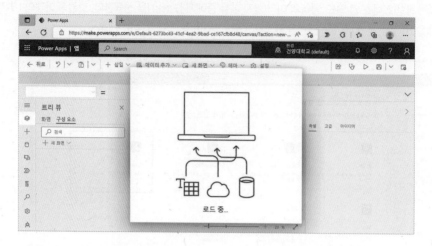

08 코드 한 줄 입력하지 않았는데도 모바일 앱 화면이 생성된 것을 확인할 수 있다. 오른쪽 위의 앱 미리 보기 아이콘 ▷ 을 눌러 앱을 실행한 후에 데이터를 생성하거나 수정해 보자. 이후, 엑셀 파일을 열어보면 해당 데이터가 변경된 것을 확인할 수 있다.

자동으로 생성된 앱의 구조와 로직은 기본 이론을 습득한 후에 살펴보는 것이 효율적이다. 어떤 분야든 기초가 가장 중요하다. 파워 앱스 화면을 구성하는 개별 UI 요소는 실습을 진행하면서 차근차근 소개하겠다.

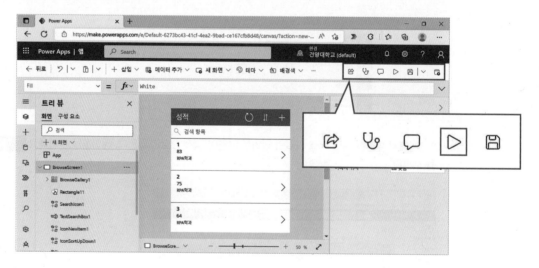

모바일 기기에서 파워 앱스 실행하기

모바일 기기에서 파워 앱스를 실행하려면 모바일 파워 앱스 앱을 설치해야 한다. 또한, 앱의 URL 링크 주소로도 접속할 수 있다. 안드로이드는 플레이스토어, 애플은 앱스토어에서 '파워 앱스'를 검색하여 내려받으면 된다. 설치한 앱을 실행하면 파워 앱스에서 만든 앱을 확인할 수 있다.

파워 앱스 개발 환경

파워 앱스 홈페이지에 접속해서 ① 왼쪽의 [+ 만들기] 메뉴를 선택하고 앱 만들기 버튼인 ② [빈 앱]을 누르면 앱을 만들 수 있는 개발 환경인 파워 앱스 스튜디오가 실행된다.

다음 화면에서 '빈 캔버스 앱'을 선택한다. C#과 같은 프로그래밍 언어의 코드를 작성하지 않고 파워 앱스의 캔버스에서 노코드로 비즈니스 앱을 설계하고 빌드할 수 있다.

앱 이름을 입력하고 태블릿 또는 휴대폰 중 크기에 맞는 화면 유형을 선택한다.

앱을 개발하는 **파워 앱스 스튜디오**가 실행된다. 파워포인트 슬라이드에 도형을 넣고 꾸미는 것처럼 빈 캔버스에 UI 요소를 끌어 놓아서 화면을 디자인한다.

> **TIP**
>
> 텍스트 상자, 버튼과 같이 화면을 구성하는 UI 요소를 파워 앱스에서는 **컨트롤**이라 한다.

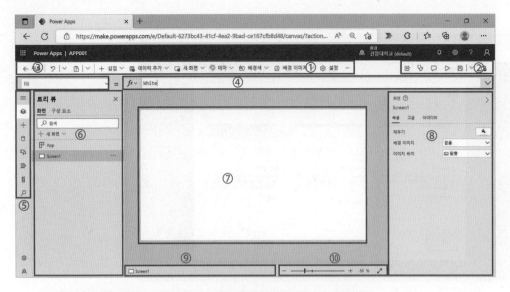

- ① 최신 명령 모음: 선택한 컨트롤에 따라 다른 명령 집합을 표시하는 동적 명령 모음
- ② 앱 작업: 앱 실행, 앱 검사, 앱 이름 변경, 앱 공유, 앱 미리보기, 앱 저장, 앱 게시 등
- ③ 속성 목록: 선택한 컨트롤의 속성 목록을 조회하는 영역
- ④ 수식 입력 줄: 하나 이상의 명령을 사용하여 선택한 컨트롤의 수식을 작성하는 영역
- ⑤ 앱 작성 메뉴: 트리 뷰, 데이터 원본, 삽입 옵션 등으로 전환하는 선택창
- ⑥ 앱 작성 옵션: 앱 작성을 위해 선택한 메뉴 항목과 관련된 옵션이 있는 세부 정보(트리 뷰는 앱을 구성하는 개별 컨트롤을 트리 구조로 선택하는 영역)
- ⑦ 캔버스/화면: 앱의 화면을 디자인하는 캔버스 앱 영역
- ⑧ 속성 창: 선택한 컨트롤의 속성(크기, 색상 등)을 세부적으로 설정하는 영역
- ⑨ 화면 선택기: 여러 화면 간 전환
- ⑩ 캔버스 화면 크기 변경: 작성 중인 캔버스 크기를 축소하거나 확대

파워 앱스 스튜디오에서 앱을 실행하는 등의 앱 작업 버튼 기능은 다음 표를 참고한다.

아이콘	기능	아이콘	기능
▷ 실행	앱 미리보기(실행하기)	🔓 게시	앱 게시하기
📲 공유	앱을 다른 사람과 공유	↻ 실행 취소	앱의 변경 사항을 취소(되돌리기)
🩺 검사	앱에 오류가 있는지 검사	↺ 다시 실행	취소된 변경 사항을 다시 실행
💾 저장	앱 저장하기	? 유용한 정보	설명서, 유용한 정보, 지원, 커뮤니티, 블로그 사이트로 이동
💬 댓글	- 앱을 검토하고 댓글을 추가하여 피드백을 제공하거나, 앱의 구현 세부정보에 대한 추가 정보를 제공할 수 있음 - '@'를 사용하여 다른 작업자를 태그하여 언급할 수 있고 그 사용자에게 메일이 자동으로 전송됨		

이외 파워 앱스 스튜디오의 세부 기능은 실제 앱을 만들면서 자세하게 소개하겠다.

파워 앱스 윈도우에 설치하기

윈도우 환경에서는 파워 앱스를 설치해서 자신이 만든 앱이나 공유 받은 앱을 실행할 수 있다. 윈도우 검색 창을 이용하여 'Microsoft Store' 앱을 실행한 후에 '파워 앱스'를 검색해서 설치하자.

 ⌕ 검색하려면 여기에 입력하십시오.

앱을 찾았다면 [다운로드] 버튼을 누른다.

윈도우에 설치된 파워 앱스 앱을 실행하면 파워 앱스 스튜디오에서 개발한 앱을 조회할 수 있으며 해당 앱을 바로 실행할 수도 있다. 그리고 편집 아이콘 ✏ 을 누르면 파워 앱스 스튜디오로 이동한다.

화면 만들기

노코드 솔루션이란 코드를 최소화해서 일반 사용자가 쉽게 앱을 만들 수 있는 개발 환경을 말하는 것이지, 코드를 전혀 사용하지 않는 것은 아니다. 앞서 엑셀 파일로 실습했듯이 파워 앱스 스튜디오가 자동으로 빌드하는 기본 앱을 업무에 활용할 수도 있다.

하지만, 조금 더 사용자 친화적이고 개별 기업의 프로세스에 최적화된 맞춤형 앱으로 개발하려면 약간의 코드가 필요하다. 그렇다고 해도 코드 기반 프로그램 언어처럼 복잡하거나 어렵지는 않다. 이러한 점에서 파워 앱스를 '로코드' 프로그램이라고 부르기도 한다. **파워 앱스의 코드 수준은 엑셀에서 사용하는 함수 수준**이다. 즉, 엑셀에서 수식을 다루어 본 경험이 있다면 그리 어렵지 않을 것이다. 엑셀도 마이크로소프트의 제품이기 때문에 파워 앱스에서 사용되는 수식은 엑셀의 함수와 동일하거나 아주 유사하다.

이제 본격적으로 파워 앱스의 개별 컨트롤과 사용법을 알아보자. 사용자가 앱을 실행하면 가장 먼저 만나게 되는 **화면**(Screen)을 생성해 본다. 그리고 여러 개의 화면이 있다면 다른 화면으로 이동하는 방법을 소개한다.

기업체나 대학생을 대상으로 파워 앱스를 교육해 보니 기본 단계적으로 이론을 실습한 수강생은 스스로 앱을 만들 수 있는 기본기를 다지는 것을 확인했다. 앞서 엑셀 파일에서 자동으로 빌드 된 앱을 분석하는 것도 어렵지 않게 해낼 수 있다.

01 파워 앱스 홈페이지에서 왼쪽 [+ 만들기] 메뉴를 선택하고 빈 앱을 생성하면 'Screen1'이 기본으로 생성된다.

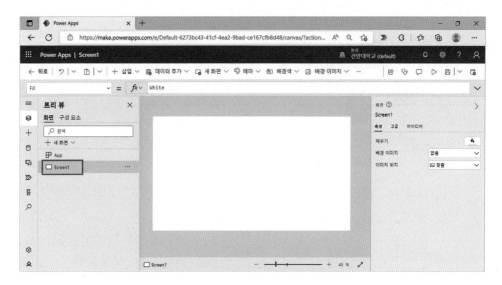

02 Screen1의 제목을 설정하기 위해 텍스트 레이블을 화면에 추가해 보자. 상단 메뉴에서 ① [삽입] → [표시] → [텍스트 레이블]을 클릭하거나, ② 왼쪽 메뉴의 삽입 아이콘 ＋을 눌러서 [텍스트 레이블]을 화면 가운데 캔버스 영역으로 끌어서 놓는다(드래그 앤 드롭). 화면에 추가한 컨트롤은 마우스로 위치를 적절하게 조절할 수 있다.

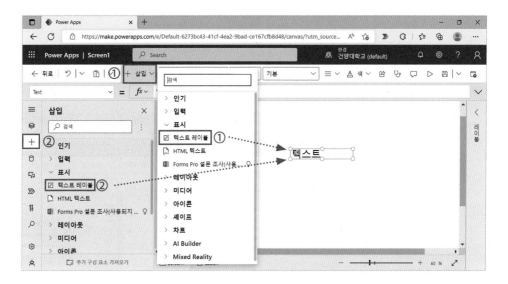

자주 사용하는 단축키 정리

파워 앱스 스튜디오에서는 다음과 같은 단축키를 사용할 수 있다.

단축키	기능
[F5]	실행
[F2]	컨트롤 이름 변경
[F1]	설명서 열기
[Ctrl] + [Z]	이전 작업 취소하기
[Ctrl] + [Y]	취소한 작업 되돌리기
[Ctrl] + [A]	전체 선택하기
[Ctrl] + [C]	작업 복사하기
[Ctrl] + [V]	작업 붙여넣기
[Ctrl] + [X]	작업 잘라내기
[Ctrl] + [S]	저장
[Ctrl] + [M]	화면 추가
[Shift] + [Enter]	수식에서 줄을 바꿈
[Ctrl] + [O]	캔버스 앱을 페이지 크기에 맞추기

03 ① 수식을 입력하는 영역에 **"스크린1"**이라고 입력하거나 ② 오른쪽 컨트롤 세부 [속성] 탭의 텍스트 입력란에 제목을 적어 입력할 수도 있다. 파워포인트처럼 ③ 글꼴 크기도 변경하고 확인해 보자.

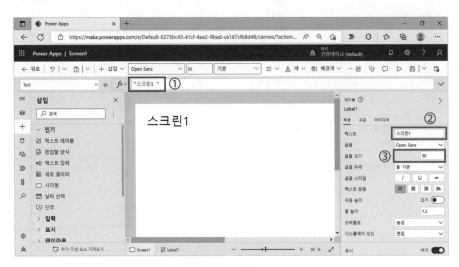

04 실행 아이콘 ▷ 을 눌러서 앱을 실행하면 빈 화면에 '스크린1'이라는 텍스트가 나타난다. 오른쪽 위 취소 아이콘 ⊠ 또는 [Esc] 키를 눌러서 이전 화면으로 돌아가자.

05 왼쪽 메뉴에서 트리 뷰 아이콘 ⊗ 을 누르면 2단계에서 추가한 레이블이 Screen1 아래에 추가된 것이 확인된다. 즉, 화면에 추가한 구성 요소(컨트롤)는 해당 화면 아래에 트리 구조로 구성된다. 이를 부모와 자식 관계에 비유하여 **상속 관계**라 한다. 해당 내용은 실전 예제 편에서 더 자세히 설명하겠다.

06 새로운 화면을 생성하고자 상단 메뉴에서 [삽입]을 선택한다. 그리고 ① [새 화면] 버튼을 눌러 ② '비어 있음'을 선택한다.

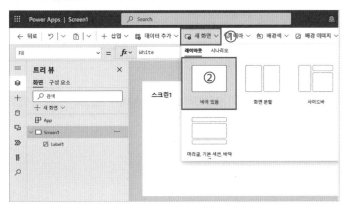

07 트리 뷰로 이동하면 새로운 화면 Screen2를 볼 수 있다. 일반적으로 앱은 데이터를 조회하는 용도의 화면과 데이터를 수정하는 목적의 화면으로 나뉜다. Screen2는 데이터를 수정하는 화면이라고 생각하면 이해하는 데 도움이 된다.

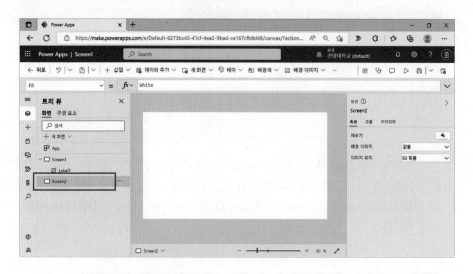

08 Screen2에 컨트롤을 추가해 보자. ① 상단 메뉴에서 [삽입] → [입력] → [텍스트 입력] 컨트롤을 클릭하거나, ② 왼쪽 메뉴에서 삽입 아이콘([+])을 누른 후에 [텍스트 입력]을 선택해도 된다.

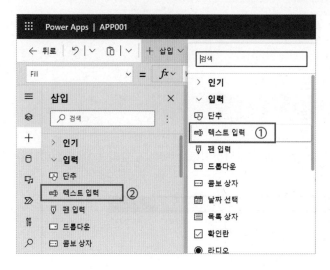

09 2개의 화면을 구분하고자 Screen2의 [기본값(Default)] 속성에는 '스크린2'라고 입력한다. 하단에서 글꼴 크기나 글꼴 스타일 등을 변경할 수 있다.

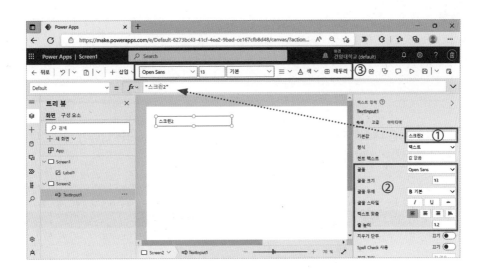

10 Screen2에서 Screen1로 이동하는 기능을 구현해 보자. 상단 메뉴에서 ① [삽입] → [입력] → [버튼]을 클릭하여 컨트롤을 화면에 추가한다. 그런 다음, ② 오른쪽 속성 영역의 텍스트에 '스크린1이동'이라고 입력한다.

11 왼쪽 위의 ① [OnSelect]는 [스크린1이동] 버튼을 눌렀을 때 발생하는 속성(이벤트)을 정의하는 부분이다. 해당 속성에는 여러 가지 기능이 있다. 뒤에서 실습하면서 하나씩 소개한다.
② 수식 입력 줄에 `false`라고 입력된 내용을 `Navigate(Screen1)`로 변경하고 저장한다.
`Navigate( )` 명령은 화면을 이동하는 명령으로, 여러 개의 인수를 지정할 수 있다.
`Navigate(Screen1, ScreenTransition.Cover)` 수식에서 첫 번째 인수 `Screen1`은 이동 대상이 되는 화면이다. 두 번째 인수는 화면을 이동하는 방법을 기술한다. 선택 사항이기 때문에 생략해도 된다.

Navigate(a, b)

Navigate 수식은 'a'를 'b'의 방법으로 화면을 이동하게 만드는 수식이다. 이때 'a'는 이동 대상이 되는 화면, 'b'는 화면을 이동하는 방법을 입력한다. 명령은 대소문자를 구분하므로 틀리지 않도록 주의하자.

명령(함수)은 대소문자를 구분하므로 `navigate( )`라고 입력하면 오류가 발생한다. 명령 이름의 첫 문자는 일반적으로 대문자로 시작하는 것을 기억하자.

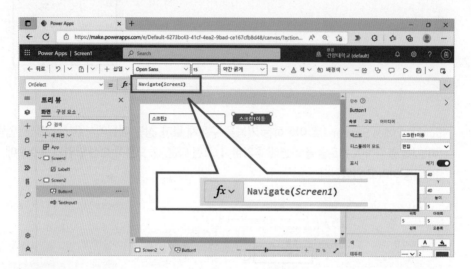

수식	Navigate(Screen1)
설명	이름이 Screen1인 화면으로 이동한다.

Back() 명령을 사용하면 가장 최근에 사용한 이전 화면으로 돌아간다.

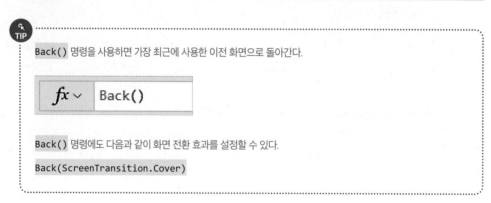

Back() 명령에도 다음과 같이 화면 전환 효과를 설정할 수 있다.

`Back(ScreenTransition.Cover)`

화면 이동 시 전환 효과

Navigate() 명령을 이용하여 다른 화면으로 이동할 때 사용할 수 있는 전환 효과를 알아보도록 하자.

전환 효과	설명
ScreenTransition.Cover	새 화면이 현재 화면을 덮도록 오른쪽에서 왼쪽으로 이동하며 슬라이드된다.
ScreenTransition.CoverRight	새 화면이 현재 화면을 덮도록 왼쪽에서 오른쪽으로 이동하며 슬라이드된다.
ScreenTransition.Fade	현재 화면이 서서히 사라지고 새 화면이 나타난다.
ScreenTransition.None	아무런 효과를 지정하지 않았을 경우 나타나는 효과이다. 새 화면이 현재 화면을 빠르게 대체한다.
ScreenTransition.UnCover	현재 화면이 새 화면에서 오른쪽에서 왼쪽으로 이동하여 화면 밖으로 슬라이드된다.
ScreenTransition.UnCoverRight	현재 화면이 새 화면에서 왼쪽에서 오른쪽으로 이동하여 화면 밖으로 슬라이드된다.

12 앱을 다시 실행하고 [스크린1이동] 버튼을 누르면 Screen2에서 Screen1으로 화면이 이동한다.

13 Screen1에서 Screen2로 이동하는 버튼([스크린2이동])도 각자 추가해서 테스트해 보자.

TIP

수식 입력 줄에 명령을 한 글자씩 입력하면 해당 문자로 시작하는 모든 명령 목록을 볼 수 있다. 이 목록에서 명령을 선택해서 수식을 입력할 수도 있다.

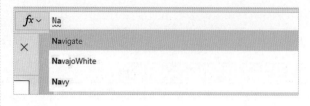

자주 사용하는 속성 정리

파워 앱스로 기능을 구현하기 위해서 속성을 사용한다. 실습 과정에서 자주 사용하는 속성들을 정리했다.

속성	설명
OnSelect	사용자가 컨트롤을 클릭했을 경우 수행되는 속성이다.
OnSuccess	데이터 작업이 성공했을 때의 동작이다.
DisplayMode	Edit, View, Disabled 중 하나의 값을 가지고 있다. 컨트롤에서 사용자 입력을 허용할 경우는 Edit으로, 데이터만 표시할 경우는 View, 사용하지 않을 경우는 Disabled로 사용한다.
Default	컨트롤의 초깃값이다. 사용자 임의로 컨트롤의 초깃값을 지정할 수 있다.
DefaultDate	사용자가 날짜 컨트롤을 변경하기 전의 초깃값이다.
DefaultSelectedItems	콤보 상자(Combo Box)에는 Default 속성이 없고 DefaultSelectedItems 속성이 존재한다. 사용자가 컨트롤과 상호 작용하기 전에 항목 하나를 초깃값으로 선택할 수 있다.
Fill	컨트롤의 배경색이다.
Items	갤러리, 목록 등의 컨트롤에서 나타나는 데이터 원본을 말한다. 데이터 연동을 통해 사용자가 원하는 데이터 원본을 선택할 수 있다.
Visible	컨트롤을 스크린 상에 보여주거나 숨길지 여부를 선택한다.

화면에 이미지 넣고 색상 조정하기

이번에는 화면에 이미지를 넣거나 텍스트의 색상을 변경하는 방법을 알아보자. 앞서 이야기했듯이 **파워 앱스 화면 디자인은 파워포인트 슬라이드를 만드는 것과 아주 비슷**하다. 파워 앱스 화면은 파워포인트처럼 직관적인 메뉴와 기능으로 구성된다. 상자를 추가해서 색을 지정하고 글꼴 크기를 변경한 다음 위치를 조절하면 된다. 파워 앱스 앱 화면을 구성하는 개별 컨트롤에는 각각 다른 속성이 있으며 오른쪽 [속성] 탭 또는 수식 입력 줄에서 세부 옵션을 설정할 수 있다.

먼저 빈 앱을 생성한다.

01 화면의 배경 이미지를 추가하기 위해서, 파워 앱스 스튜디오 오른쪽 영역 속성 설정 창의 배경 이미지에서 [+ 이미지 파일 추가]를 선택한다. 이미지는 소속된 기업의 로고나 인터넷에서 사용할 이미지를 내려받아 실습을 진행한다.

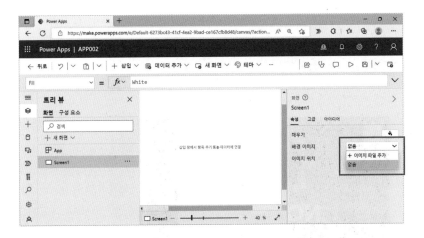

02 이미지 위치 속성 중에서 [채우기]를 선택하면, 첨부한 이미지가 화면 전체 화면 영역에 설정된다.

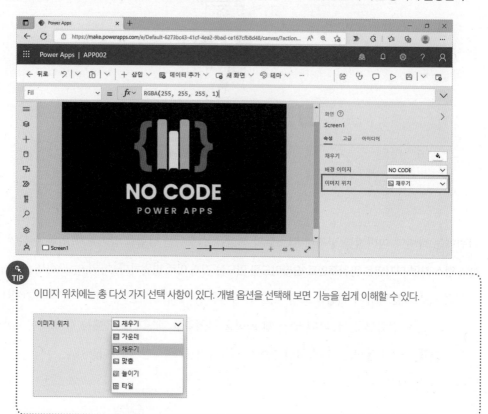

TIP

이미지 위치에는 총 다섯 가지 선택 사항이 있다. 개별 옵션을 선택해 보면 기능을 쉽게 이해할 수 있다.

03 화면 일부 영역에 회사 로고를 넣어야 할 때는 상단의 메뉴에서 [삽입] → [미디어] → [이미지]를 차례로 선택하여 이미지를 추가한다. 1단계와 같이 이미지 파일 추가 메뉴를 선택해서 로고를 넣어보자.

04 화면 왼쪽 위에서 추가한 로고를 볼 수 있다. 이미지 크기와 위치는 마우스를 이용해서 쉽게 조절할 수 있으며 이미지를 선택하면 오른쪽 컨트롤 설정 영역에 이미지의 세부 속성을 볼 수 있다.

추가 설명이 필요 없을 정도로 직관적인 메뉴로 구성되므로 파워포인트를 사용해본 사람이라면 누구나 쉽게 개별 속성을 적용할 수 있다. [고급] 탭을 이용하면 좀 더 세밀하게 개별 속성을 입력할 수 있다. 해당 고급 기능은 실전 예제 편에서 소개한다. 지금은 각자 확인해 보자.

05 이번에는 홈으로 이동하는 아이콘을 화면에 추가해 보자. 상단 메뉴에서 [삽입] → [아이콘] → [홈]을 선택한다.

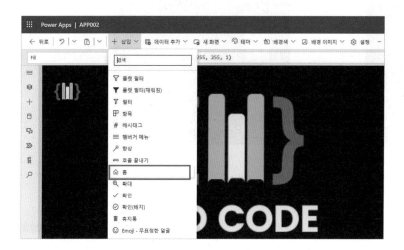

06 아이콘을 오른쪽 위로 이동시킨 후에 흰색으로 변경해 보자.

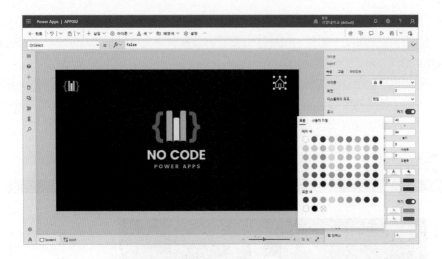

07 홈 아이콘을 선택하면 `Navigate( )` 명령을 이용해서 홈 화면으로 이동하도록 설정할 수 있다. 상단 메뉴에서 ① [삽입] → [표시] → [텍스트 레이블] 컨트롤을 추가한 다음, ② 속성 영역에서 색상을 흰색으로 변경한다. 그리고, ③ 텍스트 속성에 **"홈으로 이동"**이라는 텍스트를 입력한다.

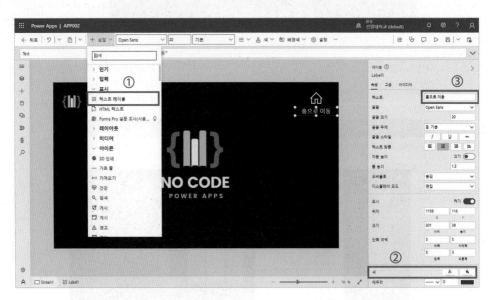

08 상단 메뉴에서 ① [삽입] → [입력] → [버튼]을 선택한 뒤, 속성에서 텍스트에 **"시작하기"** 텍스트를 입력하고 크기와 색상을 변경해 본다. 그리고 ② 왼쪽 위의 실행 아이콘 ▷ 을 누르면 앱 초기 화면이 나타난다.

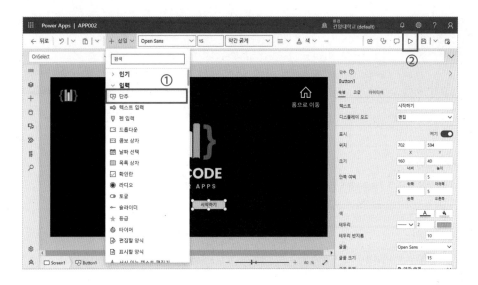

다른 사람과 앱 공유하기

내가 만든 앱을 조직 내 다른 사람과 공유하려면 파워 앱스 홈페이지에서 앱을 선택하고 ① 추가 명령 아이콘을 누른 후에 ② [공유] 메뉴를 선택하면 된다. 조직 내 사용자들은 파워 앱스 앱을 다운로드 받고 본인 계정으로 로그인하면 공유된 앱을 실행할 수 있다.

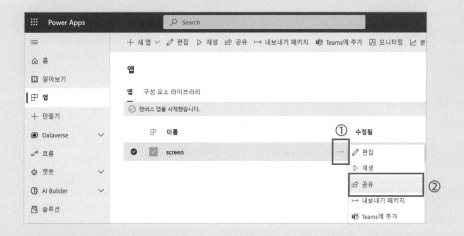

그리고 ① 이름, 이메일 주소 입력란에 앱을 공유할 사람을 입력한다. 앱을 편집할 수 있는 권한을 부여하려면 ② [공동 담당자]를 체크하고 ③ 　공유　 버튼을 누르면 된다.

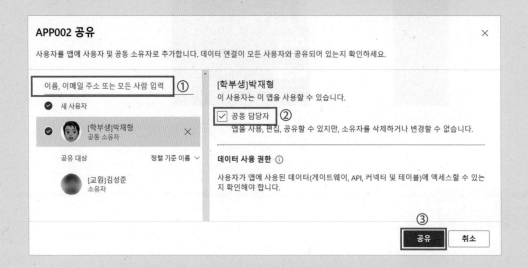

추가로, 파워 앱스에서 만든 앱을 사용자에게 배포하는 다른 방법이 있다. 바로, '래핑(Wrap)' 기능으로 Android 및 iOS 앱으로 래핑해서 배포할 수 있다. 제작한 캔버스 앱을 래핑이라는 기능으로 Android 및 iOS 앱 스토어에 모바일 앱으로 업로드할 수 있지만, 일반적으로 개인이 이 방법을 시도하기에는 무리가 있다. 왜냐하면 Microsoft App Center와 Azure Portal에 액세스(접근) 가능해야 하고, Android 및 iOS 앱 스토어 개발자 권한이 있어야 하기 때문이다.

> ⓘ 참고
>
> iOS 플랫폼용 앱 개발에는 애플 개발자 프로그램☑ 계정이 필요합니다.

래핑으로 모바일 앱을 스토어에 게시하고 싶다면, 다음 링크를 참고하자.

URL 마이크로소프트 파워 앱스 설명서 페이지(https://learn.microsoft.com/ko-kr/power-apps/maker/common/wrap/overview)

추가로, 개인 사용자 용도로 앱을 패키지 형태로 배포(apk 또는 ipa 등)하는 방법은 파워 앱스에서 제공하지 않고 있다.

Power Apps로 B2C 모바일 앱을 만들 수 있습니까?

아니요. Power Apps는 비즈니스 애플리케이션을 만들기 위한 플랫폼이며 Azure Active Directory 인증을 사용합니다. 래핑 기능은 동일한 최종 사용자 집합에 대해 기존 캔버스 앱을 래핑합니다.

MICROSOFT
POWER APPS

무엇이든 처음 쌓는 초석이 중요한 법이다. 프로그래밍에서도 기본이 가장 중요하다. 시간이 조금 더 걸리더라도 기초부터 한 단계씩 이해해야, 완성도 높은 앱을 개발하는 기반을 다질 수 있다. 프로그래밍 경험이 없는 사람은 변수를 이해하는 시작점부터 어려움을 느낄 수 있다. 걱정할 필요는 없다. 이 책은 일반 시민 개발자의 눈높이에서 쉽게 설명하고 있다. 본격적으로 모바일 앱을 만들기 전에 파워 앱스의 기본에 대해서 알아보자.

2 장

파워 앱스
기본기 다지기

실행 영상 파일
URL: https://cafe.naver.com/msapp/99

변수란 무엇인가?

프로그램의 기본은 변수 개념을 이해하는 것에서 시작한다. 변수를 영어로는 Variable이라고 하는데, 이는 고정된 것이 아니라 때에 따라 변할 수 있다는 뜻이다. 변수를 쉽게 설명해 보자. 변수는 상황에 따라서 다양한 물건을 담을 수 있는 빈 종이 상자에 비유할 수 있다. 빈 상자에 책을 담으면 책 상자가 되고 옷을 넣으면 옷 상자가 된다.

상자에 물건을 담고 밀봉하면 어느 상자에 어떤 것이 들어 있는지 알 수 없으므로 상자 겉에 고유의 번호 또는 이름을 적는 것이 일반적이다.

상자 이름은 사람의 성향에 따라서 BOX1과 같이 번호를 붙일 수도 있고, 내용물 정보를 담아 옷 상자라고 적을 수 있다.

책을 넣었다고 해서 계속 책만 담을 수 있는 전용 상자는 아니다. 책을 비우고 다시 옷을 넣을 수도 있다.

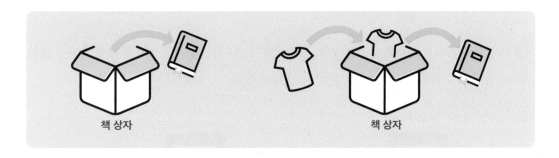

프로그래밍 언어에서 변수는 빈 상자와 같이 임시로 어떤 값을 저장하는 메모리 공간의 역할을 한다. 변수에는 숫자를 저장할 수도 있고 문자를 저장할 수도 있다. 즉, 다음 그림과 같이 컴퓨터의 메모리 공간에 '1234'와 같은 숫자나 '한국'과 같은 문자를 저장할 수 있다.

상자가 많을 때 어느 상자에 어떤 물건이 들었는지 표기해 두는 것이 효율적이었다. 컴퓨터 메모리에도 아주 많은 공간이 있다. 각 메모리 공간이 어떤 값을 저장하고 있는지 기억하기 위해서 메모리 영역의 이름에 변수 이름을 연결한다. 숫자 '1234'의 메모리 영역(변수 이름)은 **VAR1** 또는 **숫자 변수**라고 설정할 수 있다.

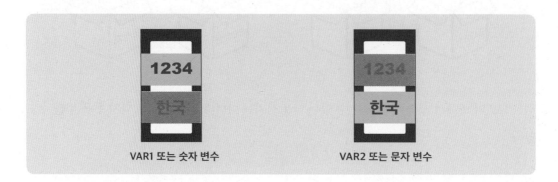

VAR1 또는 숫자 변수   VAR2 또는 문자 변수

그리고 상자를 비우고 새로운 물건을 넣을 수 있듯이 '1234'라는 숫자를 저장한 메모리 저장 공간(변수)을 비우고 나서 다른 숫자 '5678'을 다시 넣을 수 있다.

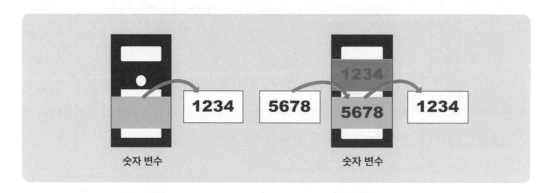

숫자 변수   숫자 변수

다음 표는 파워 앱스에서 사용할 수 있는 변수형을 설명한다. 일반적으로 프로그래밍 언어에는 여러 가지 숫자형과 문자형이 있다. 예를 들어, 소수 자리를 저장할 수 있는 숫자형과 정수만 표현할 수 있는 숫자형으로 구분된다. 하지만, **파워 앱스는 변수형을 아주 간단하게 정리**했다. 소수와 정수를 포함한 모든 숫자는 숫자형 하나로 표현한다. 문자 변수도 마찬가지다. 문자열 길이와 관계없이 문자형도 하나만 있다.

변수형	데이터 범위	예
숫자형	소수와 정수 모두를 저장하는 변수형	0.1, -0.2, 1, -2
문자형	한 자리 이상의 모든 종류의 문자를 저장하는 변수형	가, 가나다, 가ABC, 가_ABC
날짜형	날짜와 시간을 표현한 변수형	2022-06-08 오전 12:35

파워 앱스에서 사용할 수 있는 변수의 범위는 앱 전체에서 사용할 수 있는 전역 변수(앱 변수)와 화면에서만 사용할 수 있는 지역 변수(화면 변수) 2가지 타입이 있다.

전역 변수(앱 변수)	지역 변수(화면 변수)
변수가 앱의 **모든 화면**에 효력이 있음	변수가 **해당 화면**에만 효력이 있음

이외에 여러 건의 데이터를 담을 수 있는 테이블 형태의 컬렉션 변수가 있는데, 해당 부분은 뒤에서 더 알아보도록 하자. 먼저 실습을 통해 전역 변수를 알아보자.

01 새로운 앱을 생성하고 상단 메뉴에서 [삽입] → [입력] → [텍스트 입력]을 통해 컨트롤을 추가한다.

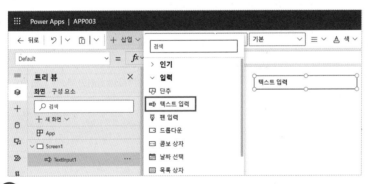

> 🔧 **TIP**
>
> 텍스트 입력 컨트롤의 기본값에 '텍스트 입력'이라고 된 부분은 삭제한다. 사용자가 값을 입력하려면 먼저 해당 문구를 삭제해야 하는 불편함이 있기 때문이다. 세부 [속성] 탭의 힌트 텍스트에 "숫자 값을 입력하세요"라고 입력해 보자. 그러면 사용자는 해당 정보를 참고해서 값을 입력할 수 있다.

02 이번에는 상단 메뉴에서 [삽입] → [입력] → [버튼]을 선택해 컨트롤을 추가하고 이름을 '변수설정'으로 지정하자.

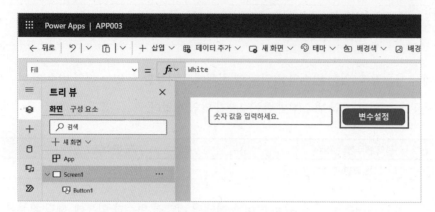

03 사용자가 텍스트 입력 필드에 숫자를 입력하면 변수에 값을 저장하는 기능을 추가하고자 [OnSelect] 속성에 `Set( )` 명령을 입력한다.

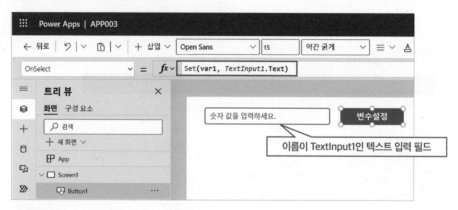

수식	Set(var1, TextInput1.Text)
설명	var1이라는 변수 이름에 텍스트 입력 필드의 텍스트 값을 저장한다. TextInput1은 Screen1에 추가한 텍스트 입력 필드의 이름이다. 그리고 해당 텍스트 필드에 저장한 값은 `.Text` 속성을 이용해서 추출할 수 있다. 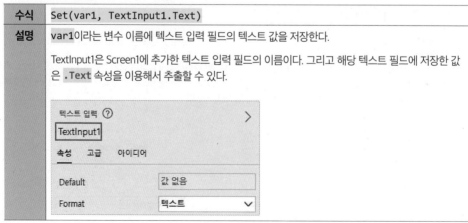

텍스트 필드는 .Text 속성 외에도 .Color와 같은 추가 속성이 있다. 텍스트 입력 컨트롤 이름을 입력하고 ① 마침표 기호(.)를 넣고 잠시 기다리면 사용할 수 있는 ② 속성 목록이 아래에 나타난다. 스크롤하여 아래로 이동하면 더 많은 속성을 확인할 수 있다.

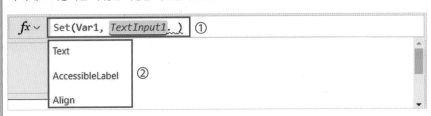

TIP

파워 앱스의 명령은 대소문자를 구분하므로 **set**이라 입력하면 오류가 발생한다. 첫 글자는 대문자를 사용해서 **Set** 이라고 입력해야 하는 것을 주의하길 바란다.

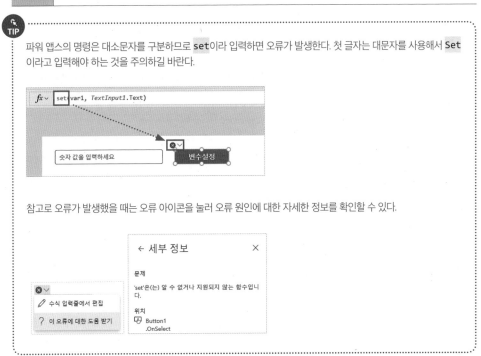

참고로 오류가 발생했을 때는 오류 아이콘을 눌러 오류 원인에 대한 자세한 정보를 확인할 수 있다.

04 변숫값을 확인하기 위해 상단 메뉴에서 [삽입] → [표시] → [레이블]을 선택하여 컨트롤을 하나 추가한다.

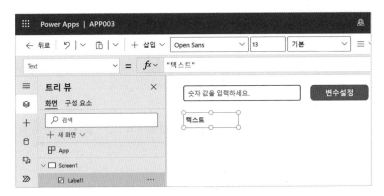

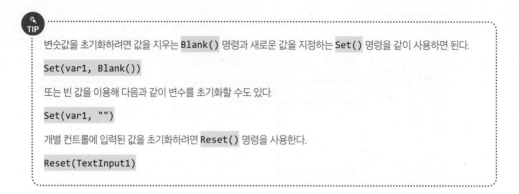
05 레이블의 ① [Text] 속성에 ② 3단계에서 설정한 변수 **var1**을 수식 입력 줄에 적는다.

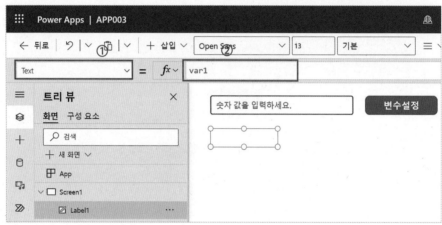

06 이제 앱을 실행한 후에 텍스트 입력 창에 숫자 **'7'**을 입력하고 [변수설정] 버튼을 눌러 레이블에 숫자 7이 나타나는지 확인해 보자.

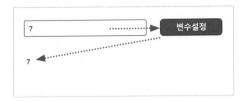

07 이번에는 화면을 하나 더 생성(Screen2)한 후에 [텍스트 입력] 컨트롤을 추가해서, `var1` 변수가 다른 화면에서도 같은 값인지 확인해 보려고 한다. 그리고 변수 `var1`를 설정하면 6단계에서 입력했던 숫자 7이 바로 조회된다. 즉, `Set( )` 명령을 사용하면 앱 전체의 모든 화면에 적용되는 전역 변수를 생성하는 것이다.

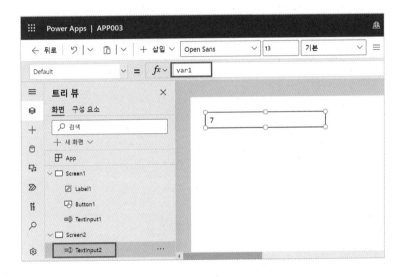

08 ① Screen1에 [이동] 버튼을 추가하고 ② 화면을 이동하는 `Navigate( )` 명령에 Screen2를 지정한다. 그리고 여러 가지 숫자 값을 입력하면서 화면을 이동해 변숫값을 확인해 보자.

앱 개발 환경인 파워 앱스 스튜디오에서 [Alt] 키를 누른 상태에서 버튼을 누르면 실행 환경에서 버튼을 누르는 것과 똑같은 효과를 보인다.

09 지역 변수는 임시로 데이터를 저장할 목적으로 사용한다. 단어 의미 그대로 임시 변수이기 때문에 변수를 정의한 해당 화면에서만 효력이 있다. UpdateContext( ) 명령을 이용해서 변수를 생성해 보자.

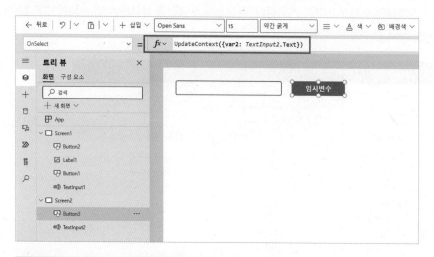

수식	UpdateContext({var2: TextInput2.Text})
설명	UpdateContext( ) 명령을 이용해 변수를 정의할 때는 중괄호({ })와 콜론(:) 기호를 사용한다. 위 구문은 var2 변수에 텍스트 입력 컨트롤 TextInput2의 텍스트 값(.Text)을 저장한다는 의미이다.

여러 개의 변수를 정의하고 값을 입력하려면 쉼표 기호(,)를 사용하면 된다. 다음 구문은 변수 var2와 변수 var3을 한 번에 생성하고 변수 var3에는 숫자 10을 저장하는 구문이다.

UpdateContext({var2: TextInput2.Text, var3: 10})

또는 세미콜론 기호(;)를 이용해 두 개 이상의 명령을 연결해서 사용해도 된다. 여기서 세미콜론은 하나의 명령문이 끝나고 다른 명령어를 연결해서 사용한다는 것을 뜻한다. 즉, 연결 연산자인 것이다.

UpdateContext({var2: TextInput2.Text}); UpdateContext({var3: 10})

10 상단 메뉴에서 [삽입] → [표시] → [텍스트 레이블]을 선택하여 컨트롤을 추가해서 [Text] 속성에 지역 변수 **var2**를 설정하자.

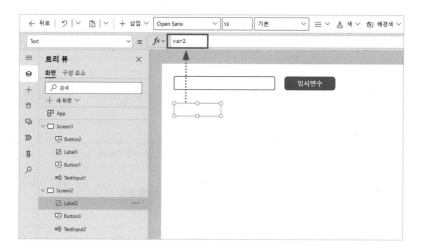

11 실행한 후, 텍스트 입력 필드에 숫자를 입력하고 [임시변수] 버튼을 누르면 레이블 컨트롤에 입력한 숫자가 나타난다.

12 Screen1로 이동해서 상단 메뉴에서 [삽입] → [표시] → [레이블]을 선택하여 컨트롤을 추가한다. 그리고 레이블 컨트롤의 **.Text** 속성에 **var2**를 입력하려고 시도하면 레이블에 오류가 표시된다. 왜냐하면, **var2** 변수는 Screen2에서만 사용할 수 있는 지역(임시) 변수이므로 Screen1에서는 사용할 수 없기 때문이다.

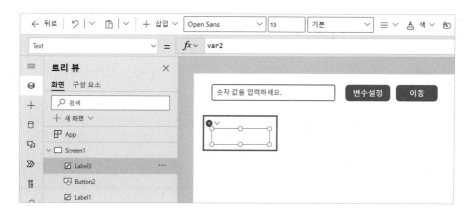

UpdateContext() 명령은 지역 변수를 정의한다. 그리고 다른 프로그래밍 언어의 함수에서 사용하는 매개 변수(파라미터)처럼 값을 전달하는 용도로도 활용할 수도 있다. 파워 앱스에서 컨텍스트 변수는 **Navigate()** 함수와 함께 다른 화면에 값을 전달할 때 사용한다.

9단계의 수식을 다음 수식으로 변경하면 Screen2 화면에서 Screen1 화면으로 **var2** 변수의 값 5를 전달한다. 즉, Screen1에서 **var2** 변수를 사용할 수 있게 되는 것이다. 이와 달리, Screen2에는 **var2**가 더 이상 존재하지 않는다.

`Navigate( Screen1, None, { var2: 5 } )`

숫자 5 대신에 텍스트 입력 컨트롤 **TextInput2**의 값(**.Text**)을 Screen1에 전달하도록 다음 수식을 입력해서 확인해 보자.

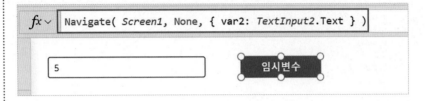

조금 더 알아보기

변숫값 확인하기

왼쪽 메뉴에서 ① 변수 아이콘을 클릭하고 ② [전역 변수] 메뉴를 누른다.

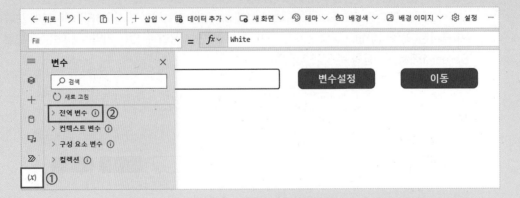

① 변수 이름과 변수에 저장되어 있는 값이 조회된다. 더보기 메뉴를 눌러서, ② [텍스트 보기] 메뉴를 누르면 ③ 팝업 창에서 더 자세하게 변수 정보를 확인할 수 있다.

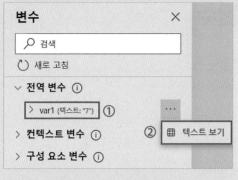

그리고 ① [컨텍스트 변수]를 클릭하고 ② [Screen2]를 선택하면, ③ 지역 변수의 값을 확인할 수 있다.

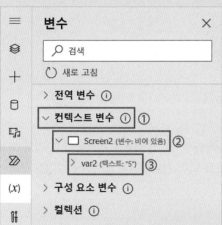

또는 파워 앱스 스튜디오의 수식 입력 줄에서 변수를 클릭 또는 더블클릭하면 변수에 저장된 값을 바로 확인할 수 있다. 변숫값을 확인하는 가장 쉬운 방법이다.

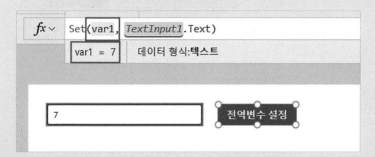

숫자 변수

숫자 변수는 **Set( )** 명령을 이용해 변수를 생성할 때 숫자 값을 지정하면 된다. 그리고 숫자와 산술 연산자를 같이 사용하면 계산한 값을 변수에 저장한다.

연산자	기능
+	더하기
-	빼기
*	곱하기

01   새로운 앱을 생성한 후에 텍스트 입력 컨트롤 2개와 [더하기] 버튼을 추가한다. 그리고 이 버튼을 클릭할 때 실행하는 [OnSelect] 속성에 텍스트 입력 컨트롤에서 입력한 값 2개를 더하는 다음 명령을 입력한다.

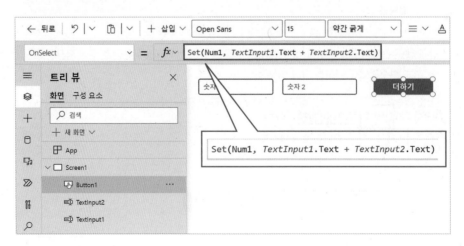

수식	`Set(Num1, TextInput1.Text + TextInput2.Text)`
설명	첫 번째 텍스트 입력 컨트롤과 두 번째 텍스트 입력 컨트롤에 입력된 숫자를 더해서 변수 **Num1**에 저장한다.

02 연산 결괏값을 보여줄 텍스트 입력 컨트롤을 하나 더 추가하고 디스플레이 모드 속성은 '사용 안 함'으로 선택해서 조회 용도로 설정한다.

03 세 번째 칼럼의 ① [Default] 속성에 1단계에서 생성한 변수 ② **Num1**을 입력한다. 그리고 컨트롤의 크기를 적절하게 조정한다.

소수점을 가지는 변수의 반올림과 내림은 다음 명령을 사용한다.

명령	기능
Round()	소수점 아래 숫자가 5 이상이면 반올림하고 5 미만이면 내림한다. '0'은 소수점 아래 숫자를 반환하지 않는다는 뜻이고, '1'은 소수점 아래 숫자 한 자리를 반환한다는 뜻이다. `Round(2.4, 0)` → 2를 반환 `Round(2.55, 1)` → 2.6을 반환
RoundDown()	소수점 아래 숫자를 모두 내림한다. `RoundDown(2.7, 0)` → 2를 반환 `RoundDown(2.73, 1)` → 2.7을 반환
RoundUp()	소수점 아래 숫자를 모두 올림한다. `RoundUp(2.3, 0)` → 3을 반환 `RoundUp(2.31, 1)` → 2.4를 반환
Int()	소수점 아래 숫자는 모두 삭제하고, 정수를 반환한다. 이때, 숫자가 음수라면, 0에서 더 먼 정수를 반환한다. `Int(2.3)` → 2를 반환 `Int(-2.3)` → -3을 반환
Trunc()	소수점 아래 숫자는 모두 삭제하고, 정수를 반환한다. 이때, 숫자가 음수라면 0에서 더 가까운 정수를 반환한다. `Trunc(2.3)` → 2를 반환 `Trunc(-2.3)` → -2를 반환

04 이제 앱을 실행한 후에 숫자 값을 입력하고 [더하기] 버튼을 눌러서 결과를 확인해 보자.

이미 존재하는 변수에 자신의 변수 값을 이용해서 바로 변경할 수도 있다. 즉, 다음 구문은 **Num1** 변수에 1을 더한 후에 다시 자신의 변수 **Num1**에 값을 저장하는 구문이다.

```
Set(Num1, Num1 + 1)
```

엑셀 수식과 파워 앱스 수식

앞서 이야기한 대로 엑셀에서 사용하는 수식과 파워 앱스 수식은 아주 비슷하다. 다음 그림 속 엑셀 프로그램의 A3 셀에는 A1 셀과 A2 셀의 값을 합산하는 수식이 입력되었기 때문에 A1과 A2의 값이 더해진 8이라는 값이 나와있다.

이와 마찬가지로 파워 앱스도 개별 컨트롤을 이용해 컨트롤 값을 직접 계산할 수 있다. 개별 컨트롤에 숫자를 입력하면 종속성을 가지는 세 번째 컨트롤 값은 자동으로 계산된다.

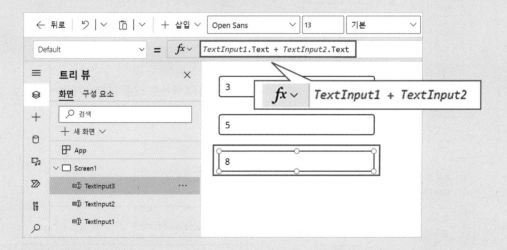

문자 변수

문자 변수에서 특정 문자열을 잘라내거나 여러 개의 텍스트를 하나로 연결하는 기능 등은 프로그램에 반드시 필요하다. 파워 앱스에서도 문자 처리와 관련된 명령이 있다. 문자열과 관련된 파워앱스 기능을 알아보자.

01 새로운 앱을 생성한 후에 텍스트 입력 컨트롤 3개를 추가한다.

02 세 번째 텍스트 입력 컨트롤은 첫 번째와 두 번째 컨트롤의 텍스트 값을 연결하기 위해 & 기호를 사용해서 다음과 같이 입력한다.

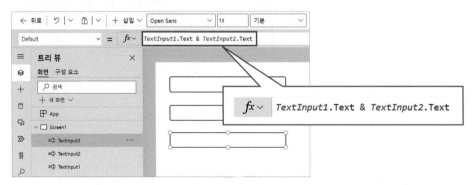

03 앱을 실행해서 첫 번째와 두 번째 필드에 문자열을 입력하면 값을 연결해서 세 번째 필드에 출력한다.

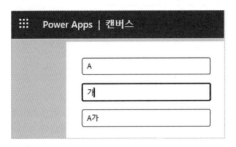

04 이번에는 문자열 일부를 잘라 출력해 보자. Left( ) 명령을 이용해 첫 번째 필드의 문자열에서 왼쪽부터 두 글자를 잘라서 세 번째 필드에 넣어 보자.

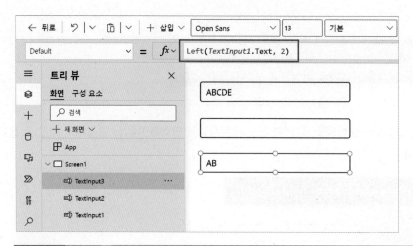

수식	`Left(TextInput1.Text, 2)`
설명	TextInput1 필드 문자열 중 왼쪽에서 2번째까지만 선택한다. 끝의 숫자를 변경하여 원하는 글자수를 설정할 수 있다. 예를 들어 '1'을 입력하면, 필드 문자열 중 왼쪽에서 첫 번째까지만 텍스트를 선택한다.

문자열의 왼쪽부터가 아닌, 오른쪽부터 자르려면 `Right()` 명령을 사용한다.

문자열의 중간 부분을 자르려면 `Mid()` 명령을 사용한다. `'ABCDE'` 문자열 2번째 자리부터 길이 3만큼 잘라내려면 다음과 같이 입력한다.

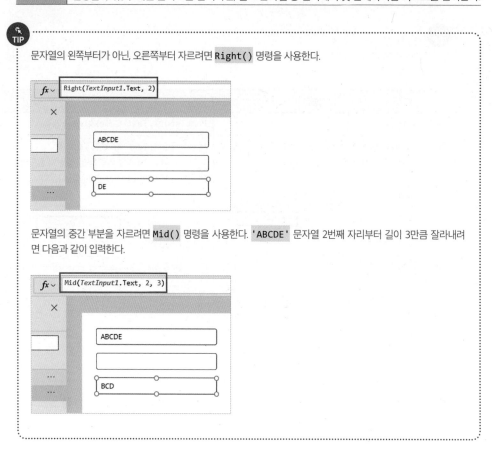

05 이번에는 문자열에서 어떤 문자가 몇 번째 자리에 있는지를 찾는 `Find( )` 명령을 사용해 보자. 첫 번째 칼럼의 문자열 **"ABCDE"**에서 **"BC"**로 시작하는 문자열이 몇 번째 있는지 찾으려면 두 번째 필드에 다음과 같이 입력한다. `Find( )` 명령이 **"BC"** 문자열을 찾아서 2번째에 위치한다는 결과를 반환한다.

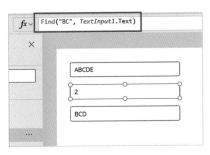

수식	`Find("BC", TextInput1.Text)`
설명	TextInput1 필드 문자열이 "BC"를 포함하는지 확인하고 그 위치를 반환한다.

> **TIP**
>
> 세 번째 필드에 입력된 **"BCD"** 값을 기준으로 문자열을 검색하려면 다음과 같이 입력하면 된다.
>
>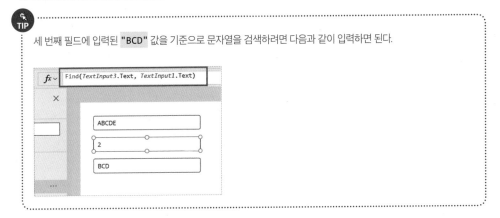

06 문자열의 길이를 알아내려면 `Len( )` 명령을 사용한다. 문자열의 길이는 문자의 개수로 매겨진다. 예를 들어, "ABC"라면 문자열의 길이는 3인 것이다. **"ABCDE"**에 `Len( )` 명령을 사용하면, 문자열의 길이 5를 반환한다.

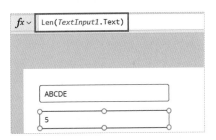

수식	`Len(TextInput1.Text)`
설명	TextInput1 필드 문자열의 길이를 반환한다.

유용한 문자열 명령

유용한 문자열 명령 몇 가지를 더 알아보자.

명령	기능
StartsWith( )	텍스트 문자열이 해당 텍스트 문자열로 시작하는지 확인한다. 예) "ABCDE" 문자열은 "A"로 시작하므로 true 반환 StartsWith("ABCDE", "A") → true
EndsWith( )	텍스트 문자열이 해당 텍스트 문자열로 끝나는지 확인한다. 예) "ABCDE" 문자열은 "E"로 끝나므로 true 반환 EndsWith("ABCDE", "E") → true
Replace( )	시작 위치와 길이를 통해 문자열을 대체한다. 예) "ABCDE" 문자열에서 1번째 위치 문자열부터 3자리까지 "가나다"로 대체 Replace("ABCDE", 1, 3, "가나다") → "가나다DE"
Substitute( )	문자열에서 해당 텍스트를 찾아서 새로운 텍스트로 대체한다. 예) "ABCDE" 문자열에서 "ABC"를 찾아서 "가나다"로 대체 Substitute("ABCDE", "ABC" "가나다") → "가나다DE"
Split( )	문자열에서 해당 텍스트를 찾아서 테이블로 분할한다. 예) "ABCDE" 문자열에서 "C"를 기준으로 분리해서 테이블(컬렉션)에 저장한다. 컬렉션은 뒤에서 소개하겠다. Split("ABCDE", "C") **결과** AB DE
Lower() Upper()	Lower() 명령은 문자열의 모든 문자를 소문자로 변환하고, Upper() 명령은 문자열의 모든 문자를 대문자로 변환한다.
Proper()	문자열의 첫 번째 글자만 대문자로 변환하고 나머지는 소문자로 변환한다. 예) Proper("aWesoMe") → "Awesome"

	문자열에서 일반문자 또는 정규식을 이용한 패턴을 찾는다. Match를 사용해 패턴과 일치하는 첫 번째 텍스트 문자열을 추출한다. MatchAll은 일치하는 모든 텍스트 문자열을 추출한다. IsMatch 함수는 텍스트 문자열의 패턴 또는 정규식과의 일치여부 결과를 true, false로 반환한다.
Match() MatchAll() IsMatch()	예) `Match( "ABCA", "A")` → `"A"` 　　`MatchAll( "ABCA", "A")` → `"A"`, `"A"` 　　`IsMatch( "ABCA", "ABCA")` → true ※ 정규식(Regular Expression)은 일정한 규칙을 가진 문자열을 검색하고 치환하는 목적으로 사용되는 공통 표현식이다. 많은 프로그래밍 언어에서 문자에서 규칙을 찾을 때 사용하는 공용 코딩 기법이다. 예를 들어, 전화번호 패턴을 찾으려면 다음과 같이 정규식을 사용한다. 다음 정규식에서 `\d`(₩d)는 숫자이고, {3}은 3자리를 의미한다. 예) `IsMatch( "010-1234-5678", "\d{3}-\d{4}-\d{4}" )` → true 중간번호가 3자리인 전화번호도 있기 때문에 3 또는 4자리로 검색하려면 다음과 같이 기술한다. 예) `IsMatch( "010-123-4567", "\d{3}-\d{3,4}-\d{4}" )` → true 　　`IsMatch( "010-1234-5678", "\d{3}-\d{3,4}-\d{4}" )` → true 이 책에서 정규식의 문법을 자세히 설명하지는 않는다. 정규식 사용법은 웹 검색 등을 통해서 스스로 학습하도록 하자.

04

날짜 변수

파워 앱스에서 날짜 변수는 '2022-05-24 오후 03:31:24'와 같은 형태로 표현한다. 이러한 날짜 형식은 주로 시스템 내부에서 날짜를 계산하는 용도로 활용한다. 사용자가 날짜 값을 입력하거나 기타 프로그램의 날짜 칼럼에 값을 입력할 때는 **텍스트(문자) 유형**으로 변환해야 한다.

사용자가 날짜 형태의 텍스트를 입력하면 이를 날짜 형식으로 변환하는 실습을 진행해 보자.

01 새로운 앱을 생성하고 사용자가 날짜 형태의 텍스트를 입력할 수 있도록 텍스트 입력 컨트롤을 추가한다. 그리고 문자열 텍스트를 날짜 형식으로 변환한 결과를 저장할 텍스트 입력 컨트롤을 하나 더 생성한다.

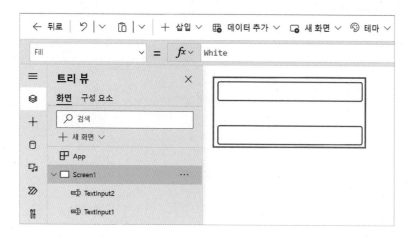

상단 메뉴에서 [삽입] → [입력] → [날짜 선택]을 선택한 후 컨트롤을 이용하면 달력에서 날짜를 선택할 수 있다.

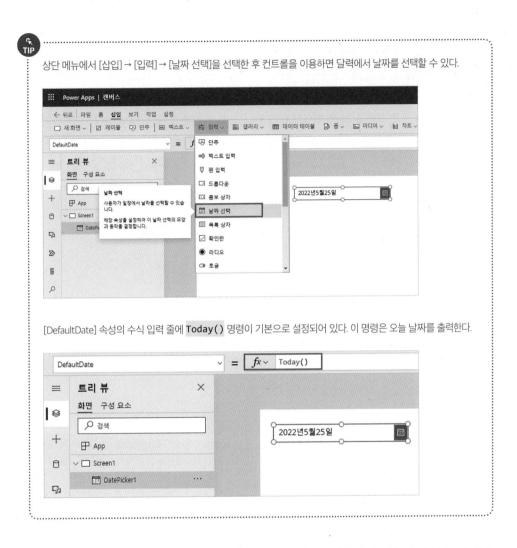

[DefaultDate] 속성의 수식 입력 줄에 **Today()** 명령이 기본으로 설정되어 있다. 이 명령은 오늘 날짜를 출력한다.

02 문자열을 날짜 형식으로 변환하려면 **DateValue()** 명령을 사용한다. 다음과 같이 두 번째 텍스트 입력 컨트롤에 **DateValue()** 명령을 입력하자.

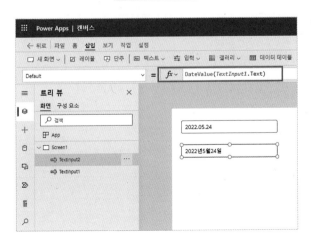

수식	DateValue(TextInput1.Text)
설명	텍스트 입력 컨트롤 TextInput1에 있는 텍스트(.Text)를 날짜 형식으로 변환한다.

03 Text( ) 명령을 이용하면 사용자가 원하는 구분 기호를 넣는 등 날짜 형태를 다양하게 표시할 수 있다. Text( ) 명령의 날짜 형태에 다양한 구분 기호를 사용하면서 확인해 보자.
예) 2022/05/24   2022.05.24   2022-05-24   2022년 05월 24일

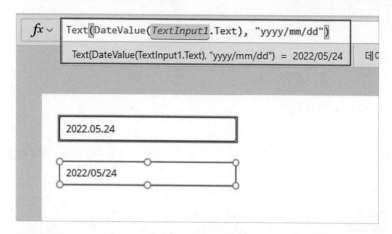

수식	Text(DateValue(TextInput1.Text), "yyyy/mm/dd")
설명	DateValue() 명령을 이용해서 문자열을 날짜 형식으로 변경하고 Text() 명령을 이용해서 날짜 형식을 설정한다. 앞서 설명했듯이 명령 안에 다른 명령을 중첩해서 사용할 수 있다. y는 year의 약자, m은 month의 약자, d는 day의 약자다. 예) Text(DateValue("2022.12.31."), "yyyy/mm/dd") → 2022/12/31

TIP

Today() 명령은 오늘 날짜를 반환하고 Now() 명령은 현재 시각까지 포함해서 날짜와 시간을 함께 반환한다. 이외 날짜와 관련된 명령을 알아보자.

명령	기능
Year()	날짜 변수에서 년도 반환 Year("2022/05/25") → 2022
Month()	날짜 변수에서 월 반환 Month("2022/05/25") → 5
Day()	날짜 변수에서 일 반환 Day("2022/05/25") → 25
Weekday()	날짜 변수에서 요일 반환(일요일을 1로 시작하여, '일월화수목금토(1234567)'순이다.) Weekday("2022/05/25") → 4

04 `DateAdd( )` 명령을 사용하면 날짜 변수를 더하거나 뺄 수 있다. 다음 그림은 첫 번째 텍스트 칼럼 날짜 변수에 '1'일을 더하는 명령이다.

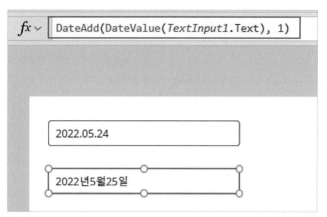

수식	`DateAdd(DateValue(TextInput1.Text), 1)`
설명	첫 번째 텍스트 입력 컨트롤에 입력된 문자열을 `DateValue()` 명령을 사용하여 날짜 형식 변수로 변경한 후에 `DateAdd()` 명령으로 '1'일을 더한다. 날짜를 하루 차감하려면 '-1'을 입력하면 된다. 참고로, '일'이 아닌 '월'을 더하거나 빼려면 `Months` 옵션을 추가로 넣어야 한다. 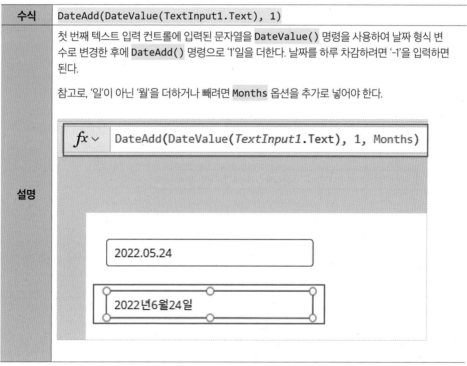

시간형 알아보기

문자열에서 날짜와 시각을 함께 변환할 때는 DateTimeValue() 명령을 사용한다. 첫 번째 텍스트 입력 컨트롤에 날짜와 시각을 입력한 후에 DateTimeValue() 명령으로 시간을 포함한 날짜 형식으로 변경해 보자.

Text(DateTimeValue(TextInput1.Text), "yyyy/mm/dd hh:mm:ss")

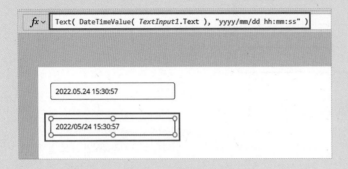

DateAdd() 명령을 이용하면 시간도 더하거나 뺄 수 있다. 다음과 같이 Minutes 옵션을 추가하면 10분을 더한 시각이 계산된다.

DateAdd(DateTimeValue(TextInput1.Text), 10, Minutes)

그리고 DateDiff() 명령을 사용하면 두 날짜의 차이를 단위 기준으로 반환한다.

DateDiff(TextInput1.Text, TextInput2.Text, 단위)

DateDiff() 명령의 세 번째 인수인 단위는 선택 사항으로, 다음과 같은 시간 단위를 입력할 수 있다. 기본은 일 단위이다.

Years, Quarters, Months, Days, Hours, Minutes, Seconds, MilliSeconds

05

불리언 변수

불리언(Boolean) 변수는 참(true)과 거짓(false) 2개의 값만 가지는 변수형이다. 프로그래밍 언어 대부분은 불리언 변수를 지원한다. 특히, 파워 앱스에서 불리언 변수는 텍스트 입력 컨트롤, 버튼 등의 **개별 UI 요소를 화면에 보이거나 숨기는 용도로 자주 활용**한다. 버튼을 누르면 불리언 변수에 `true` 또는 `false`를 저장하고 이 값으로 화면을 동적으로 관리할 수 있다.

불리언 변수의 대표적인 활용 방법을 알아보자. 앱 화면에 버튼 2개를 추가하고 첫 번째 버튼을 누르면 두 번째 버튼이 화면에서 숨겨지게 하려고 한다.

> **TIP**
> 이 책에서 버튼과 버튼은 동일한 의미를 가진다

01 빈 앱을 생성한 후에 버튼 컨트롤 2개를 추가한다. 그리고 [단추1]의 [OnSelect] 속성에 임시
변수 `VarVisible`을 만들고 `false`를 저장한다.

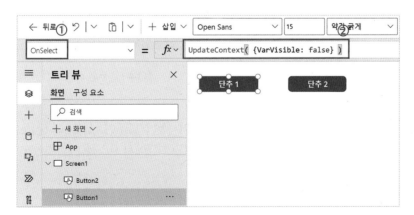

수식	UpdateContext({VarVisible: false})
설명	임시 변수 VarVisible을 false로 지정한다.

02 [단추2]의 ① [Visible] 속성을 선택하면 기본값으로 ② true가 설정되어 있다. 즉, [단추2]는 항상 화면에 나타난다는 의미이다. 수식 입력 줄의 true를 1단계에서 생성한 변수 ③ VarVisible 변수로 변경하자. 이 변수의 현재 값은 false이다.

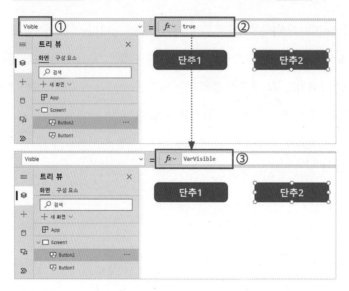

03 앱을 실행하고 [단추1]을 누르면 [단추2]가 화면에서 사라진다.

[단추 1을 누르기 전]   [단추 1을 누른 후]

04 세 번째 버튼 컨트롤을 추가하고 수식 입력 줄에 임시 변수 VarVisible에 true를 저장하는 수식을 입력한다. 앱을 실행하고 [단추3]을 누르면 화면에서 사라졌던 [단추2]가 다시 나타난다.

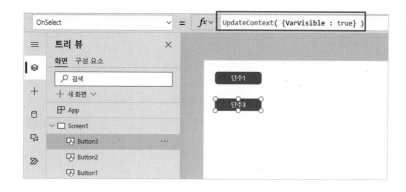

05 불리언 변수와 짝을 이루어서 자주 활용하는 기호가 있다. 바로 **느낌표(!)**로, 이는 **not**을 뜻한다. 그러므로 이 기호와 함께 사용하면 변수의 값이 `true`이면 `false`, `false`이면 `true`처럼 반대의 값을 반환한다. [단추1]의 수식을 다음 그림과 같이 변경한다. 해당 수식은 버튼을 누를 때마다 `VarVisible` 변수의 값을 `true`, `false`로 번갈아 가면서 저장한다. 앱을 실행해서 [단추2]가 화면에 보였다가 사라지는 것이 반복되는지 확인해 보자.

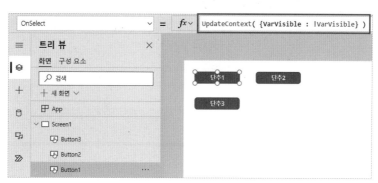

다음과 같은 조건문을 사용해도 5단계에서 `!` 기호를 사용한 것과 마찬가지 효과를 만들 수 있다.

```
If(
    VarVisible = true, UpdateContext( { VarVisible: false } ),
    UpdateContext( { VarVisible: true } )
)
```

`VarVisible` 변수의 값이 **true**이면 **false**를, 반대일 때는 **true**를 저장한다.

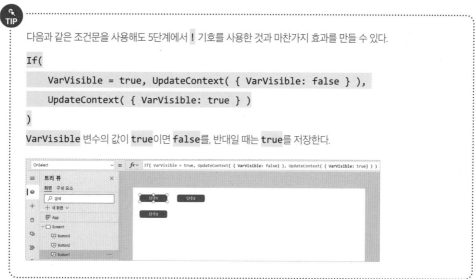

주석(코멘트) 추가하기

파워 앱스 수식 입력 줄에 설명 구문을 추가하거나 수식을 비활성화할 수 있는 주석 처리 기호가 있다.

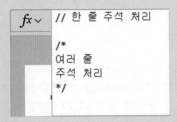

한 줄 주석 처리 기호: //	여러 줄 주석 처리 기호: /* */
// 한 줄만 주석 처리	/* 여러 줄 주석 처리 */

컬렉션 변수

프로그래밍 언어마다 여러 데이터를 레코드 행으로 가지는 변수형이 있다. 이러한 변수형은 일반적으로 배열(Array)이라는 IT 용어로 표현한다. 다음 그림에서 엑셀은 여러 데이터를 표 형태로 나타낸다. 파워 앱스에서는 여러 데이터가 모여 있다고 해서 컬렉션(Collection)이라 부른다.

| [엑셀 표(여러 행의 표현)] | [파워 앱스 컬렉션(여러 행의 표현)] |

다음 그림과 같이 여러 행과 열을 표현할 수 있는 구조를 **테이블**이라고 하는데, 이번에 학습할 컬렉션은 이런 테이블의 범주에 속한다. 즉, 파워 앱스에서 테이블은 엑셀 표, 셰어포인트 목록, 데이터버스 테이블과 같은 데이터 원본을 뜻한다.

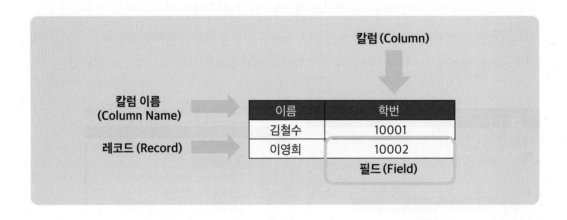

테이블은 행(레코드)의 집합이며 개별 데이터를 **필드**라고 한다. 그리고 개별 열은 **칼럼**이라고 하고 각각 '학번'과 '이름'과 같은 칼럼 이름을 사용해서 정의한다.

> **TIP**
> 파워 플랫폼의 업무 자동화 솔루션인 파워 오토메이트 데스크톱(Power Automate Desktop) 버전에서는 여러 행으로 이루어 진 데이터를 데이터 테이블이라고 부른다.

이번 절에서는 여러 데이터 레코드 행을 표현하는 컬렉션 변수를 배운다. 먼저 컬렉션을 어떻게 생성하는지 실습으로 알아보자.

01 새로운 앱을 생성하고 상단 메뉴의 [삽입] → [입력] → [버튼]을 선택한다. 버튼 텍스트는 '컬렉션 만들기'로 설정한다.

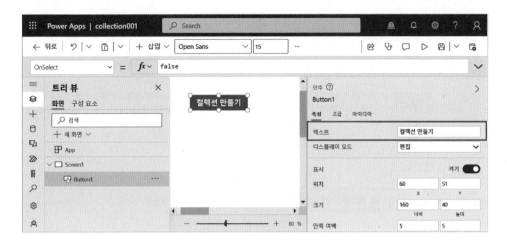

02 버튼의 [OnSelect] 속성에 컬렉션을 만드는 구문을 입력한다. 기본 이론을 습득하는 데 목표를 두므로 누구나 쉽게 이해할 수 있도록 칼럼의 개수를 2개로 최소화했다. 실제 업무에 활용할 수 있을 정도의 데이터 구조는 실전 활용 예제 장에서 소개한다.

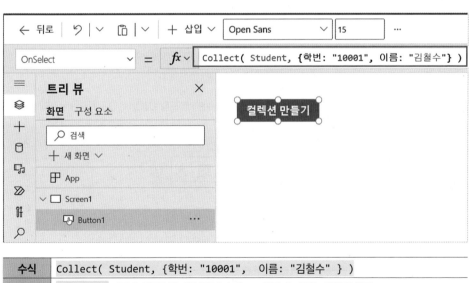

수식	Collect(Student, {학번: "10001", 이름: "김철수" })
설명	Collect() 명령은 컬렉션을 생성하면서 레코드 행을 추가하는 역할을 한다.
	Student라는 컬렉션 변수를 만들고 '학번'과 '이름' 2개의 열을 정의한다. 그리고 학번이 "10001", 이름이 "김철수"인 행을 삽입한다.

복잡한 수식을 보기 좋게 정렬하는 기능이 있다. 수식 입력 필드 오른쪽의 화살표를 누른다.

[텍스트 서식 지정] 버튼을 누르면 수식이 정렬된다.

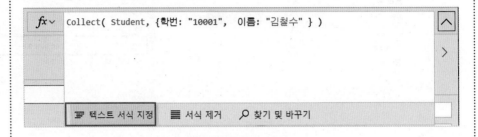

컬렉션 이름과 데이터가 줄별로 구분되므로 읽기 쉬워졌음을 알 수 있다.

그리고 [찾기 및 바꾸기] 버튼을 이용하면 수식에 사용된 키워드를 변경할 수 있다. 찾으려는 키워드를 입력하고 왼쪽의 ▶ 아이콘을 누른다.

변경하려는 키워드를 입력하고 바꾸기 아이콘 🔁 을 누르면 된다. 모두 바꾸기 아이콘 🔁 을 누르면 검색된 모든 키워드를 일괄 변경할 수 있다. 다음은 'Student'를 '학생'으로 바꾸는 예시이다.

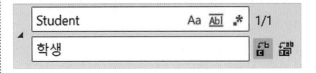

03 컬렉션을 생성하고자 흐름을 실행한 후에 [컬렉션 만들기] 버튼을 누른다.

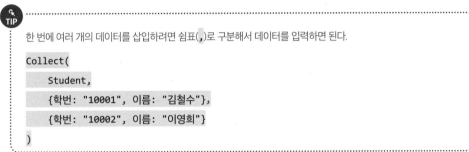

한 번에 여러 개의 데이터를 삽입하려면 쉼표(,)로 구분해서 데이터를 입력하면 된다.

```
Collect(
    Student,
    {학번: "10001", 이름: "김철수"},
    {학번: "10002", 이름: "이영희"}
)
```

04 상단 메뉴에서 ① 더보기 아이콘을 누르고 ② [컬렉션]을 선택해서 어떤 데이터가 컬렉션에 저장됐는지 확인해 보자.

05 2단계에서 컬렉션에 생성한 데이터 한 행을 볼 수 있다.

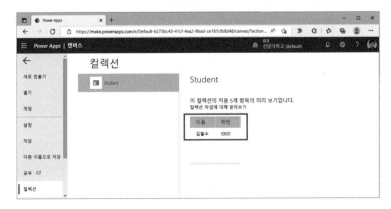

06 이번에는 학번과 이름의 텍스트 입력 컨트롤 2개를 추가해서 사용자가 입력한 값을 컬렉션에 추가해 보자.

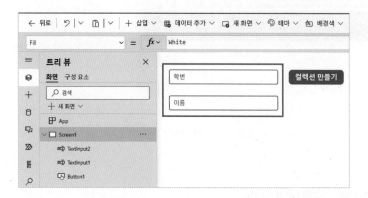

07 버튼의 수식 입력 줄 `Collect( )` 명령에 직접 입력했던 부분을 텍스트 입력 창의 텍스트를 가리키도록 변경한다.

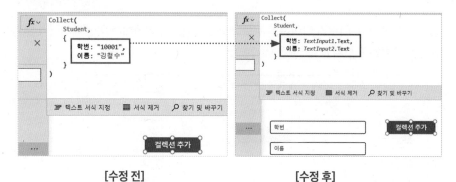

[수정 전]　　　　　　　　　　　　　[수정 후]

08 텍스트 입력 컨트롤에 학번과 이름을 입력하고 [컬렉션 추가] 버튼을 눌러보자.

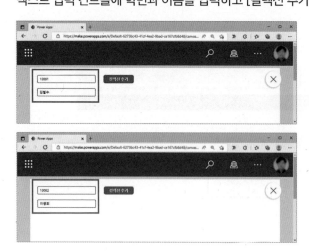

09 왼쪽 메뉴의 변수 보기 아이콘(①)을 누른 후에 ② [컬렉션]을 열어서 ③ [Student]를 선택하고, ④ [테이블 보기] 메뉴를 클릭한다. 그러면 ⑤ 2개의 데이터가 컬렉션에 저장된 것을 볼 수 있다.

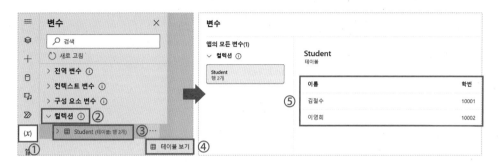

TIP

앞서 변수에 저장된 값을 확인했듯이 컬렉션에 저장된 데이터 레코드를 파워 앱스 스튜디오에서 바로 확인하는 방법이 있다. 컬렉션 **Student**를 더블클릭하면 아래에 새로운 메뉴가 나타나는데, 컬렉션 **Student** 앞의 화살표(⌄)를 클릭해 보자.

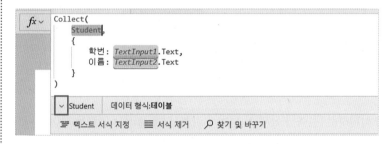

그러면 컬렉션에 저장한 데이터 레코드를 확인할 수 있다.

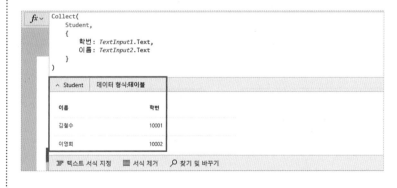

10 사용자가 텍스트를 입력하고 특정 버튼을 누르면 이전에 입력했던 값을 지우는 기능을 넣어 보자. 입력한 텍스트를 지우고자 텍스트 입력 컨트롤 2개를 `Reset( )` 명령으로 초기화한다.

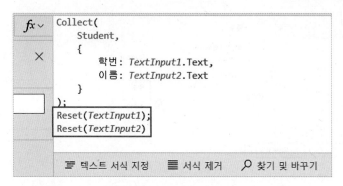

```
fx ∨    Collect(
            Student,
  ✕          {
                 학번: TextInput1.Text,
                 이름: TextInput2.Text
             }
        );
        Reset(TextInput1);
        Reset(TextInput2)
```

≡ 텍스트 서식 지정   ≡ 서식 제거   🔍 찾기 및 바꾸기

11 앱을 실행한 후에 학번과 이름을 입력하고 [컬렉션 추가] 버튼을 누르면 텍스트 입력 컨트롤의 값이 빈 값으로 초기화된다.

| 학번 | | 컬렉션 추가 |
| 이름 | | |

12 컬렉션을 삭제하는 [컬렉션 삭제] 버튼을 추가해서 `Clear( )` 명령을 넣어 보자. 이 명령을 실행하면 컬렉션의 모든 데이터를 삭제한다.

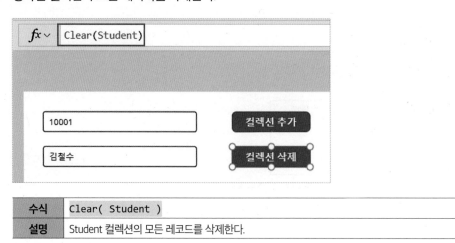

```
fx ∨    Clear(Student)
```

| 10001 | | 컬렉션 추가 |
| 김철수 | | 컬렉션 삭제 |

수식	`Clear( Student )`
설명	Student 컬렉션의 모든 레코드를 삭제한다.

13 컬렉션에 데이터를 입력한 후에 [컬렉션 삭제] 버튼을 눌러서 데이터를 삭제해 보자. 그런 다음, 컬렉션을 조회하면 모든 데이터가 삭제된 것을 확인할 수 있다.

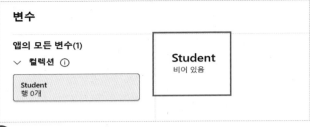

> **TIP**
>
> ClearCollect() 명령은 Clear()와 Collect() 기능을 한 번에 수행한다. 즉, 컬렉션의 데이터를 모두 삭제한 후에 새로운 데이터를 추가한다.
>
> ```
> ClearCollect(
>     Student,
>     {학번: TextInput1.Text, 이름: TextInput2.Text}
> )
> ```

14 Patch( ) 명령을 사용하면 컬렉션에 있는 데이터를 변경할 수 있다. 학번 **"10001"**의 이름을 **"홍길동"**으로 변경해 보자. [Patch] 버튼을 추가하고 컬렉션에서 데이터를 검색한 후에 이름을 변경하는 수식을 입력해 보자.

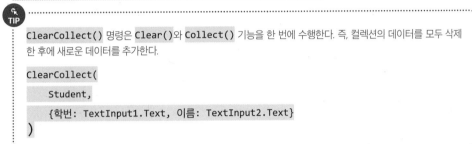

수식	Patch(Student, First(Filter(Student, 학번 = "10001")), { 이름: "홍길동" })
설명	Filter() 명령은 컬렉션(테이블)에서 학번 열의 조건으로 데이터를 추출한다. 그리고 First() 명령으로 추출한 데이터 중 첫 번째 항목을 반환한다. 그런 후에 Patch() 명령으로 학번이 "10001"인 학생의 이름을 **"홍길동"**으로 변경한다. Patch 함수는 컬렉션(또는 셰어포인트 목록)에 데이터를 변경하거나, 생성할 때 사용한다. Patch(원본, 대상 레코드, 업데이트 레코드) 실습 예제에 사용된 Patch 수식을 다음과 같이 기술해도 동일한 효과를 가진다. LookUp은 조건에 해당하는 1건의 레코드만 반영하기 때문에 First 함수를 사용할 필요가 없다. Patch(Student, {학번 : "10001"}, { 이름: "홍길동" }) Patch(Student, LookUp(Student, 학번 = "10001"), { 이름: "홍길동" }) 이 명령과 비슷한 기능을 하는 명령으로는 Update()가 있다. 단, 이 명령은 조건에 해당하는 데이터를 교체하기 때문에 전체 열을 다시 한번 기술해야 한다. 즉, Update() 명령은 다음과 같이 학번도 넣어야 한다.

| 설명 | ```
Update(
    Student,
    First( Filter( Student, 학번 = "10001" ) ),
    { 학번 : "10001", 이름: "홍길동" }
)
``` |
|---|---|
| | ※ `First()` 명령의 반대인 `Last()` 명령은 컬렉션의 마지막 데이터를 반환한다. 그리고 `Index()` 명령을 이용해서 첫 번째 레코드를 반환할 수 있다. 다음 구문은 `First()`와 같다.

`Index(테이블, 1) = First(테이블)` |

TIP

`Search()` 명령을 이용하면 검색할 문자열을 포함하는 텍스트를 찾아서 반환한다. 다음 구문은 14단계와 똑같은 효과이다.

`Patch(Student, First( Search( Student, "10001", "학번") ), {이름: "홍길동"} )`

15 앱을 실행해서 [Patch] 버튼을 누른 후에 컬렉션의 데이터를 조회해 보면 해당 학번의 이름이 **"홍길동"**으로 변경된 것을 볼 수 있다.

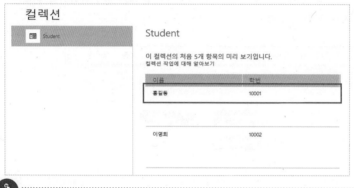

TIP

`Patch()` 명령을 이용해서 컬렉션에 새로운 데이터를 생성할 수도 있다.

`Patch( Student, Defaults( Student ), { 이름 : "홍길동" }, { 학번 : "10003" } )`

16 `Patch( )` 명령을 이용해 여러 개의 데이터를 변경하려면 `ForAll( )` 명령으로 컬렉션 데이터를 반복하면서 변경해야 한다. 다음과 같이 이름이 **"김철수"**인 데이터가 여러 건일 때, **"김철수"**의 학번을 **"20001"**로 모두 변경해야 한다고 가정해 보자.
먼저, 다음과 같이 이름이 **"김철수"**인 여러 건의 데이터를 생성하자.

이름	학번
김철수	10001
이영희	10002
김철수	10003
```

UpdateIf 함수를 사용하면, 조건에 해당하는 여러 개의 데이터를 한 번에 변경할 수 있다. `Patch`와 `ForAll` 함수를 같이 사용하는 것은 시민 개발자들에게 다소 어렵기 때문에 UpdateIf를 사용할 것을 권장한다. 예를 들어서, 다음 구문은 이름이 "김철수"인 여러 학생의 학번을 "20001"로 일괄 변경한다.

```
UpdateIf(
    Student,
    이름 = "김철수",
    {학번: "20001"}
)
```

그리고, `ForAll`을 사용하지 않고 `Patch` 함수만으로도 한 번에 여러 개의 데이터를 변경하는 방법이 있다. 대부분의 경우 UpdateIf 구문으로 대체할 수 있기 때문에 설명은 생략한다.

17 [ForAll]이라는 버튼을 추가한 후에 수식을 입력한다. 먼저, `ClearCollect( )` 명령으로 임시 컬렉션 `TempCollection`을 만든다. 또는 다음과 같이 `Collect( )` 명령으로 임시 컬렉션을 생성할 수도 있다.

Collect(TempCollection, {학번: "", 이름: ""})

`ForAll( )` 명령은 테이블(컬렉션)을 반복하면서 처리하는 구문으로 이해하면 된다. 다음 엑셀 표를 참고하여 Student 컬렉션을 `ForAll( )` 명령으로 반복하면서 한 행씩 처리한다는 것을 이해하길 바란다. 단, `ForAll( )` 명령은 임의의 순서로 레코드를 처리하거나 병렬로 처리할 수 있다는 점에 유의해야 한다.

컬렉션(Student)	임시 컬렉션(TempCollection)

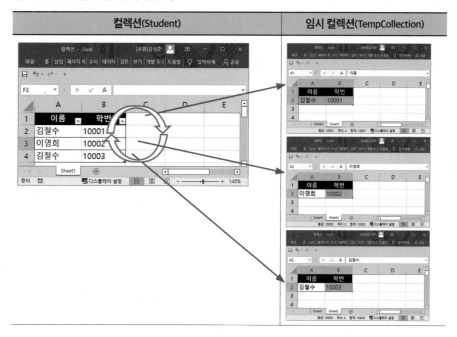

수식에 사용한 `ForAll( )` 명령과 `Patch` 구문에서 `Student` 컬렉션을 반복하면서 `Filter( )` 조건으로 추출한 첫 번째 레코드의 학번을 "20001"로 변경한다.

```
fx ∨   ClearCollect(TempCollection, Student);
       ForAll(
           TempCollection,
           Patch(
               Student,
               First(
                   Filter(
                       Student,
                       이름 = "김철수" && 학번 <> "20001"
                   )
               ),
               {학번: "20001"}
           )
       )

       ☰ 텍스트 서식 지정    ☰ 서식 제거    🔍 찾기 및 바꾸기

       [ 10003 ]              [ 컬렉션 추가 ]        [ Patch ]

       [ 김철수 ]              [ 컬렉션 삭제 ]        [ ForAll ]
```

수식	```ForAll(
	    TempCollection,
	    Patch(
	        Student,
	        First(
	            Filter(Student, 이름 = "김철수" && 학번 <> "20001")
	        ),
	        {학번: "20001"}
	    )
	)```

설명	`ForAll( )` 명령은 테이블의 모든 레코드에 대한 수식을 계산한다.
	`ForAll(테이블 원본, 수식)`
	
	예제에서 사용한 `ForAll( )` 수식은 컬렉션의 데이터를 반복하면서 조건에 해당하는 데이터를 변경한다. `Filter( )` 명령과 `First( )` 명령으로 조건에 해당하는 첫 번째 레코드를 반복하면서 변경하는 구문이다. `&&` 기호를 이용해 And 조건을 추가한다. `&&` 기호와 And는 '그리고'의 의미로, 연결된 조건이 모두 같아야 함을 의미한다. 그리고 `||` 기호를 이용하면 Or 조건을 추가할 수 있다. `||` 기호와 Or는 '또는'의 의미로, 연결된 조건 중 하나만 일치해도 실행된다.
	
	예) 이름 = "김철수" && 학번 = "20001" → 이름이 "김철수"이고, 학번이 "20001"인 데이터를 찾으라는 의미
	    이름 = "김철수" || 학번 = "20001" → 이름이 "김철수"이거나, 학번이 "20001"인 데이터를 찾으라는 의미
	숫자 데이터라면 `< >`와 같은 비교 연산자도 사용할 수 있다. `< >` 연산자는 'not'의 의미를 갖는다.
	Filter 대신에 LookUp 함수를 사용하면 다음과 같이 입력하면 된다.
	``ForAll(
	    TempCollection,
	    Patch(
	        Student,
	        LookUp(Student, 이름 = "김철수" && 학번 <> "20001"),
	        {학번: "20001"}
	    )
	)```

또한 ForAll() 명령은 Collect() 명령과 함께 사용해서 조건에 해당하는 데이터로 새로운 컬렉션을 생성하는 용도로도 활용한다. 다음 구문은 Student 컬렉션에서 이름이 "김철수"인 데이터만 추출해서 새로운 컬렉션인 NewStudent를 생성한다.

```
ForAll(
    Student,
    If( 이름="김철수", Collect(NewStudent, {이름: 이름, 학번: 학번}) )
)
```

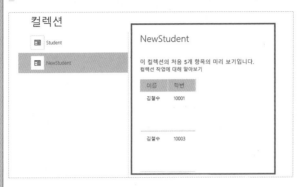

ForAll() 명령은 다양하게 사용되므로 더 자세한 내용은 마이크로소프트 매뉴얼을 참고하자.

ForAll() 명령은 전체 레코드를 대상으로 하지만, With() 명령은 단일 레코드를 처리한다. 예제에서 ForAll() 명령을 이용한 수식과 같은 효과가 되려면 다음과 같이 With() 명령을 사용해야 한다. 단, 이 명령은 하나의 레코드만 대상으로 한다는 것에 주의한다. 다음 수식에서는 rec이라는 임시 데이터 레코드를 선언하고 Patch()할 때 rec을 다시 활용했다.

```
With(
    {rec: LookUp( Student, 이름="김철수"&& 학번 <> "20001")},
    Patch( Student, rec, { 학번: "20001" } )
)
```

With() 수식에 사용된 LookUp() 명령은 다음 팁을 참고하자.

유용한 With() 명령 이해하기

빈 앱을 하나 생성하고, 텍스트 입력 컨트롤을 추가해서 With() 명령의 사용법을 쉽게 설명하겠다.
With() 명령은 레코드 인수를 활용해서 계산식을 수행하는 명령이다.

With(레코드, 계산식)

예를 들어서, 다음과 같이 With() 명령의 첫 번째 인수인 **data1**에 5라는 값을 설정하면 두 번째 인수의
계산식에서 *2를 하기 때문에 With() 명령 수행 결과 10이 텍스트 입력 컨트롤에 저장된다.

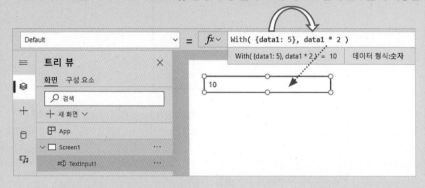

위 수식에서 곱한 숫자 2도 첫 번째 인수에서 레코드 이름으로 정의하고 이 값을 할당할 수 있다.

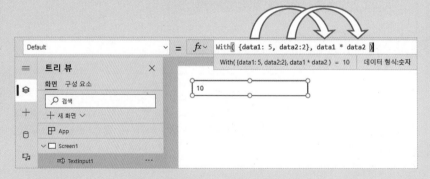

그리고 With() 명령 안에 With() 명령을 중첩해서 사용할 수 있다. 다음 수식에서 **data3**은 **data1**과
data2를 곱한 결과를 저장하는 레코드로 정의했다.

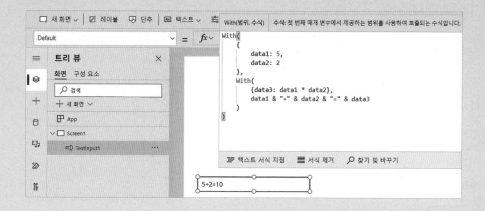

18   컬렉션의 데이터를 확인하면 이름이 **"김철수"**인 모든 데이터의 학번이 **"20001"**로 변경된 것을 볼 수 있다.

앱 게시하기와 버전 관리

파워 앱스 스튜디오에서 앱을 변경하고 저장한 후에는 앱을 게시해야 다른 사용자도 최종 버전의 앱을 실행할 수 있다. 상단 메뉴에서 [게시] 아이콘 을 누른다. [이 버전 게시] 버튼을 누르면 앱이 게시된다.

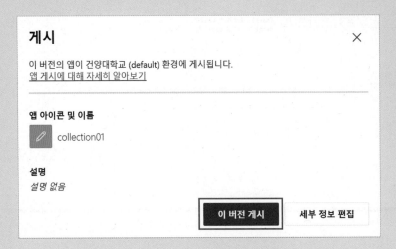

그리고, 상단 메뉴에서 더보기 아이콘을 누르고 [앱 버전 기록] 버튼을 누르면 현재까지 수정된 앱의 모든 버전을 확인할 수 있으며 이전 버전으로 복원도 가능하다. [라이브]로 표시된 버전이 현재 사용자가 실행할 수 있는 최종 앱 버전이다.

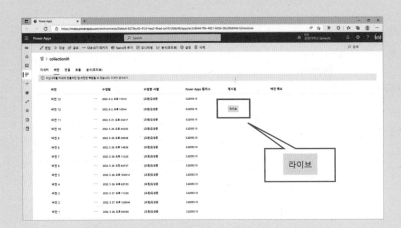

실행하려면 ① [자세히] 탭으로 이동해서 ② 웹 링크 URL을 복사한다.

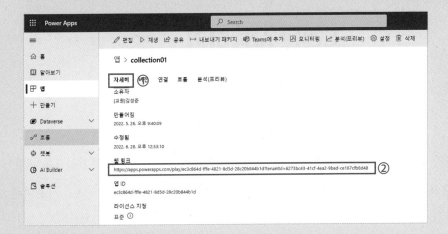

복사한 URL을 웹 브라우저 주소창에 입력하면 실행 모드로 앱에 바로 접근할 수 있다.

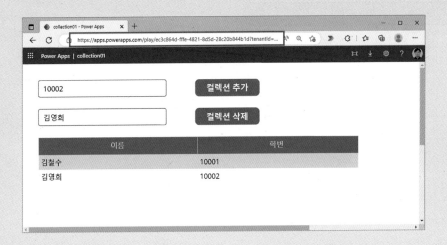

조건문 사용하기

조건문은 주어진 조건에 따라서 프로그램의 순서를 제어하거나 다른 로직으로 분기하도록 한다. **If( ) 조건문은 프로그래밍의 논리 구조를 구성하는 기본 골격**이다. 기본 프로그래밍 언어를 사용하려면 적절히 변수를 사용하고 조건문을 구현할 수 있어야 한다.

If( ) 조건문은 다음 기호를 사용해서 조건 값을 비교한다.

기호	기능
a=b	a와 b가 같다
a<>b	a와 b가 같지 않다
a>b	a가 b보다 크다
a=>b	a가 b보다 크거나 같다
a<b	a가 b보다 작다
a<=b	a가 b보다 작거나 같다

일반적인 프로그래밍 언어에서의 If 조건문과 파워 앱스 If 조건문 사용법에는 약간의 차이가 있다는 것에 유의하자.

사용자가 100점을 입력하면 A+ 학점, 99~90점을 입력하면 A 학점, 89~80점은 B 학점, 이외의 점수에는 F 학점을 출력하는 조건문을 설명해 보자.

조건이 1개일 때

점수가 100점일 때 A+ 학점을 출력하는 구문을 비교하면서 설명해 보자.

일반적인 프로그래밍 언어에서의 구문	파워 앱스에서의 구문
```If 점수 = 100. "A+" Endif.```	```If(점수 = 100, "A+")```

즉, 파워 앱스의 조건문은 다음과 같이 사용한다.

If(조건, 결과)

조건이 **true**이면 입력한 결과를 반환한다.

점수가 100점 이외일 때 기본값은 F 학점이라고 정의할 때는 다음과 같이 기술한다.

일반적인 프로그래밍 언어에서의 구문	파워 앱스에서의 구문
```If 점수 = 100. "A+" Else. "F" Endif.```	```If(점수 = 100, "A+", "F")```

위 구문의 파워 앱스 조건문은 다음과 같다.

If(조건, 결과, 기본값)

조건이 **true**이면 입력한 결과를 반환하고 **false**이면 기본값을 반환한다.

조건이 2개 이상일 때

점수가 100점일 때는 A+ 학점, 90점 이상일 때는 A 학점, 80점 이상일 때는 B 학점을 계산하는 수식은 다음과 같다.

일반적인 프로그래밍 언어에서의 구문	파워 앱스에서의 구문
If 점수 = 100. 　"A+" ElseIf 점수 >= 90. 　"A" ElseIf 점수 >= 80. 　"B" Endif.	If(　　점수 = 100, "A+", 　　점수 >= 90, "A", 　　점수 >= 80, "B")

즉, 2개 이상의 조건문을 사용한 파워 앱스 조건문은 다음과 같다.

If(조건1, 결과1, 조건2, 결과2, 조건3, 결과3)

조건1이 **true**이면 결과1을 반환하고, 조건1이 **false**이고 조건2가 **true**이면 결과2를 반환한다.

그리고 조건1, 2가 **false**이고 조건3이 **true**이면 결과3을 반환한다.

그리고 앞의 조건에 해당하지 않은 이외의 기본 학점 F는 다음과 같이 기술한다.

일반적인 프로그래밍 언어에서의 구문	파워 앱스에서의 구문
If 점수 = 100. 　　"A+" ElseIf 점수 >= 90. 　"A" ElseIf 점수 >= 80. 　"B" Else. 　"F" Endif.	If(　　점수 = 100, "A+", 　　점수 >= 90, "A", 　　점수 >= 80, "B", 　"F")

이 구문의 파워 앱스 조건문은 다음과 같다.

If(조건1, 결과1, 조건2, 결과2, 조건3, 결과3, 기본값)

조건1이 true이면 결과1을 반환하고, 조건1이 false이고 조건2가 true이면 결과 2를 반환한다. 그리고 조건1, 2, 3이 모두 false이면 기본값을 반환한다.

파워 앱스에 사용하는 **If()** 조건문은 엑셀과 사용법이 같다.

예를 들어, 다음 구문은 4가 3보다 크다는 조건에서 true(참)이므로 **"큼"**을 반환한다.

IF(4 > 3, "큼", "작음") → 4는 3보다 크므로 ture(참)의 자리에 있는 **"큼"**을 반환

다음 구문은 "작음"을 반환한다.

IF(4 < 3, "큼", "작음") → 4는 3보다 작지 않으므로, false(거짓) 자리에 있는 기본값 **"작음"**을 반환

파워 앱스의 **If** 조건문은 엑셀에서도 유효하다. 엑셀 프로그램을 실행해서 위 2가지 예문을 입력하고 결과를 확인해 보자.

이번 실습에서는 사용자가 학점을 입력하면 앞의 조건 예제처럼 학점을 표시하는 방법을 알아보자.

01 빈 앱을 생성하고, 텍스트 입력 컨트롤 2개와 [학점계산] 버튼 컨트롤을 추가한다. 사용자가 첫 번째 텍스트 입력 컨트롤에 100을 입력하면, 전역 변수 **VarGrade**에 A+ 학점을 저장하는 수식을 입력한다.

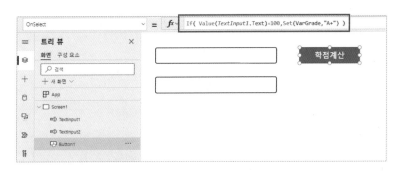

수식	If(Value(TextInput1.Text)=100, Set(VarGrade,"A+"))
설명	Value() 명령은 숫자를 포함하는 텍스트 문자열을 숫자로 변환한다. 사용자가 텍스트로 입력한 숫자에 대해 계산을 수행해야 할 때 사용한다.

02 두 번째 텍스트 컨트롤의 [Default] 속성에는 1단계에서 생성한 변수 `VarGrade`를 입력한다.

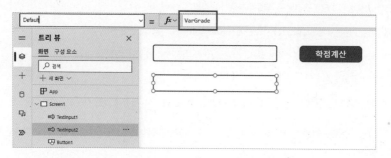

03 앱을 실행해서 100점을 입력하고 [학점계산] 버튼을 누르면 두 번째 텍스트 입력 컨트롤에 A+ 학점이 나타난다.

04 이번에는 사용자가 100점을 입력하면 A+ 학점, 99~90점을 입력하면 A 학점, 89~80점은 B 학점, 이외 점수에는 F 학점을 출력하는 조건문을 완성해 보자. 그리고 앱을 실행해서 점수에 해당하는 학점이 출력되는지 확인해 본다.

수식	```If(Value(TextInput1.Text = 100, Set(VarGrade, "A+"), Value(TextInput1.Text >= 90, Set(VarGrade, "A"), Value(TextInput1.Text >= 80, Set(VarGrade, "B"), Set(VarGrade, "F"))```
설명	100점이면 "A+", 99~90점이면 "A", 89~80점이면 "B", 이외는 "F"를 VarGrade 변수에 저장한다.

조금 더
알아보기

Switch( ) 명령 알아보기

로직을 제어하는 분기문인 전환(Switch) 구문도 프로그래밍 언어에서 많이 사용한다. 전환 구문은 If(만약)
조건문과 비슷한 기능을 수행하므로 함께 활용하기도 한다.

일반적으로 3개 이상의 정해진 값 중에서 분기해야 하는 논리 구조에는 전환 구문을 더 많이 사용한다. 예
를 들어 A, B, C와 같이 정해진 학점마다 다른 로직을 적용해야 할 때는 전환 구문이 더 효율적이다. 전환
구문을 이용해 학점을 입력하면 학점에 해당하는 메시지를 출력하는 흐름을 구현해 보자.

학점	메시지 출력	학점	메시지 출력
A	수고했습니다.	C	분발이 필요합니다.
B	조금 더 노력이 필요합니다.	기타	학점을 입력하세요.

이번 절에서 실습한 예제의 수식을 다음과 같이 변경해서 전환 구문을 이해해 보자.

수식	Switch(　TextInput1.Text, 　"A", Set(VarGrade, "수고했습니다."), 　"B", Set(VarGrade, "조금 더 노력이 필요합니다."), 　"C", Set(VarGrade, "분발이 필요합니다."), 　Set(VarGrade, "학점을 입력하세요."))
설명	이 수식에 사용한 **Switch( )** 명령은 다음과 같다. Switch(대상, 비교값1, 결과1, 비교값2, 결과2, 비교값3, 결과3, 기본값) 사용자가 입력한 값이 비교값1과 같으면 결과1을 출력하고 비교값2와 같으면 결과2를 출력한다. 비교값1, 2, 3과 모두 다르면 기본값을 반환한다.

MICROSOFT
POWER APPS

모바일 앱에서 데이터를 조회·수정·삭제·생성하기 위해서 다양한 UI 컨트롤들이 사용된다. 주요 UI 컨트롤들이 어떠한 특징을 갖고 있는지 알아본다. 사용자가 양식 폼에서 생성한 데이터를 저장할 공간인 셰어포인트와 데이터버스를 소개한다. 그리고, 파워 앱스에서 개발한 모바일 앱과 업무 자동화를 위한 파워 오토메이트가 어떻게 상호 작용하는지 설명한다. 파워 오토메이트를 통해서 고생산성, 고효율성의 업무 자동화를 구현할 수 있다.

파워 앱스
개발 맛보기

실행 영상 파일
URL: https://cafe.naver.com/
msapp/100

3^장

데이터 테이블 컨트롤
이해하기

컬렉션과 같이 여러 행의 데이터를 저장하는 변수는 **데이터 테이블(Data Table)** 또는 갤러리 컨트롤에서 조회할 수 있다. 데이터 테이블 컨트롤은 기본적으로 머리글을 제공하며 데이터를 **목록 형태로 조회**하는 용도로 주로 사용한다. 다음 그림과 같이 데이터 테이블 컨트롤 형태는 행과 열을 가지는 엑셀과 아주 비슷한 구조이다.

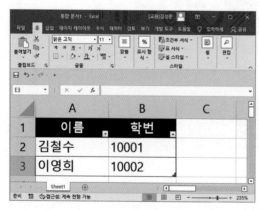

[엑셀: 표]

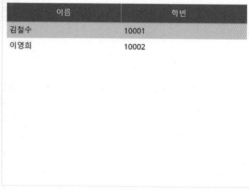

[파워 앱스: 데이터 테이블 컨트롤]

01 2장에서 생성한 앱을 편집 모드로 열고 상단 메뉴에서 [삽입] → [레이아웃] → [데이터 테이블(프리뷰)]를 선택하여 컨트롤을 추가한다.

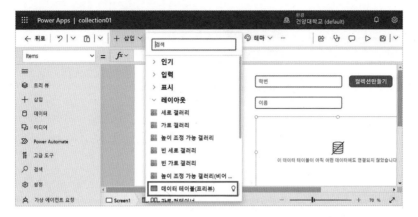

02 1단계에서 팝업 화면이 열리면 Student 컬렉션을 바로 선택할 수 있다. 또는 오른쪽 컨트롤 [속성] 탭의 '데이터 원본'을 클릭하면 Student 컬렉션을 찾을 수 있다.

03 [속성] 탭의 ① '필드 편집'을 클릭하고 ② [+ 필드 추가] 버튼을 누른 후에 ③ [이름]과 [학번] 필드를 선택한 다음 ④ [추가] 버튼을 누른다.

04 앱을 실행한 후에 텍스트 입력 컨트롤에 값을 입력하고 [컬렉션 추가] 버튼을 누르면 데이터 테이블 컨트롤에 행이 추가된다.

테이블과 목록

테이블은 여러 행과 열로 구성된다. 이와 달리 **목록**(리스트)은 다음 그림과 같이 하나의 열과 여러 개의 행으로 구성되는 구조이다. 즉, 목록은 열이 하나인 테이블이라고 볼 수 있다.

이름
김철수
이영희

단일 열 테이블인 목록은 [ ] 기호를 이용해 다음과 같이 정의한다.

["김철수", "이영희"]

또는 테이블을 생성하는 Table() 명령을 사용해서 단일 열을 가지는 테이블 목록을 정의할 수도 있다.

Table({Value: "김철수"}, {Value: "이영희"})

참고로, { } 기호만 사용하면 테이블 또는 목록의 단일 레코드(한 행)를 생성한다. 다음은 "김철수" 한 행만을 생성하는 명령이다.

{Value: "김철수"}

파워 앱스에서 목록은 상단 메뉴에서 [삽입] → [입력] → [목록 상자], [드롭다운], [콤보 상자] 등을 선택하여 여러 개의 데이터를 표현하는 컨트롤을 만들 수 있다.

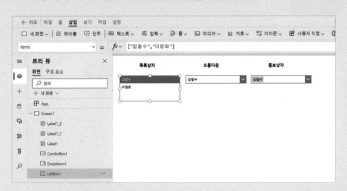

목록 상자와 콤보 상자는 여러 개를 선택할 수 있고 드롭다운은 하나만 선택할 수 있다.
목록 상자, 드롭다운, 콤보 상자에서 선택한 값은 다음 수식으로 값을 추출할 수 있다.

목록 상자	드롭다운	콤보 상자
ListBox1.Selected.Value	Dropdown1.Selected.Value	ComboBox1.Selected.Value

목록을 조회하는 개별 컨트롤 아래에 레이블 컨트롤을 하나씩 추가해서 각각 선택한 값을 레이블에 출력해 보자.

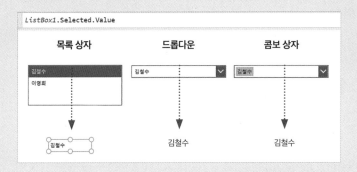

컬렉션을 이용해서 목록을 사용하는 컨트롤에 값을 입력할 수 있다. 이외 자세한 내용은 실습을 진행하면서 소개하겠다. [목록 컬렉션] 버튼 컨트롤을 추가해서 하나의 열(이름)을 가지는 컬렉션 목록을 생성하자.

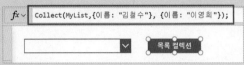

수식	Collect(MyList, {이름: "김철수"}, {이름: "이영희"})
설명	MyList라는 이름으로 다음과 같은 컬렉션을 만든다.

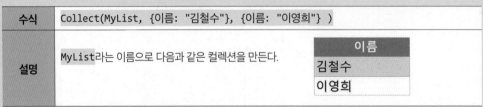

드롭다운의 [Items] 속성 수식 입력 줄에 MyList 컬렉션을 입력한다.

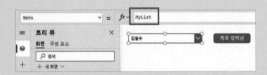

해당 드롭다운의 선택된 값을 출력하려면 다음과 같이 컬렉션을 정의했던 열 이름을 사용한다. 상단 메뉴에서 [삽입] → [표시] → [텍스트 레이블]을 선택하여 컨트롤을 화면에 추가한 후, 드롭다운에서 선택한 값을 확인해 보자.

Dropdown2.Selected.이름

추가로, Distinct() 명령을 사용하면 중복된 값을 제거할 수 있다. MyList 컬렉션에 "김철수"라는 이름이 여러 개 있다고 가정해 보자. Distinct() 명령을 다음과 같이 입력하면 중복된 값은 삭제하고 "김철수" 하나만 반환한다.

Distinct(MyList, 이름)

05 [컬렉션 삭제] 버튼을 누르면 데이터 테이블 컨트롤을 초기화한다.

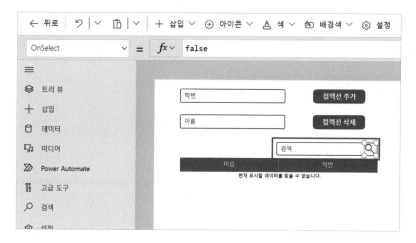

06 사용자가 입력한 문자열로 데이터 테이블 컨트롤을 검색하는 기능을 추가해 보자. 텍스트 입력 컨트롤과 검색 아이콘을 추가해서 데이터 테이블 컨트롤 오른쪽 위에 놓는다.

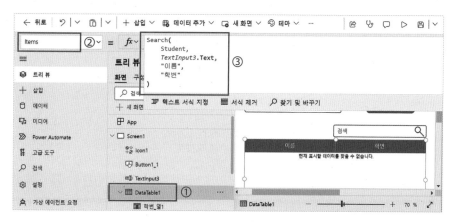

07 ① 왼쪽 트리 뷰에서 [DataTable1]을 선택한다. ② 속성 선택 화면에서 [Items]를 선택한다. 수식 입력 줄에 Student 컬렉션이 기본으로 저장되어 있다. ③ 사용자가 검색 컨트롤에 입력한 텍스트를 찾아서 데이터 테이블 컨트롤에 표시하고자 Search( ) 명령을 이용해서 수식을 입력한다.

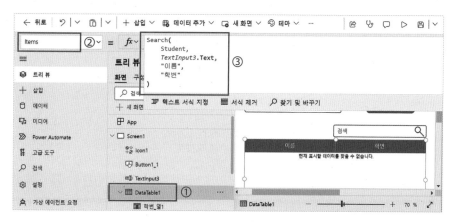

수식	Search(
	    Student,
	    TextInput3.Text,
	    "이름",
	    "학번"
	)

설명	Search() 명령은 사용자가 입력한 텍스트(TextInput3.Text)를 기준으로 Student 컬렉션 "이름"과 "학번" 2개 열에서 검색한 결과를 반환한다. 컬렉션에 더 많은 칼럼이 있다면 "학번" 다음에 칼럼을 이어서 적으면 된다. "이름" 칼럼으로만 검색하려면 다음과 같이 칼럼 하나만 적으면 된다. Search(Student, TextInput3.Text, "이름")

08 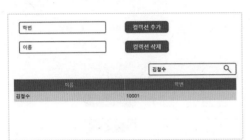 앱을 실행한 후에 검색 필드에 문자열을 입력하면 테이블 컨트롤의 해당 데이터를 실시간으로 검색할 수 있다.

조금 더 알아보기

속성 항목에 쉽게 접근하기

개별 컨트롤의 속성에 쉽게 접근하는 방법이 있다. 오른쪽 속성 영역의 ① [고급] 탭을 선택하면 이 컨트롤의 속성을 조회할 수 있다. 이 탭에서 ② 원하는 속성 이름을 클릭하면 ③ 속성 항목이 바뀐다.

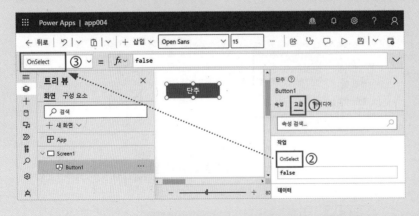

그리고 [고급] 탭의 속성에 바로 수식을 입력하여 글자 색상, 배경색 등을 동적으로 변경할 수도 있다.

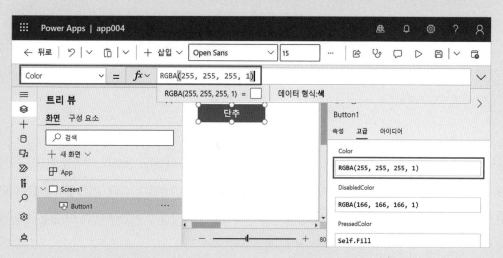

다음과 같이 ① 버튼의 텍스트가 "단추"이면 글자 색상을 ② 노란색(RGBA(255, 255, 0, 1))으로 변경하고 그렇지 않으면 ③ 흰색(RGBA(255, 255, 255, 1))으로 설정할 수 있다.

```
If(Button1.Text = "단추", RGBA(255, 255, 0, 1), RGBA(255, 255,
255, 1))
```

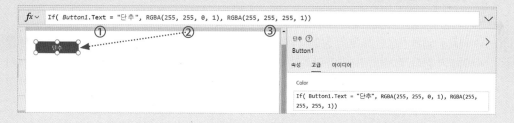

갤러리 컨트롤 알아보기

갤러리(Gallery)는 데이터 테이블 컨트롤처럼 여러 행을 표로 나타낸다. 데이터 테이블 컨트롤에서 개발자가 수정할 수 있는 영역은 색상과 폰트와 같은 겉모습에 한정된다. 이와 달리, **갤러리에는 데이터 행에 버튼이나 이미지를 더하는 등의 기능을 추가**할 수 있다. 즉, 사용자 기호에 맞게 더 많은 기능을 사용자가 정의할 수 있기 때문에 갤러리를 더 활용하게 된다.

[데이터 테이블 컨트롤]   [갤러리 컨트롤]

01 새로운 앱을 생성한 후에 앞 장에서 추가했던 텍스트 입력 컨트롤과 버튼 컨트롤을 복사해서 붙여넣기 한다. 복사([Ctrl]+[C]) 단축키 또는 마우스 오른쪽 버튼을 클릭한 뒤 [복사] 메뉴로 복사할 수도 있다. 그리고 단축키([Ctrl]+[V])를 이용해 붙여넣거나 마우스 오른쪽 버튼을 클릭하고 [붙여넣기] 메뉴를 선택해도 된다. 또는 신규로 생성해도 된다.

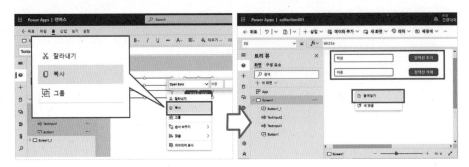

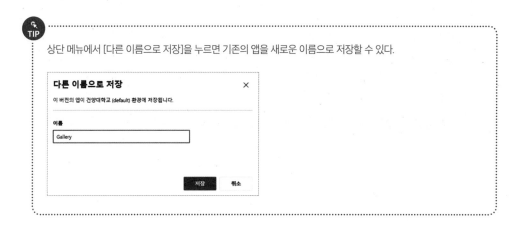

02 상단 메뉴에서 [삽입] → [레이아웃]→ [빈 세로 갤러리]를 눌러서 갤러리 컨트롤을 추가한다.

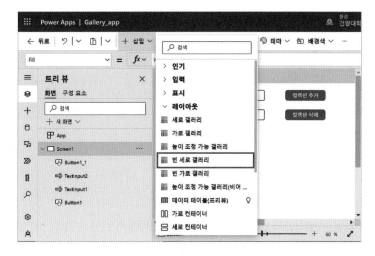

03 [속성] 탭의 ① [데이터 원본] 속성을 클릭하고 ② [Student] 컬렉션을 선택한다.

04 화면 가운데 작업 영역에서 ① [Gallery1]의 윗부분을 선택한다. 윗부분을 선택한다는 것은 **갤러리의 첫 번째 행을 선택**한다는 뜻이다. ② 상단 메뉴에서 [삽입] → [표시] → [텍스트 레이블] 컨트롤을 선택해서 레이블을 2개 추가한다. 지금은 컬렉션에 데이터가 없으므로 아무런 값도 나타나지 않는다.

05 앱을 실행한 후에 [컬렉션 추가] 버튼을 누르면 컬렉션에 레코드가 추가되고 갤러리에 데이터가 조회된다.

06 갤러리의 데이터 행을 구분하고자 선을 넣어 보자. 다음 그림에서 보듯이 갤러리의 ① 첫 번째 행을 먼저 선택하고 상단 메뉴 또는 ② 왼쪽의 삽입 메뉴에서 ③ [삽입] → [셰이프] → [사각형] 을 선택하여 추가한다.

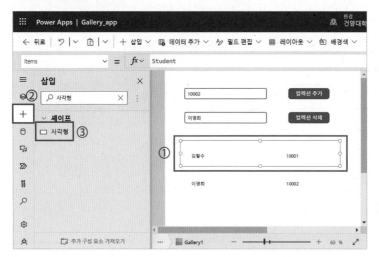

07 마우스를 드래그 앤 드롭하여 크기를 조절하거나 오른쪽 [속성] 탭의 '크기'를 이용해 직접 수치를 입력해 사각형의 크기를 조절할 수 있다. 그리고 갤러리 첫 번째 행을 선택해서 개별 행의 높이도 줄일 수 있다.

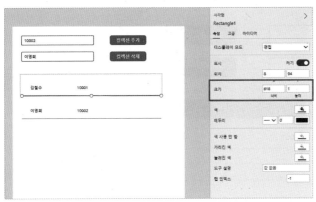

TIP

사각형 도형을 확대해서 선을 상자 형태로 꾸미고 배경색을 넣는 방식으로 디자인하는 것도 좋다.

사각형 상자를 선택하고 마우스 우클릭 후, [순서 바꾸기] → [맨 뒤로 보내기]를 선택하면 데이터가 조회된다.

또한, 갤러리의 [TemplateFill] 속성을 이용해서 줄마다 색상을 설정할 수도 있다.

TemplateFill ∨ = *fx* ∨ RGBA(0, 0, 200, 1)

08 데이터 테이블 컨트롤과 같이 머리글을 넣으려면 갤러리 위에 텍스트 레이블을 2개 넣으면 된다. 이때 레이블의 색상은 오른쪽 컨트롤 [속성] 탭을 이용해 설정한다. 앱을 실행해서 학생 데이터를 더 많이 생성해서 갤러리가 여러 데이터를 잘 표현하는지 확인해 보자.

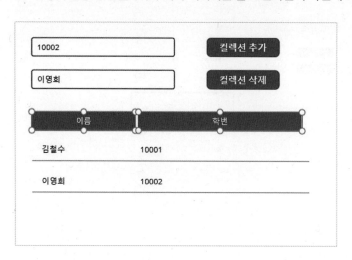

09 갤러리의 장점은 개별 행에 사용자가 원하는 기능을 추가로 넣을 수 있다는 점이다. 개별 행을 삭제하거나 개별 행을 선택해서 변경하는 화면으로 이동하는 등의 기능을 넣을 수 있다. 먼저 개별 행을 삭제하는 기능을 구현해 보자. 갤러리의 첫 번째 행을 선택하고 상단 메뉴에서 [삽입] → [아이콘]을 선택하고 휴지통 아이콘을 삽입한다.

외부 아이콘 사용하기

파워 앱스에서 제공하는 기본 아이콘 외에 외부 사이트에서 내려받을 수 있는 무료 아이콘도 업로드할 수
있다.

무료 아이콘을 제공하는 flaticon 사이트(https://www.flaticon.com) 등에서 원하는 디자인의 아이콘을 내려
받는다.

왼쪽 앱 작성 메뉴의 ① [미디어] 메뉴를 선택한 후에 ② [업로드]를 이용해서 ③ 내려받은 아이콘을 추가
할 수 있다.

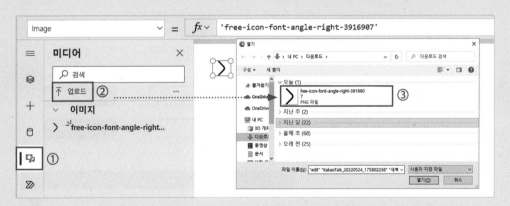

10 갤러리의 현재 행을 삭제하기 위해서 Remove( ) 명령을 이용해 수식을 완성한다.

수식	Remove(Student, ThisItem)
설명	[Student] 컬렉션에서 선택한 항목을 삭제한다.

> **TIP**
> 조건에 해당하는 데이터를 삭제하려면 RemoveIf 함수를 사용한다. 다음 구문은 학생 이름이 "김철수"인 데이터를 삭제하는 구문이다.
>
> RemoveIf(col_list, name = "김철수")
>
> 데이터 테이블에서 삭제한 행의 이름 열의 값 기준으로 삭제하려면 다음과 같이 수식을 기술한다.
>
> RemoveIf(std_list, name = DataTable1.Selected.name)

11 앱을 실행하고 휴지통 아이콘을 눌러 갤러리에서 선택한 데이터 행이 삭제되는지 확인해 보자.

12 이번에는 갤러리의 개별 열 기준으로 데이터를 정렬하는 기능을 넣어 보자. 먼저, 앱 작성 메뉴에서 [삽입] → [아이콘]을 선택하여 ① [정렬] 아이콘을 고른 후 ② 머리글에 각각 삽입한다.

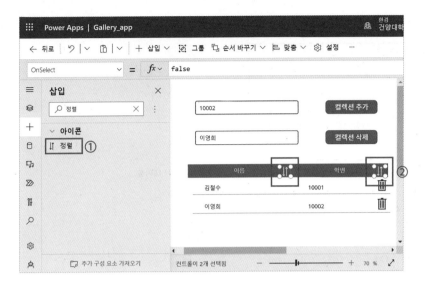

13 이름 열의 정렬 아이콘에 지역 변수를 정의하는 수식을 넣는다.

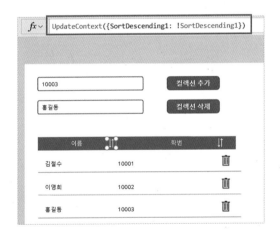

수식	UpdateContext({SortDescending1: !SortDescending1})
설명	! 기호는 **Not**이라는 의미의 기호로 원래 반환되어야 하는 값과 반대로 반환시킨다. 예를 들어, `true`가 반환되어야 하면 `false`를, `false`가 반환되어야 하면 `true`를 반환한다. 즉, `SortDescending1` 변수에 값이 있으면 `false`, 값이 비었으면 `true`를 반환한다. 아이콘을 누를 때마다 `SortDescending1` 변수는 `true`/`false`의 값을 교차하면서 가진다. 즉, 전등 스위치처럼 끄고 켜는 효과가 있다.

TIP

파워 앱스에 사용하는 다양한 기호의 의미는 다음 매뉴얼을 참고하자.

URL 마이크로소프트(Microsoft) Learn 페이지
(https://learn.microsoft.com/en-us/power-platform/power-fx/reference/operators)

14 갤러리에 정렬 기능을 넣고자 [Items] 속성을 선택한 후에 `Sort( )` 명령을 수식창에 입력한다.

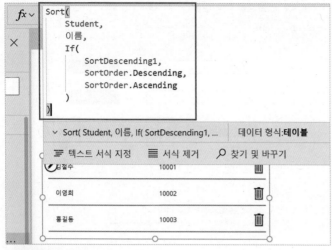

수식	Sort(
	    Student,
	    이름,
	    If(
	        SortDescending1,
	        SortOrder.Descending,
	        SortOrder.Ascending
	    )
	)

설명	`Sort()` 명령으로 `Student` 컬렉션의 이름 열을 기준으로 정렬한다. `SortDescending1`은 지역 변수로, 정렬 아이콘을 누를 때마다 `true`, `false`를 반환하므로 `If` 구문에서 `SortOrder.Descending`과 `SortOrder.Ascending`을 번갈아 가면서 실행한다. ※ `Sort()` 명령은 열 이름을 지정할 때 큰따옴표("")를 사용하지 않는다는 점에 주의한다. "이름" (X) | 이름 (O)

15 갤러리의 '학번' 열에도 정렬 기능을 추가해야 하므로 지역 변수를 한 개 더 만든다.

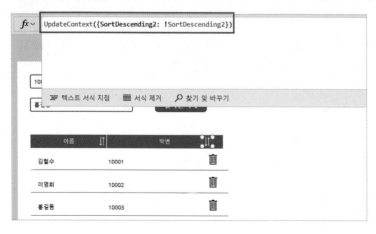

16   13단계에서 사용한 Sort( )는 하나의 열만 정렬할 때 사용하는 명령이다. 우선순위에 따라 여러 열을 동시에 정렬해야 할 때는 SortByColumns( ) 명령을 사용한다.

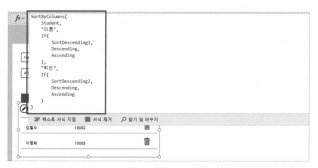

수식	SortByColumns(
	    Student,
	    "이름",
	    If(SortDescending1, Descending, Ascending),
	    "학번",
	    If(SortDescending2, Descending, Ascending)
	)

설명	Student 컬렉션의 "이름" 열과 "학번" 열의 정렬 아이콘을 클릭하면 데이터를 정렬한다. ※ SortByColumns( ) 명령은 Sort( ) 명령과 달리 열 이름을 지정할 때 큰 따옴표("")를 사용해야 한다는 점에 주의한다. 이름 (X) | "이름" (O)

17   앱을 실행한 후에 학생 데이터를 다음 그림과 같이 입력한 후에 **"이름"** 열을 기준으로 먼저 정렬하고 **"학번"** 열로 정렬해 보자. **"학번"** 열을 정렬하면 **"이름"** 열 기준으로 먼저 정렬된 상태에서 **"학번"** 열이 정렬된다. 그 이유는 SortByColumns( ) 명령에서 **"이름"** 열을 먼저 적었기 때문이다.

18   **"이름"** 열과 관계없이 **"학번"** 열 기준으로 정렬하려면 SortByColumns( ) 명령 수식 안에 칼럼 이름과 변수 이름을 이용해 동적으로 구현해야 한다.
① 머리글의 열 이름을 저장할 SortCol이라는 지역 변수에 **"학번"** 이름을 할당하자. ② 오름차순/내림차순 정렬 방식을 저장하는 지역 변수는 한 개만 필요하기 때문에 SortDescending2를 SortDescending1로 변경해 준다.

---

19   **"이름"** 열의 정렬 아이콘에도 머리글의 열 이름인 **"이름"**을 **SortCol** 변수에 할당한다.

---

20   갤러리 [Items] 속성에 정렬할 칼럼 이름을 저장한 변수를 넣어서 다음과 같이 수식을 수정한다.

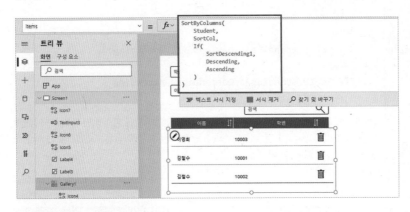

| **수식** | ```
SortByColumns(
    Student,
    SortCol,
    If( SortDescending1, Descending, Ascending )
)
``` |
| **설명** | 열 이름을 저장한 변수 SortCol에 따라 해당 열을 정렬한다. |

---

21   앱을 다시 실행하면 이제는 우선순위를 두지 않고 개별 열 기준으로 데이터가 정렬된다.

```

갤러리에 검색 기능과 정렬 기능 같이 넣기

갤러리에 검색 기능을 넣어 보자. 사용자가 문자열을 입력할 텍스트 입력 컨트롤과 검색 아이콘을 화면에
추가한다.

그런 다음, 갤러리 [Items] 속성에 Search( ) 명령을 사용한 수식을 넣으면 된다.

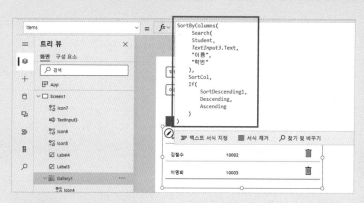

수식	```SortByColumns(Search(Student, TextInput3.Text, "이름", "학번"), SortCol, If(SortDescending1, Descending, Ascending)) ```
설명	검색 창(TextInput3)에 입력한 검색어(.Text)로 Student 컬렉션의 "이름" 열과 "학번" 열을 검색하여 앞서 지정한 방법으로 정렬한다. ※ 검색 창 이름에 붙는 번호는 작업 순서에 따라 다를 수 있으므로 확인하고 입력하도록 하자.

앱을 실행해서 검색 문자열을 입력해 보고 정렬도 실행해 보자.

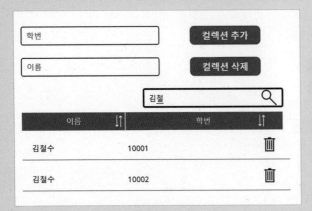

셰어포인트 소개

마이크로소프트 365는 기업의 데이터나 파일을 이용한 안전한 공동 작업 환경을 만드는 데 유용한 다양한 옵션을 제공한다. 셰어포인트(SharePoint)와 원드라이브(OneDrive)와 같은 클라우드 저장 공간이 대표적이다. 마이크로소프트는 셰어포인트 기능을 다음과 같이 정리하여 소개한다.

- 인트라넷 사이트 빌드하기, 페이지, 문서 라이브러리, 목록 만들기
- 팀 사이트와 커뮤니케이션 사이트에 중요한 시각 개체, 뉴스와 업데이트 발표하기
- 조직의 사이트, 파일 검색하기, 사용자 팔로우 및 검색하기
- 작업 흐름, 양식, 목록을 사용하여 일상 업무 관리하기
- 누구나 안전하게 공동 작업할 수 있도록 클라우드에 파일을 동기화하고 저장
- 모바일 앱으로 최신 뉴스 확인

셰어포인트는 조직에서 웹사이트를 만들 수 있도록 설계된 브라우저에 기반을 둔 콘텐츠 관리 시스템이자 웹 응용 프로그램 플랫폼이다. 문서와 파일을 저장하고 공유하는 안전한 클라우드 기반의 공동 작업 공간으로서 기업의 정보 포털 역할을 한다. 셰어포인트에 접근할 수 있는 구성원을 초대하거나 구성원의 권한을 관리할 수 있다. 그리고 웹 브라우저가 있는 모든 장치에서 정보에 접근할 수 있으며 조직은 인트라넷 포털, 엑스트라넷과 다양한 웹사이트에서 실행하도록 셰어포인트를 구성할 수 있다.

요컨대 원드라이브가 개인 문서를 관리하는 클라우드 작업 공간이라면, 셰어포인트는 조직 내부와 외부 사용자가 함께 작업하여 문서를 공동으로 작성할 수 있는 협업 환경을 제공하는 셈이다.

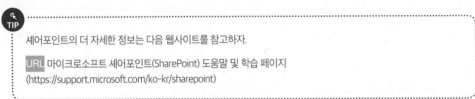

셰어포인트의 더 자세한 정보는 다음 웹사이트를 참고하자.

URL 마이크로소프트 셰어포인트(SharePoint) 도움말 및 학습 페이지
(https://support.microsoft.com/ko-kr/sharepoint)

파워 앱스로 앱을 만들려면 데이터 레코드를 저장한 데이터 원본이 필요하다. 데이터 원본에는 엑셀 파일, 셰어포인트 목록(리스트), 데이터버스(Dataverse) 테이블 등 다양한 종류가 있다. 이 중에서 셰어 포인트 목록을 가장 많이 활용한다. 즉, 갤러리와 목록은 셰어포인트 커넥터를 통해서 쉽게 연결할 수 있다. 이제부터 셰어포인트를 활용해서 목록을 간단하게 만들어 보자.

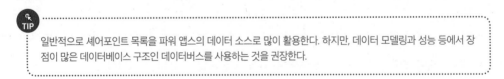

일반적으로 셰어포인트 목록을 파워 앱스의 데이터 소스로 많이 활용한다. 하지만, 데이터 모델링과 성능 등에서 장점이 많은 데이터베이스 구조인 데이터버스를 사용하는 것을 권장한다.

01 마이크로소프트 오피스(office.com)에서 ① 왼쪽 위 와플 아이콘을 클릭하고 서랍을 열어 ② [SharePoint(셰어포인트)]로 접속한다. 만약 보이지 않는다면 ③ [모든 앱]을 선택한 뒤 셰어포인트 메뉴를 찾아보자.

02 셰어포인트를 활용하려면 팀 사이트를 먼저 생성해야 한다. [+ 사이트 만들기] 메뉴를 눌러 팀 사이트를 생성한다.

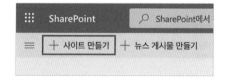

03 팀 사이트에서는 목록을 포함해서 팀 일정, 이벤트 관리, 문서 공유 등 팀 활동을 위한 다양한 기능을 활용할 수 있다. 사이트 유형 중에서 [팀 사이트]를 선택한다.

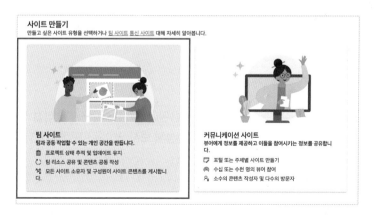

04 사이트 이름과 사이트 설명, 공개 여부, 언어를 선택한다. '전자 메일 주소 그룹화'와 '사이트 주소'
는 필요에 따라서 변경한다.

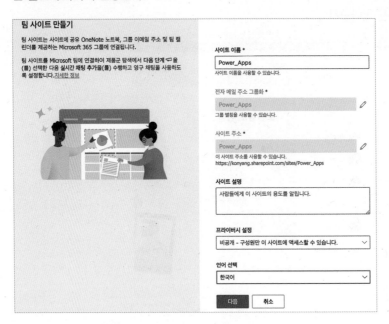

05 팀 구성원을 추가하고 [마침]을 선택한다. 팀 구성원은 기업 전체 임직원이 될 수 있고, 개별 팀
에 소속된 멤버로 구성할 수도 있다.

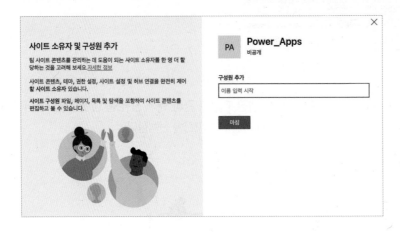

06 목록은 엑셀처럼 데이터를 관리하는 용도로 많이 활용된다. 칼럼을 사용자가 직접 생성하거나
템플릿을 이용해서 쉽게 만들 수 있다. 먼저 목록을 생성해 보자. 셰어포인트에서 [홈] 메뉴 클릭
후 ① [새로 만들기] → ② [목록]을 선택한다.

목록의 개별 칼럼(열)을 직접 생성할 것이기 때문에 ① [빈 목록]을 선택한다. 이외에도 목록을 만들 때는 ② 엑셀 파일을 올리거나([Excel에서]) ③ 기존의 목록을 활용([기존 목록에서])할 수도 있다.

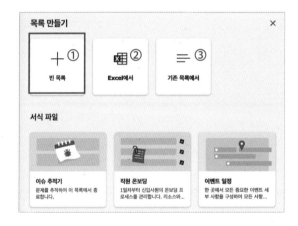

08 생성할 목록의 용도에 맞게 적절한 이름과 설명을 입력하고 [만들기] 버튼을 눌러 생성한다. 이 목록 이름은 이후에 다룰 파워 앱스의 갤러리에 연결할 때 확인할 수 있다.

09 목록을 생성하면 제목(Title) 열이 기본으로 생성된다. 제목 열 이름을 'StudentID'로 변경해 보자. ① [제목] 열을 클릭하고 ② [열 설정] → [이름 바꾸기] 메뉴를 누른 후에 ③ 이름을 입력하고 저장한다.

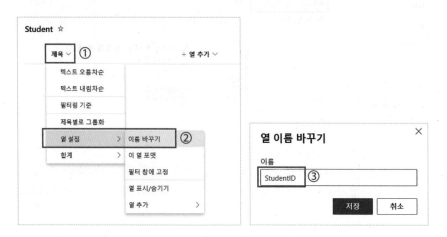

제목(Title) 열 이름 바꾸기

목록을 생성하면 자동으로 만들어지는 제목(Title) 열 이름을 9단계와 같이 변경하더라도 속성 이름은 Title 그대로이다. Title 칼럼의 속성 이름을 변경하려면 설정 아이콘 ⚙ 을 눌러서 [목록 설정]으로 이동해야 한다.

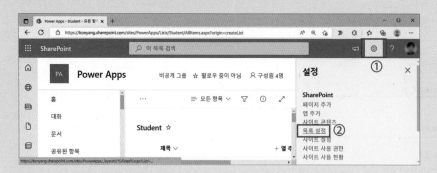

열 항목에서 [Title]을 클릭한다.

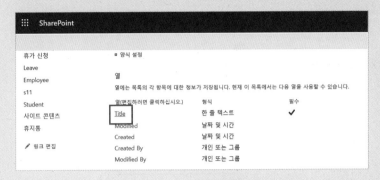

여기서 ① 열 이름을 'StudentID'로 변경한다. 추가로, 학생 번호는 중복되면 큰 문제가 생기므로 유일한
값을 가지도록 ② [고유 값 적용]에서 '예'를 선택하고 저장하자.

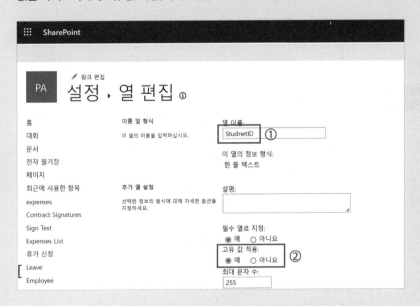

10 학생 이름 열을 추가하고자 ① [+ 열 추가] 버튼을 누르고 ② [한 줄 텍스트] 메뉴를 선택하자. ③ 열 이름과 설명을 입력하고 저장한다. 각 열의 제목은 가급적 **영어로 설정하기를 권장한다.** 열 제목을 한글로 작성하면 셰어포인트는 열의 값을 코드 형식의 데이터로 저장하기 때문이다. 자세한 설명은 Part 2 실전 활용 예제에서 실습하며 설명하겠다.

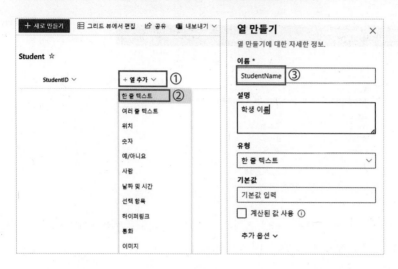

11 파워 앱스에서 갤러리를 추가하면 활용할 수 있도록 미리 샘플 데이터를 생성하자. ① [+ 새로 만들기] 버튼을 누르고 2명의 학생 데이터를 입력한 후 ② [저장]을 선택하여 저장한다.

12 셰어포인트 목록에 2명의 학생 데이터가 생성된 것을 확인할 수 있다.

엑셀 표를 셰어포인트 목록으로 내보내기

엑셀에서 표를 만든 후에 셰어포인트로 내보내는 기능을 소개하겠다. 엑셀 상단 메뉴에서 [테이블 디자인]
→ [내보내기] → [SharePoint 목록으로 표 내보기]를 선택한다.

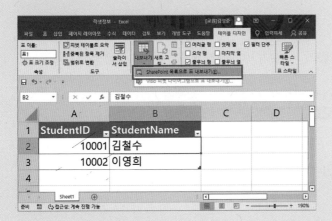

셰어포인트 주소를 복사해서 입력하고 목록 이름과 설명을 입력한 뒤 [마침] 버튼을 누른다.

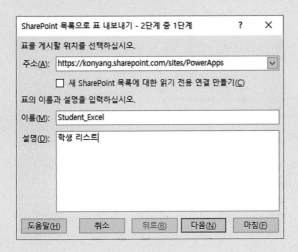

자동으로 생성된 셰어포인트에 목록의 URL 주소가 팝업 창에 조회된다. 해당 URL을 클릭해 보자.

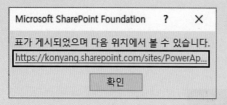

엑셀에서 정의한 2개 칼럼과 2건의 데이터 레코드가 셰어포인트 목록에 생성되었음을 알 수 있다.

셰어포인트 사이트에서 왼쪽 ① [사이트 콘텐츠] 메뉴를 누르면 엑셀 내보내기에서 생성된 ② 목록 Student_Excel을 조회할 수 있다.

04
셰어포인트 목록으로
갤러리 만들기

앞에서 생성한 셰어포인트 목록 Student를 이용해 갤러리 만들기 실습을 진행해 보자.

01 파워 앱스 홈페이지에 접속한
후, 빈 앱을 선택하고 원하는
이름을 입력한다. 형식은 '휴대
폰'을 선택한다.

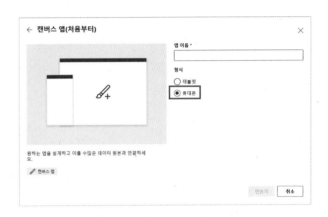

02 앱 작성 메뉴에서 [삽입] → [레
이아웃] → [세로 갤러리] 메뉴
를 선택한다. 앞서 사용했던
'빈 세로 갤러리' 레이아웃은
갤러리에 레이블을 추가해야
하지만, '세로 갤러리' 레이아웃
은 데이터 원본을 연결하면 자
동으로 필드가 만들어진다.

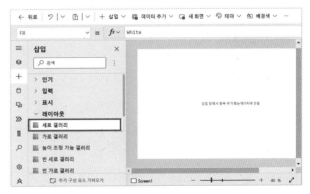

03 트리 뷰에서 ① [Gallery1]을 클릭하고 데이터 원본 선택에서 ② [연결선]을 선택한 후에 ③
[SharePoint] 메뉴를 누른다.

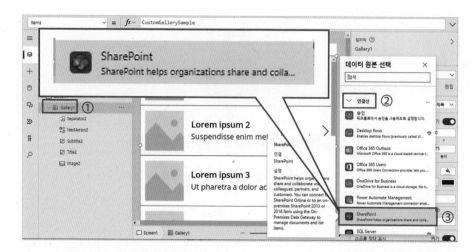

04 해당 셰어포인트 사이트에서 생성한 목록 리스트에서 'Student'를 선택하고 [연결] 버튼을 누른다.

갤러리에 이미지 추가하기

갤러리에 이미지가 조회되도록 설정해 보자. 셰어포인트 목록
에 이미지 형태의 열을 생성한다.

열 만들기 ✕

열 만들기에 대한 자세한 정보.

이름 *

Image

설명

사진

유형

이미지

추가 옵션 ∨

그리고 목록의 데이터를 편집 모드로
열어서 Image 열에 사진 파일을 하나
추가한다.

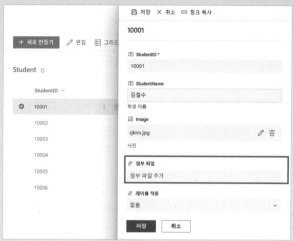

그러면 셰어포인트 목록에
추가한 이미지가 갤러리에서
이미지로 나타난다.

셰어포인트 목록에 이미지 열을 추가하는 것에는 주요한 장점이 있다. 다음 절에서 학습하게 될 [양식 폼]에서 이미지 열을 클릭하면 이미지를 바로 업로드할 수 있다. 특히 스마트폰과 같은 모바일 디바이스에서 앱을 실행하고 양식의 이미지 열을 클릭하면 **카메라가 활성화되어 바로 사진을 찍어 목록에 저장**할 수 있다. 이러한 기능은 생산 현장에서 매우 유용하게 활용된다.

실제로 품질 부서의 사무직원은 파워 앱스를 스스로 학습하여, 제품 검사 시 불량이 발견되면 즉시 사진을 찍어서 업로드하고 내용을 기입하는 모바일 앱을 개발해서 업무에 활용하고 있다. 이전에는 검사 리스트를 종이로 출력한 후 불량 항목을 기재하고 사진을 찍은 뒤 사무실로 돌아와 문서를 재정리하는 번거로운 작업을 완전히 디지털화한 사례이다.

| 스마트폰에서 이미지 열 클릭 시 팝업되는 화면 | 스마트폰에서 파일 첨부 클릭 시 팝업되는 화면 |

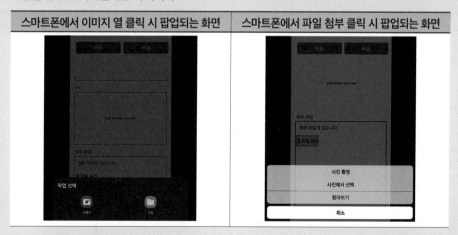

셰어포인트 목록을 생성하면 자동으로 만들어지는 [첨부 파일] 항목에 이미지를 추가해도 갤러리에서 이미지를 볼 수 있다. 단, [첨부 파일] 열에는 여러 개의 이미지를 첨부할 수 있기 때문에 First() 명령을 이용해 첫 번째 파일을 가져오도록 수식을 추가해야 한다.

목록의 [첨부 파일] 열에 이미지를 올린다.

갤러리의 이미지 열에 First() 명령을 이용한 수식을 입력하면 된다.

수식	First(ThisItem.'첨부 파일').Value
설명	선택 항목(ThisItem) '첨부 파일' 열의 첫 번째 데이터를 가져와 그 값(.Value)을 표시한다.

그리고 이미지의 Radius 속성 4개를 설정하면 이미지의 모서리를 둥글게 처리할 수 있다.

이외에도 앱에서 카메라를 실행해서 사진을 찍고 셰어포인트 목록에 저장하고 갤러리에서 조회하는 방법은 뒤에 나올 실전 예제 편에서 자세하게 소개한다.

05 오른쪽 [속성] 탭의 [레이아웃] 선택 항목을 클릭하고 [제목, 부제목, 본문]을 선택하자.

06 갤러리에 자동으로 추가된 Created By(만든 사람) 컨트롤을 선택하고 삭제한다. 해당 열은 셰어포인트 목록을 생성하면 기본으로 만들어지며 목록의 데이터를 생성한 사람의 정보를 나타낸다.

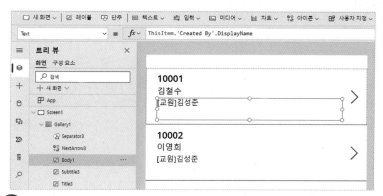

> **TIP**
>
> 이 책에서 서술하는 칼럼, 열, 필드는 모두 같은 뜻이고 동일한 것을 지칭한다.

07 이외 화면에 머리글을 추가하는 등의 디자인 작업은 각자 원하는 대로 작업해 보길 바란다.

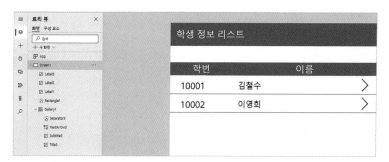

> **TIP**
>
> 데이터 테이블도 갤러리와 마찬가지로 셰어포인트 목록을 연결할 수 있다.
>
>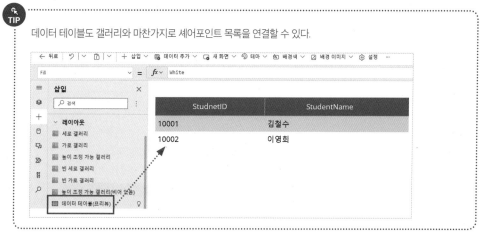

파워앱스 개발 시작을 위한 실무 기본기

시민 개발자들이 파워앱스를 처음 개발할 때 어떤 방식으로 접근해야 하는지 기본적인 내용을 살펴보자. 전체 내용은 네이버 카페의 교재 보강 자료실에서 제공한다(https://cafe.naver.com/msapp/104).

앱을 처음 개발할 때 일반적으로 셰어포인트 목록을 [데이터 테이블] 또는 [갤러리]에 직접 연결해서 조회한다. 목록의 데이터를 가져올 때는 학과와 같은 조건으로 필터링하여 컬렉션 변수에 저장한 후에 조회되도록 하는 것이 좋다. 이렇게 함으로써, 필요한 조건에 부합하는 리스트만 추출하여 데이터를 효율적으로 처리할 수 있다.

일반적으로 기업용 애플리케이션은 검색조건으로 날짜를 자주 사용한다. 목록에서 데이터를 추출할 때 해당 일자의 데이터만 가져오면 시스템(앱)의 부담이 크게 줄어들고 성능도 향상된다. 이 책의 실전 활용 예제에서는 실습의 편의를 위해 셰어 포인트 목록을 연결해서 데이터를 가져오는 방식을 채택했다. 컬렉션

을 활용하는 방식으로 변경해 보는 것도 실력 향상에 도움된다. 학생 이름 조건으로 목록에서 데이터를 추출한 후에, 컬렉션 변수에 저장해서 데이터 테이블에 조회해 보자.

	수식

수식	```ClearCollect(
	    col_list,
	    Filter(
	        std_list,
	        name = TextInput1.Text
	    )
	)```

설명	셰어포인트 목록(std_list)의 학생 이름 열인 name을 사용자가 입력한 TextInput1의 컨트롤 조건으로 필터링해서 컬렉션(col_list) 변수에 저장한다.

이름을 입력하고 검색하면 해당 이름의 학생을 셰어 포인트 목록에서 가져와서 컬렉션 변수에 저장한다.

이름에 "김철수"를 입력해서 검색했기 때문에 데
이터 테이블에 한 학생만 조회된다. 이름에 값을
입력하지 않은 경우 전체 학생을 조회하려면, 다
음과 같이 If 조건문으로 처리해야 한다. 이름이
빈 값이면 Filter를 설정하지 않는다. 앱을 실행해
서 결과를 확인해보자.

```
If(
    IsBlank(TextInput1.Text),
    ClearCollect(
        col_list,
        std_list
    )
,
    ClearCollect(
        col_list,
        Filter(
            std_list,
            name = TextInput1.Text
        )
    )
)
```

IsBlank 함수를 사용, 이름에 값이 없으면 true

이름 조건이 없기 때문에 목록 전체를 컬렉션에 저장

이름을 조건으로 필터링해서 컬렉션에 저장

이번에는 학과 드롭다운을 필터 조건에 추가해보
자. 드롭다운 값을 가져오려면 선택된(Selected)
항목의 값(Value)을 가져와야 한다. 목록의 depar
tment 컬럼의 값도 Value 속성을 사용한다. 이름
을 입력하지 않은 조건에도 Filter를 설정한다.

≡ 텍스트 서식 지정   ≡ 서식 제거   🔍 찾기 및 바꾸기

```
If(
    IsBlank(TextInput1.Text),
    ClearCollect(
        col_list,
        Filter(
            std_list,
            department.Value = Dropdown1.Selected.Value
        )
    )
,
    ClearCollect(
        col_list,
        Filter(
            std_list,
            name = TextInput1.Text,
            department.Value = Dropdown1.Selected.Value
        )
    )
)
```

수식	```ClearCollect(col_list, Filter(std_list, name = TextInput1.Text, department.Value= Dropwdown1.Selected.Value))```
설명	셰어포인트 목록의 학과 열인 department의 선택 항목은 Value를 사용해야 한다. department.Value를 학과 드롭다운의 선택한 값 Dropdown1.Selected.Value로 필터를 건다.

앱을 실행해서 학과를 선택하고 [검색]을 클릭하면 해당 학과의 학생 데이터만 조회된다.

양식 폼 알아보기

양식 폼(Form)은 개별 레코드를 자세히 표시하거나 수정하는 용도로 주로 활용한다. 사용자가 데이터를 한눈에 확인할 수 있도록 전체 화면에서 모든 정보를 보여준다. 즉, 데이터 테이블이나 갤러리에서 데이터를 목록 형태로 보여준 후에 개별 줄을 선택하면 상세 화면으로 이동하는 형태이다. 앞서 실습했던 셰어포인트 목록 Student를 활용해서 양식 폼을 설명하고자 한다. 갤러리의 개별 줄을 선택하면 전체 화면으로 이동하고 폼을 이용해서 데이터를 수정하고 삭제하는 기능을 구현해 보자.

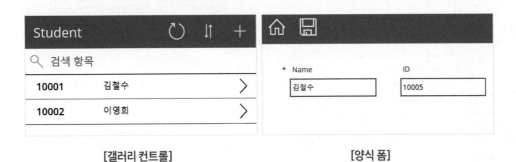

[갤러리 컨트롤]   [양식 폼]

양식 폼을 사용하려면 컴퓨터 메모리에 임시로 저장하는 컬렉션 변수가 아니라 엑셀의 표, 셰어포인트 목록, 데이터버스 테이블 등과 같은 데이터 원본을 사용해야 한다.

이 책에서 양식과 폼은 동일한 용어이다. 이전의 고정식 메뉴를 사용할 때는 양식 대신에 폼이라고 지칭했다.

01 앞에서 만든 앱을 편집 모드로 열어서 빈 화면 'Screen2'를 추가로 생성한다. 그리고 상단 메뉴에서 [삽입] → [입력] → [표시할 양식]을 선택하여 컨트롤을 화면에 추가한다.

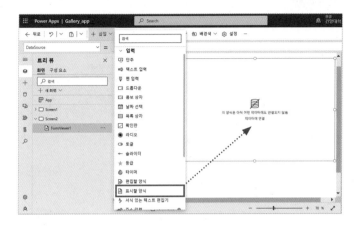

02 오른쪽 컨트롤 [속성] 탭의 ① [데이터 원본] 항목에서 ② 셰어포인트 목록 'Student'를 선택한다.

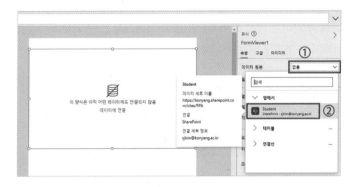

03 ① 트리 뷰에서 [FormViwer1]을 누르고 ② [Item] 속성을 선택한다. ③ 수식 입력 줄에 Screen1에 있는 Gallery1의 현재 선택한 행을 뜻하는 `Gallery1.Selected` 구문을 입력한다. 수식을 입력하면 폼에 자동으로 데이터가 조회된다.

필드 추가 버튼을 눌러서 표준으로 제공되는 칼럼을 폼에 추가하면 휴대폰 유형은 1개 열, 태블릿 유형은 3개 열로 기본 설정된다. [속성] 탭의 열 옵션에서는 1~12개까지 선택할 수 있다.

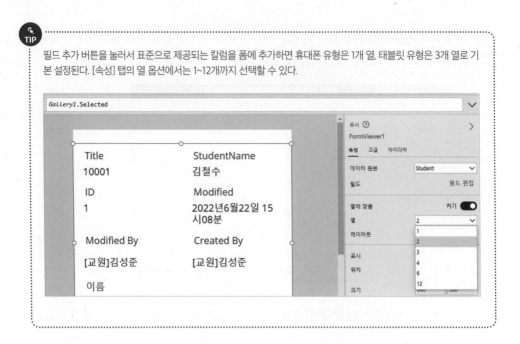

04 화면 위에 사각형 상자를 추가하고 양식 폼의 데이터를 수정하고자 상단 메뉴에서 [삽입] → [아이콘] → [편집]을 선택하여 아이콘을 넣는다.

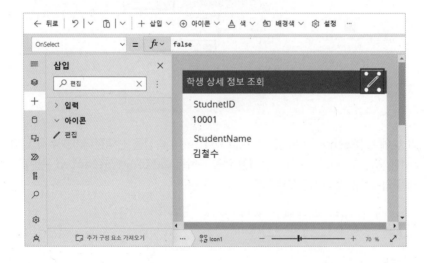

05 편집 아이콘을 클릭하면 `EditForm( )` 명령으로 편집 가능한 폼으로 설정하고 EditScreen으로 이동하도록 `EditForm(Form1); Navigate(EditScreen)` 수식을 입력한다. 새로 만들 화면 EditScreen은 다음 단계에서 생성한다.

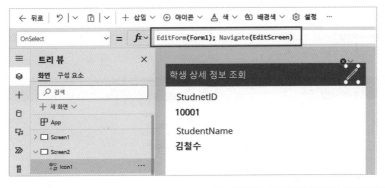

수식	EditForm(Form1); Navigate(EditScreen)
설명	Form1을 편집할 수 있도록 하고 EditScreen으로 이동한다.

06  표시 폼이 있는 Screen1을 선택해서 마우스 오른쪽 버튼을 누르면 나오는 [화면 복제] 메뉴로 화면을 복사하여 생성한다.

07 복제된 화면의 이름을 ① EditScreen으로 변경하자. 그리고 표시 폼은 삭제하고 ② 상단 메뉴에서 [삽입] → [입력] → [편집할 양식]을 선택하여 화면에 편집 폼을 추가한다.

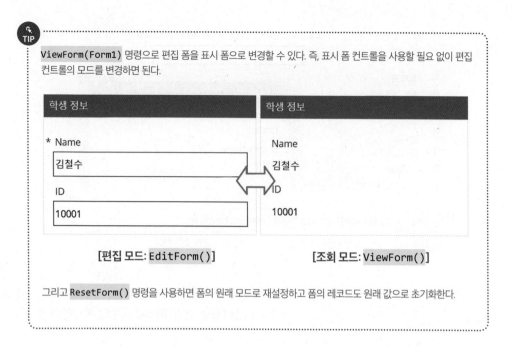

ViewForm(Form1) 명령으로 편집 폼을 표시 폼으로 변경할 수 있다. 즉, 표시 폼 컨트롤을 사용할 필요 없이 편집 컨트롤의 모드를 변경하면 된다.

| 학생 정보 | 학생 정보 |

* Name

김철수

ID

10001

Name

김철수

ID

10001

[편집 모드: EditForm()]   [조회 모드: ViewForm()]

그리고 ResetForm() 명령을 사용하면 폼의 원래 모드로 재설정하고 폼의 레코드도 원래 값으로 초기화한다.

08 ① [데이터 원본]에서 'Student'를 선택하고 트리 뷰에서 ② 편집 폼을 클릭한다. 그리고 ③ [Item] 속성의 수식 입력 줄에 ④ Gallery1.Selected 수식을 입력하면 데이터가 화면에 편집 모드로 나타난다. ⑤ 불필요한 첨부 파일 컨트롤은 선택해서 삭제한다.

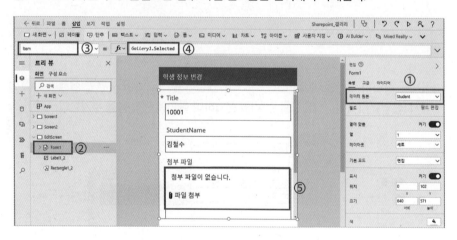

09 사용자가 데이터를 수정하고 저장할 수 있도록 저장 아이콘을 화면에 추가하고 수식을 완성한다. SubmitForm() 명령을 실행하면 사용자가 폼에서 수정한 데이터를 테이블에 저장한다.

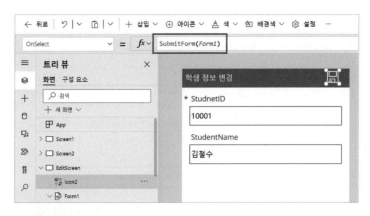

수식	SubmitForm(Form1)
설명	폼(Form1)의 데이터를 데이터 원본에 저장한다.

10 앱을 실행해서 '김철수' 학생의 ID를 '10005'로 변경한 후에 저장해 보자. 갤러리를 포함하는 Screen1을 실행하면 '김철수' 학생의 학번이 '10005'로 변경된 것을 확인할 수 있다.

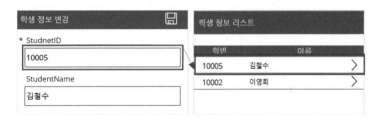

11 데이터를 생성 또는 수정하고 저장한 후에는 이전 화면으로 돌아가도록 수식을 입력해 보자. ① 'Form1'을 선택하고 ② [OnSuccess] 속성을 선택한 뒤 ③ Back( ) 명령을 수식에 입력한다. [OnSuccess] 속성은 용어 의미 그대로 폼이 성공했을 때 실행되는 이벤트이다.

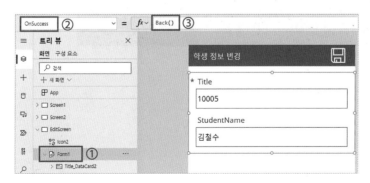

수식	Back()
설명	가장 최근에 표시했던 화면으로 돌아간다.

메시지 기능 넣기

편집 폼에서 데이터를 수정하고 저장했다면 성공 여부를 사용자에게 알려야 한다.

11단계의 Back() 명령 실행 이전에 Notify() 명령을 메시지와 함께 넣는다.

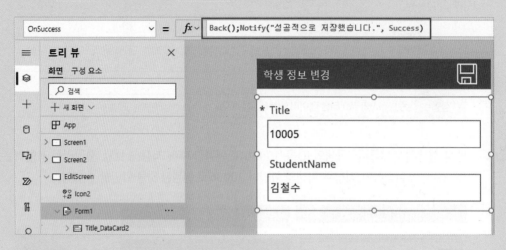

수식	Notify("성공적으로 저장했습니다.", Success)
설명	Notify() 명령의 첫 번째 인수는 사용자에게 보여줄 텍스트 메시지이다. 두 번째 인수는 성공 또는 실패와 같은 메시지 유형이며 Success(성공)/Error(에러)/Warning(경고)와 같은 유형을 사용할 수 있다. 여기에선 쓰지 않았지만, 세 번째 인수도 입력할 수 있다. '1000'과 같이 메시지가 사라지는 시간 단위(밀리세컨드)를 설정할 수 있다.

앱을 실행해서 데이터를 수정하고 저장하면 다음과 같은 커튼 형태의 메시지 창이 내려왔다가 사라진다.

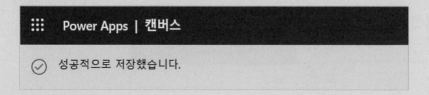

12 신규 데이터를 생성할 수 있도록 Screen1에 추가 아이콘을 넣고 수식을 입력한다. `NewForm( )` 명령은 폼에 새로운 데이터를 생성하도록 한다. 실습 예제에서는 EditScreen을 데이터 편집과 데이터 생성 공용으로 사용한다. 화면 구성이나 로직이 다른 경우에는 편집 화면과 생성 화면을 별도로 생성할 수도 있다.

13

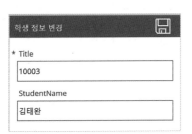

앱을 실행하고 추가 아이콘을 눌러서 여러 건의 새로운 데이터를 입력해 보자.

갤러리와 편집 폼을 한 화면에 추가하기

사용자가 최소한의 버튼 조작으로 데이터를 조회하고 수정할 수 있도록 한 화면에 갤러리와 편집 폼을 추가하는 것도 좋은 방법이다. 태블릿 형태는 화면이 크기 때문에 왼쪽에는 갤러리로 전체 데이터 목록을 출력하고 오른쪽에는 편집 폼을 추가하도록 구성한다. 즉, 사용자가 갤러리에서 데이터를 선택하고 오른쪽 편집 폼에서 데이터를 수정하고 저장할 수 있도록 구성하면 된다.

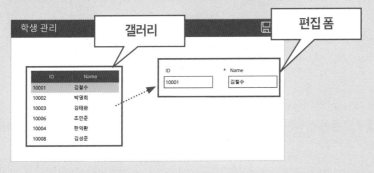

14 Screen1에 추가된 갤러리의 개별 줄을 선택하면 상세 조회 화면으로 이동하도록 [>] 아이콘을 선택하고 Navigate(Screen2) 명령을 입력한다.

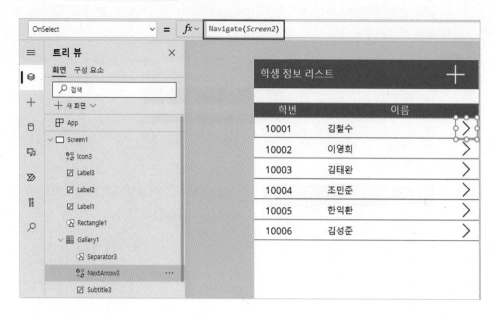

15 상세 조회 화면과 편집 화면에서 Screen1로 이동하도록 홈 아이콘을 추가하고 Navigate(Screen1) 명령을 입력한다.

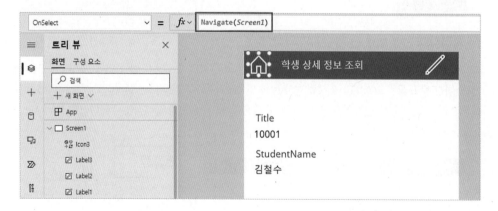

16 'Title'과 'Student Name' 레이블을 선택해서 각각 '학생 번호'와 '학생 이름'으로 변경한다.
먼저, Title 레이블 컨트롤을 선택한 후에 [속성] 탭의 잠금 버튼을 더블클릭해서 수정 가능하도록 설정한다.

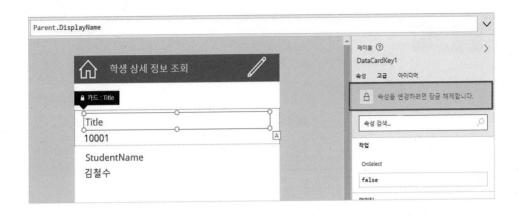

17 상단 메뉴에서 [삽입] → [아이콘] → [다시 로드]를 선택한 후 Screen1 화면에 아이콘을 넣어서 `Refresh(Student)` 명령으로 수식을 완성한다. 그리고 버튼의 위치를 적절하게 배치한다.

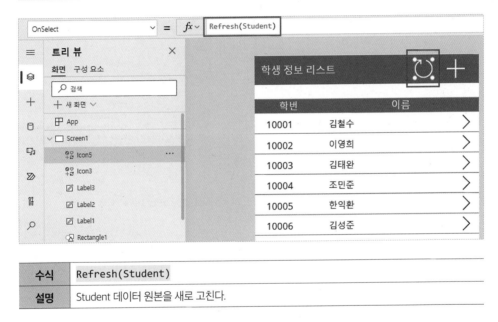

수식	Refresh(Student)
설명	Student 데이터 원본을 새로 고친다.

이것으로 아주 기본적인 모바일 앱을 만들어 보았다. 이어지는 내용에서는 실전에서 활용할 수 있는 앱을 제작한다. 그리고 이번 절에서 학습한 내용을 바탕으로 파워 앱스의 추가 기능을 소개한다.

학생 번호(ID) 최댓값 계산하기

학생 번호와 같이 차례대로 증가하는 칼럼은 최대 번호 '+ 1'을 기본으로 설정해주는 것이 좋다. 학생 번호
텍스트 입력 컨트롤의 [Default] 속성의 수식을 다음과 같이 입력한다.

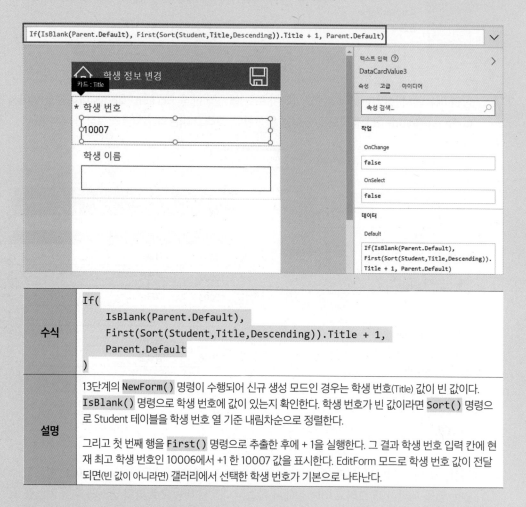

| 수식 | ```
If(
    IsBlank(Parent.Default),
    First(Sort(Student,Title,Descending)).Title + 1,
    Parent.Default
)
``` |
| 설명 | 13단계의 **NewForm()** 명령이 수행되어 신규 생성 모드인 경우는 학생 번호(Title) 값이 빈 값이다. **IsBlank()** 명령으로 학생 번호에 값이 있는지 확인한다. 학생 번호가 빈 값이라면 **Sort()** 명령으로 Student 테이블을 학생 번호 열 기준 내림차순으로 정렬한다.

그리고 첫 번째 행을 **First()** 명령으로 추출한 후에 + 1을 실행한다. 그 결과 학생 번호 입력 칸에 현재 최고 학생 번호인 10006에서 +1 한 10007 값을 표시한다. EditForm 모드로 학생 번호 값이 전달되면(빈 값이 아니라면) 갤러리에서 선택한 학생 번호가 기본으로 나타난다. |

일반적으로 주민등록번호와 같은 고유한 값은 한번 생성되면 변경이 허용되지 않는다. 사용자가 학생 번
호 값을 변경하지 못하도록 텍스트 입력 컨트롤의 속성을 편집 모드에서 조회 모드로 변경해 보자. 조회
모드에서는 사용자가 데이터나 값을 편집하지 못하고, 볼 수만 있다. [DisplayMode] 속성을 선택하고,
```

DisplayMode.View를 수식 입력 줄에 입력한다. 이때 고유 번호를 가지는 식별자(Key)는 맨 앞 열에 두는 것이 일반적이다.

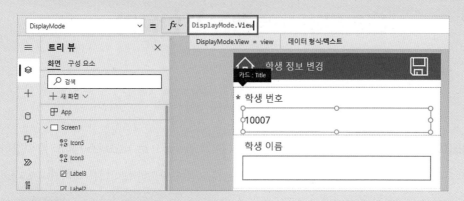

수식	DisplayMode.View
설명	값을 편집하지 못하도록 해당 입력 컨트롤을 조회 모드로 바꾼다.

학생 번호는 변경할 수 없다는 뜻으로 텍스트 입력 컨트롤의 배경색을 연한 회색으로 설정한다.

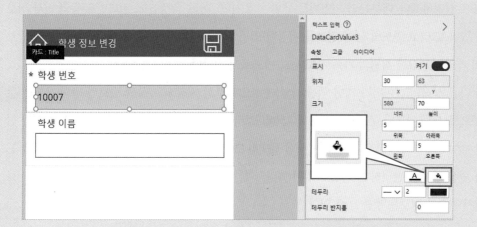

데이터버스로 갤러리 만들기

데이터버스(Dataverse)는 파워 앱스와 함께 제공되는 데이터 플랫폼으로, 비즈니스 데이터를 저장하고 모델링하는 **클라우드 데이터베이스**이다. 기업 응용 프로그램에 필요한 데이터를 데이터버스 내의 테이블에 안전하게 저장하고 관리할 수 있다. 앞서 소개했듯이 테이블은 셰어포인트 목록과 같이 행과 열로 구성된 데이터 집합체이다. 기업의 단위 업무는 하나의 테이블로만 관리하는 경우보다는 다양한 성격의 데이터(테이블)가 서로 연계된 경우가 일반적이다.

기업의 직원 정보를 관리하는 인사 시스템을 예로 들어보자. 이해를 돕고자 테이블과 같은 구조인 엑셀 표로 설명하겠다. 대부분의 기업에는 사원 번호(사번), 이름, 출생연도, 전화번호 등의 인사 정보 파일이 있다. 그리고 연도별 급여 정보를 저장한 엑셀 파일도 별도로 있을 것이다. 이외에도 건강보험 등의 가입에 필요한 직원의 가족 정보 등도 별도로 관리한다.

이렇게 다른 성격의 데이터가 개별 엑셀 파일(테이블)에 분산 저장되고 사원 번호와 같이 유일한 값을 기준으로 서로 연결된 구조를 **관계형 데이터베이스**라고 한다. 그리고 데이터의 논리적인 관계를 물리적인 데이터베이스 구조로 변환하는 것을 **데이터 모델링**이라고 한다. 직원 개인 정보를 관리하는 엑셀과 연봉 정보를 관리하는 엑셀 파일이 있다고 하자. 2개 파일은 유일한 값인 사원 번호로 서로 연결해서 필요한 정보를 추출할 수 있다.

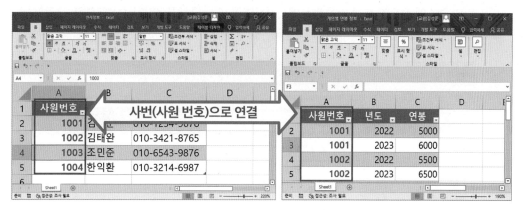

[직원 인사 정보 파일]   [연도별 직원 연봉]

이처럼 성격이 다른 데이터들이 서로 관계가 유지되어야 경우는 데이터버스 테이블을 이용하는 것이 효율적이다.

그리고, 파워 앱스에서 앱을 생성할 때 이 책에서 소개하는 빈 캔버스 앱과 데이터버스를 사용하는 **모델 기반 앱**(데이터버스 기반 앱)을 선택할 수 있다. 모델 기반 앱은 코드를 사용하지 않고 데이터버스 테이블을 드래그 앤 드롭하는 방식으로 앱을 만든다.

TIP

셰어포인트 목록을 이용해 앱을 개발하면 데이터가 누적될수록 속도가 느려진다는 문제가 있었다. MS에서는 이러한 문제를 지속적으로 개선하는 중이다. 회의실 예약과 같은 사무 관리용 프로세스는 셰어포인트 목록을 이용해서 앱을 개발하더라도 특별한 문제는 없다.

그러나 데이터의 무결성, 정합성, 연속성이 보장되어야 하는 핵심 프로세스와 관련된 기업용 애플리케이션이라면 관계형 데이터베이스를 구현할 수 있는 데이터버스 또는 SQL 서버를 사용하는 것이 바람직하다.

01 파워 앱스에 접속한 후에 왼쪽 메뉴에서 ① [Dataverse] → [테이블]을 선택한다. 그리고 테이블을 생성하고자 위의 ② [+ 새 테이블] 버튼을 누른다.

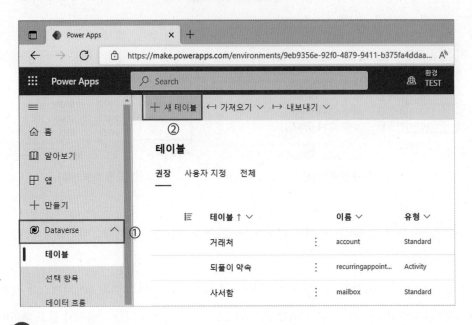

02 테이블 표시 이름과 복수 이름에 'Student'를 입력하고 [저장] 버튼을 누른다.

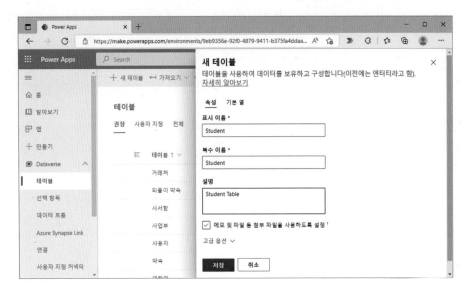

03 데이터버스 테이블에는 사용자가 생성하는 열 이외에 표준으로 제공하는 기본 열이 있다. 즉, 데이터버스 테이블을 신규로 생성하면 Name과 만든 날짜 등의 표준 열이 기본으로 생성된다. Name 열은 필수 열로 이미 생성되어 있으므로 학생의 '이름' 열로 활용한다. 열 추가 아이콘 ╋을 누르고 '학번' 열을 생성해 보자.

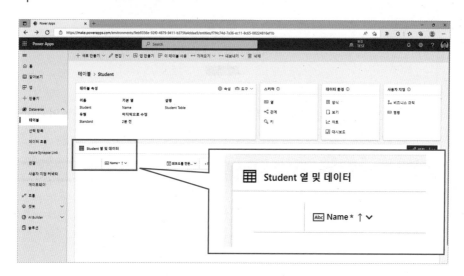

04 단계 '표시 이름'에 영문으로 된 테이블의 열 이름을 넣어준다. 컬렉션에서 실습했던 '학번'을 'ID' 라고 입력하고 [저장] 버튼을 누른다.

05 아래의 [데이터 추가] 버튼을 눌러서 테스트에 사용할 두 명의 학생 데이터를 생성한다.

06 빈 셀에 텍스트를 입력하면 자동으로 데이터가 저장된다. 다음과 같이 2개 행의 데이터를 입력하자. 입력이 끝났다면 [← 뒤로] 버튼을 눌러서 이전 화면으로 돌아간다.

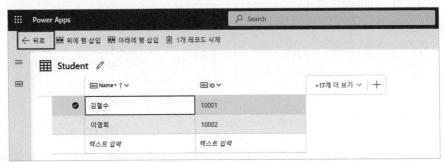

TIP

열 이름 오른쪽의 ∨ 아이콘을 누르면 열을 숨기고 편집하고 삭제하는 등의 기능을 수행할 수 있다.

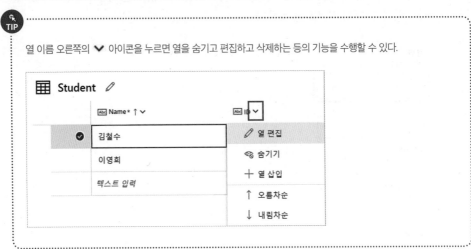

07 왼쪽 [+ 만들기] 메뉴를 누르고 데이터버스 테이블을 이용해 앱을 만들어 보자.

위쪽에 있는 [앱 만들기] 버튼을 누르면 데이터버스 테이블을 사용해서 앱을 자동으로 만들 수 있다.

08 [빈 앱]을 선택하고 '형식'으로는 '태블릿' 또는 '휴대폰'을 선택한다.

← 캔버스 앱(처음부터)   ✕

앱 이름 *

[   ]

형식

○ 태블릿

◉ 휴대폰

원하는 앱을 설계하고 이를 수많은 데이터 원본과 연결하세요.

🖌 캔버스 앱

                                          만들기   취소

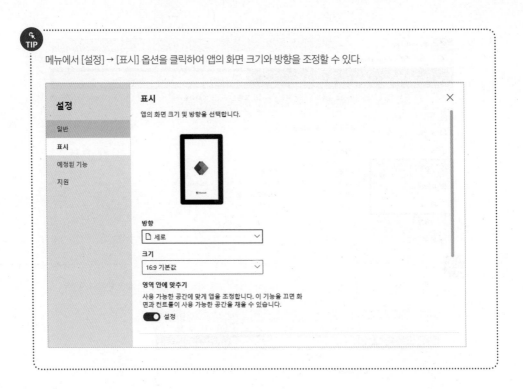

메뉴에서 [설정] → [표시] 옵션을 클릭하여 앱의 화면 크기와 방향을 조정할 수 있다.

09 갤러리를 추가해서 데이터버스 테이블 'Student'를 추가하자.

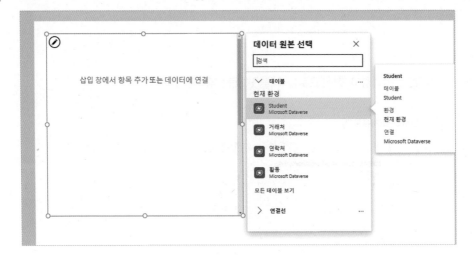

10 앞서 갤러리에서 실습했듯이 갤러리에 [텍스트 레이블]을 추가하면 자동으로 테이블의 데이터가 표시된다. 이외에 화면에 머리글을 추가하고 구분 선을 추가하는 디자인 작업은 각자 실습해 보자.

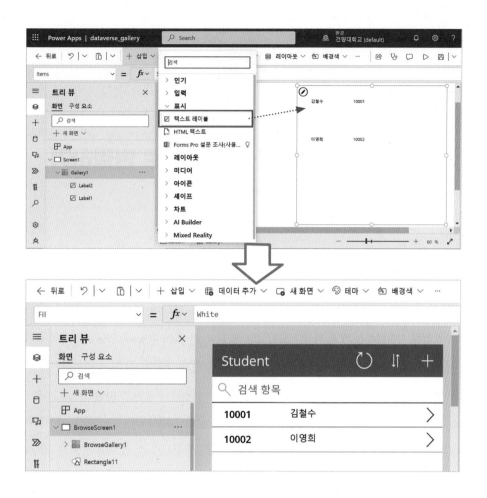

파워 앱스와 파워 오토메이트 연결하기

파워 앱스와 파워 오토메이트(Power Automate)는 긴밀하게 연결된 하나의 통합 플랫폼이다. 파워 앱스가 기업의 프로세스를 디지털 환경으로 전환하는 역할을 한다면, **파워 오토메이트는 기업 또는 개인의 반복 수작업을 자동화하는 데 좀 더 최적화되었다.** 또한 파워 페이지(Power Pages)가 파워 플랫폼에 포함되면서 시민 개발자가 개방형 웹사이트까지 노코드로 쉽게 개발할 수 있게 되었다.

파워 플랫폼의 구성 요소인 파워 오토메이트는 업무 자동화를 구현하는 **RPA**이다. RPA는 'Robotic Process Automation'의 약자로, 소프트웨어 로봇이 단순하고 반복적인 수작업을 자동화하는 역할을 한다. RPA는 24시간 수행되므로 생산성을 획기적으로 향상시킬 수 있으며 정해진 절차대로 업무를 실행하고 흐름을 공유하므로 표준화를 구현할 수 있다. 그리고 잘못된 데이터를 입력하는 등의 사용자 실수(human error)를 완벽하게 제거할 수 있다.

파워 앱스와 마찬가지로 파워 오토메이트도 시민 개발자가 지향하는 가장 이상적인 개발 도구의 하나이다. 일반 사용자가 소스 코드 한 줄 없이 업무 자동화 애플리케이션을 스스로 만들 수 있는 개발 환경을 제공한다. 마치 레고 블록을 이용해서 집을 짓고 자동차를 조립하듯이 모듈(작업)을 서로 연결해서 자동화 프로그램을 만들도록 직관적으로 설계되어 있다.

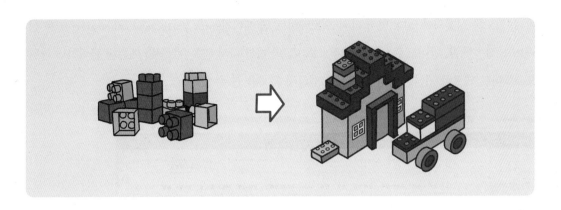

파워 플랫폼의 구성 요소인 파워 오토메이트를 마이크로소프트의 RPA라고 한다. 여기에는 다음 2가지 버전이 있다.

 파워 오토메이트 웹: 마이크로소프트 365 웹 사이트 접속(소프트웨어 설치 불필요)

파워 오토메이트 데스크톱(PAD): 개인 데스크톱 PC에 설치하는 소프트웨어 프로그램

파워 오토메이트 웹은 클라우드 기반의 셰어포인트, 원드라이브 등과 연계해서 업무 자동화를 구현한다. '웹'이라고 표현한 것은 웹사이트에서 파워 오토메이트 자동화 흐름을 만드는 것이라는 뜻으로, 클라우드라 표현할 수도 있다. 파워 오토메이트 웹은 사용자가 실행 버튼을 클릭하는 것과 같은 액션이 불필요하다. 즉, 사람의 개입 없이 클라우드 환경에서 완전한 자동화가 가능하다는 것이다. 마이크로소프트 365 오피스는 많은 기업에서 이미 사용 중이다. 이 부분에서 파워 오토메이트는 다른 RPA 솔루션에 비해서 큰 강점이 있다.

그리고 파워 오토메이트 웹은 개인 데스크톱에 설치된 파워 오토메이트 데스크톱(Power Automate Desktop, 이하 PAD)과 연계된다. 즉, 파워 오토메이트 웹의 자동화 로봇이 PAD의 자동화 로봇(데스크톱 흐름)을 호출할 수 있으며 클라우드 환경에서 개인 데스크톱의 자동화와 연결할 수 있다. 예를 들어, 원드라이브 등과 같은 클라우드에 저장된 엑셀 파일에 변경이 생기면 내 PC에 있는 데스크톱 흐름을 자동으로 호출(트리거)할 수 있다. 물론, PAD에서 생성한 데스크톱 흐름도 클라우드에 저장된다.

파워 오토메이트 웹은 마이크로소프트 365에 포함된 기본 앱뿐만 아니라 타사의 여러 앱과도 연결

할 수 있도록 설계되어 있다. 먼저 파워 오토메이트 웹 페이지(https://make.powerautomate.com)를 살펴보자. 접속한 후, 마이크로소프트 계정으로 로그인하고 나서 왼쪽 [템플릿] 메뉴를 클릭하면 파워 오토메이트 웹으로 구현한 다양한 자동화 템플릿 목록을 볼 수 있다.

파워 오토메이트 웹을 이용한 흐름 생성은 템플릿을 선택해서 그대로 사용하거나 필요한 자동화 업무 유형에 맞게 새롭게 디자인하면 된다.

PAD는 개인 데스크톱 윈도우에 별도로 설치해야 하는 RPA이다. 윈도우 11에는 기본으로 탑재되어 있다. 기본으로 탑재되어 있다는 것은 윈도우를 설치한 사용자는 **RPA를 무료로 사용할 수 있다**는 것을 의미한다.

파워 오토메이트 웹은 사용자가 로봇을 직접 실행할 필요가 없는 업무 자동화에 더 효율적이다. 이와는 달리 PAD는 개인 데스크톱에서 사용자가 조작해야 하는 응용 프로그램의 자동화에 최적화되어 있다.

파워 오토메이트를 이용해 업무를 자동화하는 사례들이 점차 늘어나고 있다. 파워 오토메이트 웹은 기업의 비효율적인 프로세스를 획기적으로 개선(자동화)하는 데 강점이 있으며, 파워 오토메이트 데스크톱은 개인의 반복 업무를 효율적으로 자동화하는 데 좀 더 최적화되어 있다.

간단한 사례를 들어서 설명해 보자. 먼저, 파워 오토메이트 웹을 이용하면 기업 간 거래 업무를 자동화할 수 있다. 외부 업체에서 메일로 보낸 구매요청서 또는 송장 문서를 AI Builder(인공 지능)를 통해서 PDF 문서에서 필요한 데이터를 자동으로 처리할 수 있다. 이전에는 사용자가 메일의 PDF 파일을 직접 열어서 데이터를 눈으로 확인하면서 엑셀 파일에 하나하나 정리했다. 이제는 메일을 수신하면 자동으로 RPA가 업체의 구매 요청 문서에서 구매 품목 및 수량을 추출해서 원드라이브(클라우드)의 엑셀 파일 또는 셰어포인트의 목록에 자동으로 기록할 수 있다. 여러 업체의 구매 요청 문서 양식이 차이가 있더라도 AI Builder가 머신 러닝으로 학습해서 높은 성공률을 제공한다.

파워 오토메이트(https://make.powerautomate.com/)에 접속한 후에 AI Builder가 어떤 기능을 제공하는지 살펴보자. 왼쪽 메뉴에서 [AI Builder] → [살펴보기]를 선택하면 '송장 처리', '텍스트 인식', '영수증 처리', '신분증 판독기' 등 여러 가지 모델을 제공한다. 이 중에서 '문서 처리 중' 모델을 활용하면 PDF 또는 이미지 파일에서 원하는 텍스트를 지정해서 유용한 정보(텍스트)를 추출할 수 있다.

AI 모델을 생성했다면, [만들기] 메뉴를 이용해 '메일이 도착' 하거나 '원드라이브 또는 셰어포인트'에 파일이 업로드되면 자동으로 AI 모델을 호출(트리거)한 후, 정보를 추출해서 엑셀 파일에 저장하는 것과 같은 후속 처리를 설계할 수 있다.

양식 파일(PDF)을 메일로 전달받는 방식 보다는 MS 폼즈(Forms)를 활용하면 더 효율적으로 업무를 자동화할 수 있다. 폼즈(https://www.office.com/launch/forms)에 접속해서 설문지를 만든 후에 URL 또는 QR 코드를 원하는 업체에 전달하면 된다. 기업 내 임직원이 아니라 외부 업체 직원의 응답도

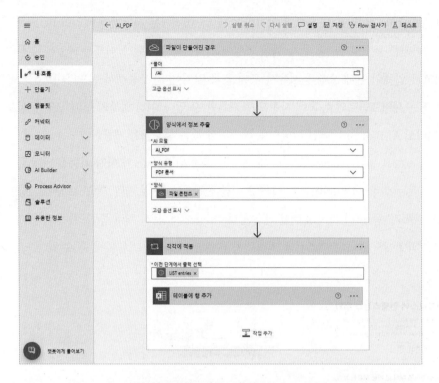

받기 위해선, '**모든 사람이 답할 수 있음**' 옵션을 설정해야 한다.

폼이 생성되었으면, 파워 오토메이트 웹에서 '**새 응답이 제출되는 경우**'를 선택해서 후속 작업을 자동화할 수 있다. 즉, 외부에서 설문에 응답하고 완료 버튼을 누르는 순간 업무 자동화가 시작된다. 특히나 코로나와 같은 팬데믹 상황에서는 민첩하게 디지털 시스템을 배포해야 한다. 앱을 개발하고 검증할 시간적 여유가 부족하다. 폼즈를 활용하면 몇 분만에 디지털 방문 기록 시스템을 만들어서 실시간으로 방문자 데이터를 집계할 수 있다. 그리고 질병관리청 담당자에게 메일을 보내거나 API를 통해서 정부 시스템에 데이터를 입력하는 업무도 파워 오토메이트 흐름에 추가해서 자동화할 수 있다.

또한, 파워 오토메이트 데스크톱을 활용하면 매일 반복적으로 처리하는 수작업을 완전히 자동화할 수 있다. 온라인 쇼핑몰에서 판매되는 제품의 평점이나 후기를 추출해서 검토하는 작업은 PAD가 얼마든지 대신 처리할 수 있다.

PAD의 [작업] 메뉴에서 [브라우저 자동화] → [웹 데이터 추출] → [웹 페이지에서 데이터 추출]을 선택하면 제품의 후기와 같은 정보 추출이 가능하다. PAD의 사용법은 부가적인 설명이 필요 없을 정도로 직관적이다. 작업을 더블클릭하거나 드래그 앤 드롭하여 모듈을 서로 연결하면 된다.

그리고 PAD의 '**요소를 페이지로 설정**' 옵션을 이용하면 원하는 페이지 범위(예를 들어 10페이지)를 설정해서 대량의 정보를 단번에 추출할 수 있다. 이외에도 수없이 많은 비효율적인 반복 업무를 RPA는 자동으로 처리한다. 저자진과 함께 근무하는 사무직원들은 스스로 학습하며 업무 자동화를 구현한다. 파워 오토메이트 덕분에 스마트 오피스(Smart Office) 문화가 확산되고 있음을 목격한다. 급작스러운 설계 변경으로 ERP 시스템의 생산 오더에 포함된 많은 부품을 몇 시간동안 수작업으로 변경해야 했다면, 이제는 RPA가 자동으로 반복적인 수작업을 완전히 대체한다. 사무 업무용으로 가장 많이 활용되는 엑셀만큼이나 RPA가 필수적인 도구로 정착하고 있다. 우리가 상상할 수 있는 것 이상의 업무 자동화가 가능하다. 세상은 디지털 환경으로 빠르게 변모하고 있는데, 나만 옛날 방식인 수작업을 고집하고 있는 건 아닌지 돌아볼 필요가 있다.

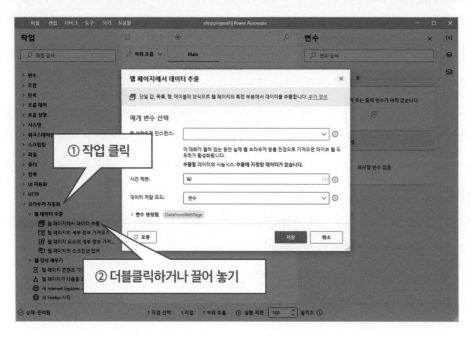

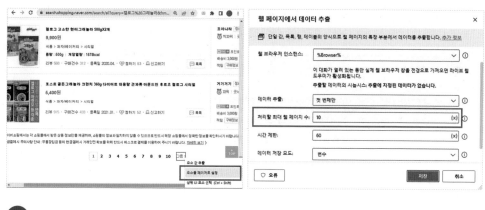

TIP

파워 오토메이트 데스크톱과 파워 오토메이트 클라우드에 대한 자세한 정보는 저자진이 집필한 다음 서적들을 참고하자.

《코드 한 줄 없이 시작하는 Microsoft RPA 파워 오토메이트》(프리렉, 2022)

《노코드, 자동화에 날개를 다는 MS 파워 오토메이트 클라우드》(프리렉, 2023)

파워 플랫폼의 모든 도구는 서로 접목할 수 있다. 파워 앱스로 앱 데이터를 파워 오토메이트로 전달하거나 받아와서 업무 자동화로 연동할 수 있다는 것이다. 파워 앱스에 숫자 2개를 입력하고 이를 파워 오토메이트로 전달하여 2개 숫자를 합산한 결과를 반환하는 실습을 진행해 보자.

01 파워 오토메이트 웹에 접속해서 인스턴스 흐름을 생성한다. 왼쪽 메뉴의 ① [+ 만들기] 메뉴를 누르고 ② [인스턴트 클라우드 흐름]을 선택한다.

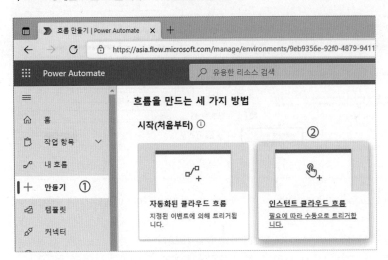

02 '흐름 이름'을 입력하고 [PowerApps]를 선택한 후에 [만들기] 버튼을 누른다.

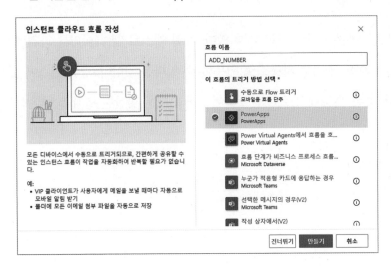

03 파워 오토메이트는 작업을 단계별로 연결해서 자동화를 구현한다. 새로운 작업을 추가하고자 [+ 새 단계] 버튼을 누른다.

04 ① 검색 입력 창에 '변수'를 입력하고 ② [기본 제공] 탭으로 이동한 후에 ③ [변수 초기화] 메뉴를 선택한다.

05 이름과 변수 유형을 선택한다. 그리고 ① '값' 입력 항목을 클릭하면 팝업 창이 열리는데, ② [PowerApps에서 질문]을 누른다. 이것은 파워 앱스에서 입력한 값을 전달받겠다는 의미이다.

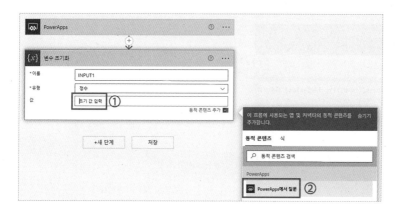

06 3~5단계를 반복해서 입력 변수 'INPUT2'를 하나 더 만든다.

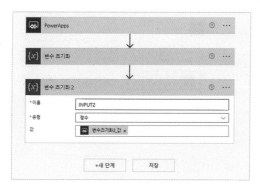

07 SUM 변수를 하나 더 만들어 INPUT1과 INPUT2를 더하는 명령을 추가해야 한다. 이번에는 값 입력란에서 [식] 탭으로 이동해서 더하기 명령인 **ADD( )**를 입력한다. [동적 콘텐츠] 탭으로 이동 해서 **ADD( )** 명령 인수에 INPUT1과 INPUT2를 클릭해서 넣는다.
완료되었으면 [확인] 버튼을 누른다.

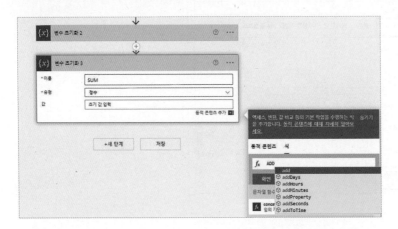

해당 작업을 따라 하기 어렵다면 다음 식을 그대로 입력하도록 한다.
ADD(variables('INPUT1'), variables('INPUT2'))

08 [새 단계] 버튼을 눌러서 5단계에서 계산한 결괏값을 반환하는 작업을 추가하자. 'PowerApps' 로 작업을 검색하고 [PowerApp 또는 흐름에 응답] 작업을 선택한다.

09 [+ 출력 추가] 버튼을 클릭하고 숫자 2개를 더한 결과를 파워 앱스에 반환하는 변수를 생성한다. 이때 주의할 점은 파워 오토메이트에서 파워 앱스로 값을 전달할 때는 **[텍스트]** 유형만 가능하다는 것이다. 해당 문제는 MS에서 해결할 것으로 기대한다.

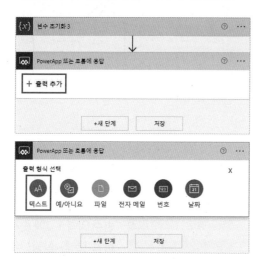

10 ① 반환할 변수 이름인 'RESULT'를 입력하고 ② [응답하려면 값 입력] 칼럼을 클릭하여 ③ SUM 변수를 선택한다.

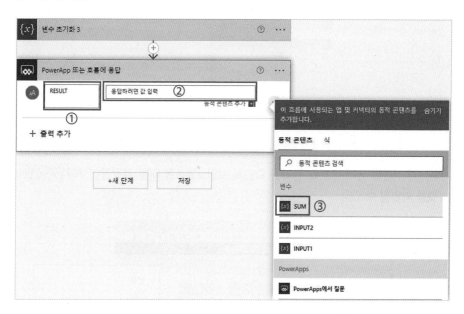

11 흐름을 완성했으면 오른쪽 위의 [테스트] 버튼을 눌러서 결과를 확인해 보자. 그 다음 화면에서 '수동'을 선택하고 [테스트] 버튼을 누른다.

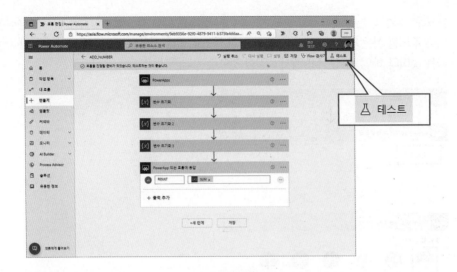

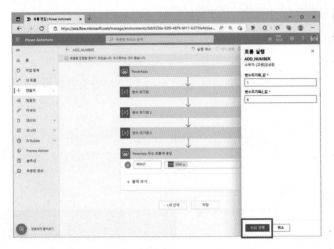

12 변수 입력 1, 2에 숫자를 입력하고 [흐름 실행] 버튼을 누른다.

13 [완료] 버튼을 눌러서 흐름 결과를 확인해 보면 1과 6을 더한 결괏값인 7이 `result`에 저장된 것을 확인할 수 있다.

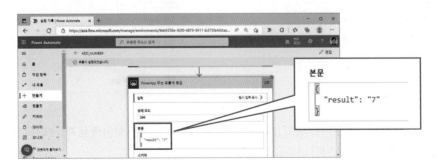

14 이제 파워 앱스 화면을 열어서 텍스트 입력 컨트롤 3개와 버튼을 추가한다. 마지막 텍스트는 결 괏값을 보여 주는 용도이다. 그리고 파워 오토메이트를 호출하고자 왼쪽 앱 작성 메뉴에서 파워 오토메이트 아이콘을 선택한다.

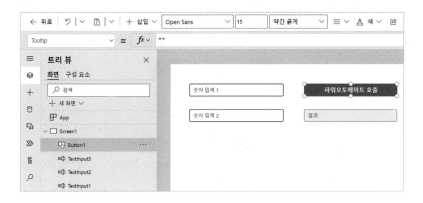

15 [+ 흐름 추가] 버튼을 누른 후에 앞서 생성한 파워 오토메이트 흐름 'ADD_NUMBER'를 클릭 한다.

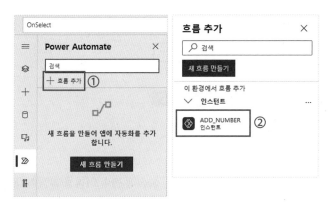

> **TIP**
>
> 파워 오토메이트 흐름이 조회되지 않으면 더 보기 메뉴의 [새로 고침]을 누른다.
>
>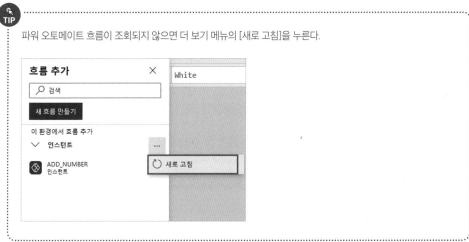

16 파워 오토메이트 흐름을 실행하는 **Run( )** 명령의 인수(파라미터) 2개에 사용자가 입력한 텍스트 입력 컨트롤의 이름을 넣는다. 해당 수식은 흐름을 호출만 하고 결괏값은 받아 오지 못한다. 다음 단계에서 결괏값을 받는 수식을 완성해 보자.

= *fx* ˅ ADD_NUMBER.Run(*TextInput1*.Text, *TextInput2*.Text)

숫자 입력 1 　　　　　　　　　 파워오토메이트 호출

숫자 입력 2 　　　　　　　　　 결과

수식	ADD_NUMBER.Run(TextInput1.Text, TextInput2.Text)
설명	TextInput1의 값(.Text)과 TextInput2의 값(.Text)을 전달하여 파워 오토메이트 흐름 ADD_NUMBER를 실행(.Run)한다.

17 파워 오토메이트 흐름의 결괏값은 **Run( )** 명령 다음에 **변수 이름**과 같이 기술해야 한다. 해당 반환 값은 파워 앱스의 전역 또는 지역 변수에 저장해야 하기 때문에 **Set( )** 또는 **UpdateContext( )** 명령을 사용한다.

= *fx* ˅ Set(Var, ADD_NUMBER.Run(*TextInput1*.Text, *TextInput2*.Text).result)

숫자 입력 1 　　　　　　　　　 파워오토메이트 호출

숫자 입력 2 　　　　　　　　　 결과

18 결괏값을 표시할 세 번째 텍스트 입력 컨트롤 [Default] 속성에 변수 이름을 할당한다.

= *fx* ˅ Var

숫자 입력 1 　　　　　　　　　 파워오토메이트 호출

숫자 입력 2 　　　　　　　　　 결과

19 앱을 실행해서 숫자 2개를 입력한 후에 흐름을 호출해서 더한 결과를 받아 오는지 확인해 보자.

2 　　　　　　　　　 파워오토메이트 호출
+
5 　　　　=　　 7

파워 오토메이트에서 결괏값 여러 개 받아 오기

파워 오토메이트 흐름이 결괏값을 여러 개 반환할 때는 컬렉션을 이용해서 한 번에 모든 결괏값을 전달할 수 있다.

다음 구문과 같이 Collect() 명령으로 파워 오토메이트의 출력 파라미터를 받아 온다.

```
Collect( Colres, ADD_NUMBER.Run( TextInput1.Text, TextInput2.
Text) )
```

그리고 컬렉션의 첫 번째 행의 첫 번째 열인 res1에 저장된 값 7을 화면에 출력하려면 다음과 같이 레이블 또는 텍스트 컨트롤에 입력한다.

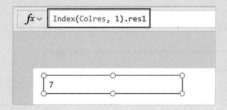

수식	Index(Colres, 1).res1
설명	Colres 컬렉션의 첫 번째 레코드 중 res1 열의 값을 반환한다.

앱 모니터링과 디버깅

디버깅(debugging)의 '버그(bug)'는 벌레를 뜻하며 **디버그(debug)**는 '벌레를 잡다.'라는 뜻이다. 즉, 디버그는 프로그램 오류를 벌레에 비유하여 오류를 찾아 수정하는 일이라는 의미이다. 그리고 디버그하는 작업 행위를 '**디버깅(debugging)**'이라고 한다. 오류를 수정하려는 목적으로 개발한 소프트웨어를 의미할 때는 '**디버거(debugger)**'라는 말을 쓴다. 디버깅은 로직을 검증하고 오류 원인을 찾는 것이 주요 목적이다. 즉, 프로그램 개발 단계에서 디버깅은 로직의 논리적인 흐름을 점검하는 필수 단계이다.

일반적인 프로그래밍 언어는 처음부터 끝까지 스크립트에 기반을 둔다. 그리고 프로그램 전반에 걸쳐서 중단점을 설정하고 단계별로 로직과 데이터를 검증할 수 있는 디버깅 도구를 기본으로 제공한다. 이와 달리, 파워 앱스에서 사용하는 스크립트는 프로그램 소스 코드가 아니라 명령(함수) 조합으로 구성된다. 이러한 배경 때문인지 파워 앱스에서 디버깅은 모니터링 기능으로 제공된다. 디버깅이라기보다는 앱의 실행 로그를 단계별로 저장해서 변수 또는 테이블에 어떤 데이터가 저장되었는지 추적하는 기능에 가깝다.

01 파워 앱스 홈페이지에서 모니터링하려는 앱을 선택하고 오른쪽 위의 [모니터링] 버튼을 누른다.

::: **Power Apps**		🔎 Search		
☰	╋ 새 앱 ∨ ✏️ 편집 ▷ 재생 ℓ⇨ 공유 ↦ 내보내기 패키지 ⓶ Teams에 추가			🗔 모니터링
⌂ 홈	**앱**			
📖 알아보기	앱 Component libraries			
田 앱				
╋ 만들기	田 **이름**			수정됨
Ⓐ Dataverse ∨	✅ 🖊️ dataverse_mobile		⋯	8분 전
₀ 흐름	🖊️ 회의실_sjkim		⋯	19시간 전
⬚ 챗봇 ∨	🖊️ 회의실_sjkim_image		⋯	19시간 전

02 새 창에 파워 앱스 모니터 화면이 열리면 오른쪽 위 [게시된 앱 재생] 버튼을 누른다.

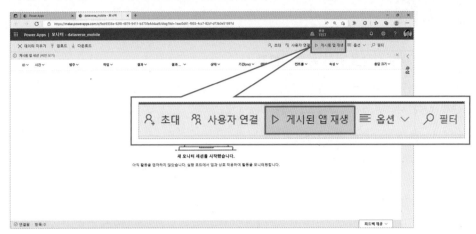

03 새로운 창에서 앱이 실행된다. 해당 실행 환경은 녹화되고 있다는 표시로 왼쪽 위에 ① 녹화 아이콘을 표시한다. ② 갤러리에서 세부 정보 보기 아이콘 ⟩을 눌러서 상세 화면으로 이동하자. 그리고 해당 창은 닫는다.

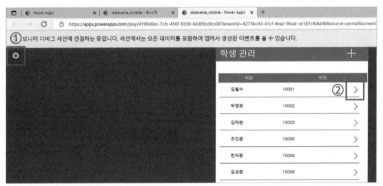

04 앱이 실행되는 모든 과정이 녹화된다. 실행 시간, 작업 유형, 결과, 실행 시간 등의 정보를 확인할 수 있다. 데이터 원본 칼럼에서 ① 해당 테이블을 더블클릭하면 오른쪽에 세부 정보를 확인할 수 있는 창이 열린다. ② [응답] 탭으로 이동하면 ③ 어떤 데이터가 테이블에 있는지 볼 수 있다.

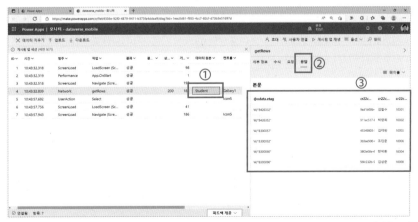

파워앱스 개발 시작을 위한 실무 기본기

시민 개발자들이 파워앱스를 처음 개발할 때 어떤 방식으로 접근해야 하는지 기본적인 내용을 살펴보자. 전체 내용은 네이버 카페의 교재 보강 자료실에서 제공한다.

URL: https://cafe.naver.com/msapp/104

앱을 처음 개발할 때 일반적으로 셰어포인트 목록을 [데이터 테이블] 또는 [갤러리]에 직접 연결해서 조회한다. 목록의 데이터를 가져올 때는 학과와 같은 조건으로 필터링하여 컬렉션 변수에 저장한 후에 조회되도록 하는 것이 좋다. 이렇게 함으로써, 필요한 조건에 부합하는 리스트만 추출하여 데이터를 효율적으로 처리할 수 있다. 일반적으로 기업용 애플리케이션에서는 검색 조건으로 날짜를 주로 사용한다. 목록에서 데이터를 추출할 때 해당 일자의 데이터만 가져오면 시스템(앱)의 부담이 크게 줄어들고 성능도 향상된다. 이 책의 실전 활용 예제에서는 실습의 편의를 위해 셰어 포인트 목록을 연결해서 데이터를 가져오는 방식을 채택했다. 컬렉션을 활용하는 방식으로 변경해 보는 것도 실력 향상에 도움이 된다. 학생 이름을 조건으로 목록에서 데이터를 추출한 후에, 컬렉션 변수에 저장해서 데이터 테이블에 조회해보자.

수식	```
	ClearCollect(
	    col_list,
	    Filter(
	        std_list,
	        name = TextInput1.Text
	    )
	)
	``

설명	셰어포인트 목록(std_list)의 학생 이름 열인 name을 사용자가 입력한 TextInput1의 컨트롤 조건으로 필터링해서 컬렉션(col_list) 변수에 저장한다.

이름을 입력하고 검색하면 해당 이름의 학생을 셰어 포인트 목록에서 가져와서 컬렉션 변수에 저장한다.

이름에 "김철수"를 입력해서 검색했기 때문에 데이터 테이블에 한 학생만 조회된다. 이름에 값을 입력하지 않은 경우 전체 학생을 조회하려면, 다음과 같이 If 조건문으로 처리해야 한다. 이름이 빈 값이면 Filter를 설정하지 않는다. 앱을 실행해서 결과를 확인해보자.

```
If(
    IsBlank(TextInput1.Text),
    ClearCollect(
        col_list,
        std_list
        )
,
    ClearCollect(
        col_list,
        Filter(
            std_list,
            name = TextInput1.Text
            )
        )
)
```

> IsBlank 함수로 이름에 값이 없으면 true

> 이름을 조건으로 필터해서 컬렉션에 저장

> 이름 조건이 없기 때문에 목록 전체를 컬렉션에 저장

≡ 텍스트 서식 지정   ≡ 서식 제거   🔍 찾기 및 바꾸기

이번에는 학과 드롭다운을 필터 조건에 추가해보자. 드롭다운 값을 가져오려면 선택된(Selected) 항목의 값(Value)을 가져와야 한다. 목록의 department 컬럼의 값도 Value 속성을 사용한다. 이름을 입력하지 않은 조건에도 Filter를 설정한다.

```
If(
    IsBlank(TextInput1.Text),
    ClearCollect(
        col_list,
        Filter(
            std_list,
            department.Value = Dropdown1.Selected.Value
            )
        )
,
    ClearCollect(
        col_list,
        Filter(
            std_list,
            name = TextInput1.Text,
            department.Value = Dropdown1.Selected.Value
            )
        )
)
```

수식	```ClearCollect(
	    col_list,
	    Filter(
	        std_list,
	        name = TextInput1.Text,
	        department.Value= Dropwdown1.Selected.Value
	        )
	)```

설명	셰어포인트 목록의 학과 열인 department의 선택 항목은 `Value`를 사용해야 한다. `department.Value`를 학과 드롭다운의 선택한 값 `Dropdown1.Selected.Value`로 필터를 건다.

앱을 실행해서 학과를 선택하고 [검색]을 클릭하면 해당 학과의 학생 데이터만 조회된다.

파워 앱스로
만드는
나만의 앱

MICROSOFT
POWER APPS

파워 앱스 기본기 다지기에 성공했다면, 본격적으로 모바일 앱을 개발해 보자. 실전 활용 예제에서는 파워 앱스의 유용한 기술들을 하나씩 소개한다. 실습을 따라하면서 본인이 속한 기업의 업무 프로세스에 어떻게 파워 앱스를 응용하여 앱을 개발하고, 적용할지 고민하는 자세가 필요하다. 첫 번째 실전 예제인 회의실 예약 앱에서는 모바일 디바이스에 장착된 카메라를 이용해 바코드를 읽고, 사진을 찍어서 저장하는 방법에 대해서 설명한다.

실전 활용 예제 1:
회의실 예약 앱

실행 영상 파일
URL: https://cafe.naver.com/
msapp/101

회의실 예약 앱 만들기

파워 앱스로 회의실을 예약하는 앱을 제작해 보자. 지금까지의 기본 이론 과정을 어려움 없이 소화했다면 실전 활용 예제도 무리 없이 진행할 수 있다. 회의실 예약 앱은 총 4개의 화면으로 구성된다. 시작 화면인 홈 화면, 회의실 예약 데이터 목록을 조회하는 메인 화면, 개별 데이터를 상세히 조회하는 상세 정보 화면, 그리고 데이터를 생성하고 저장하는 생성/변경 화면이다. 이번 앱에서 소개할 주요 기능은 다음과 같다.

1. 갤러리를 이용한 회의실 예약 데이터 조회

2. 폼을 이용한 회의실 예약 데이터 생성과 변경

3. 파워 오토메이트(RPA)와 연동해서 메일 보내기

4. 스마트폰 카메라로 QR 코드 스캔하여 회의실 예약하기

5. 스마트폰 카메라를 이용한 사진 찍기와 갤러리로 이미지 조회하기

실습 과정을 모두 완료하면 다음과 같은 화면과 기능을 포함하는 앱을 완성할 수 있다.

홈 화면

앱을 시작했을 때 나타나는 화면이다. 메인 화면으로 이동하는 버튼과 앱 로고가 있다.

| [홈 화면] | [메인 화면] | [상세 정보 화면] | [생성/변경 화면] |

메인 화면

회의실 예약 목록을 조회하는 화면이다. 검색, 정렬, 새로 고침 기능 등이 있다.

상세 정보 화면

갤러리를 선택하고 상세 정보를 조회하는 화면이다. 회의실 예약 정보를 확인할 수 있다.

생성/변경 화면

회의실 예약을 신규로 생성하고 변경할 수 있는 화면이다. 사용자가 QR 코드나 바코드를 찍어서 회의실을 입력하고 예약을 생성한다. 관리자가 승인 또는 반려 처리할 수 있다.

02

셰어포인트로 목록 만들기

회의실 예약 앱을 만들려면 먼저 갤러리에서 사용할 셰어포인트 목록(리스트)을 만들어야 한다. 목록은 데이터를 저장하는 데이터베이스처럼 사용한다. 갤러리와 목록은 셰어포인트 커넥터를 통해서 쉽게 연결할 수 있다. 지금부터 셰어포인트를 활용해서 목록을 생성해 보자.

01 마이크로소프트 365 홈페이지(office.com)에서 왼쪽 위 앱 서랍(⠿)을 열어 셰어포인트로 접속한다. 셰어포인트에서 ① [+ 새로 만들기] 버튼을 누르고 ② [목록]을 선택한다.

02 목록의 개별 칼럼을 직접 만들고자 [빈 목록]을 선택한다.

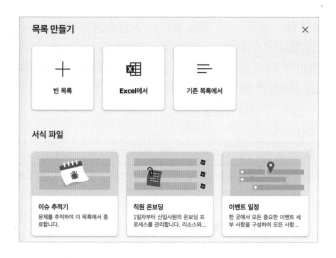

03 생성할 목록의 용도에 맞게 적절한 이름과 설명을 입력하고 [만들기] 버튼을 눌러 생성한다. 이 목록의 이름은 이후에 다룰 파워 앱스의 갤러리에 연결할 때 확인할 수 있다.

04 목록에서 양식에 들어갈 열을 직접 추가해 보자. ① [+ 열 추가] 버튼을 클릭하고 원하는 유형을 선택한다. 데이터 성격에 따라서 ② 열 유형을 다양하게 선택할 수 있다.

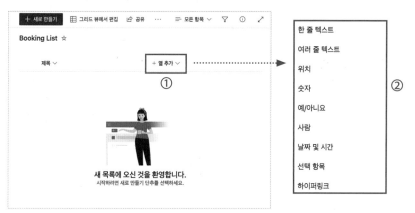

05 목록에 회의실, 예약자, 시작 일시, 종료 일시, 내용, 승인 여부 열을 생성하자. 각 열은 유형을 다르게 설정해야 하며, 표를 참고하여 생성한다. 제목 열은 마우스 오른쪽을 클릭한 후 [열 설정] → [이름 바꾸기]를 이용하여 'Title'로 변경한다. 각 열의 제목은 **영어로 설정하기를 권장한다**. 왜냐하면 제목을 한글로 설정하면, 파워 앱스에서 제목 변수명이 알아보기 힘든 형태로 변환되기 때문이다.

열 이름	유형	그림
Room	선택 항목	회의실을 선택할 수 있게 구성한다. 이번에는 '뉴턴홀', '다빈치홀', '아인슈타인홀' 3가지로 설정하겠다. 선택 항목 * 뉴턴홀 다빈치홀 아인슈타인홀
Person	사용자 또는 그룹	예약자의 이름이나 부서를 입력하는 란이다. '프로필 사진 표시'를 [예]로 설정하면 예약한 계정의 프로필 사진이 노출된다. 프로필 사진 표시 예
Start Date	날짜 및 시간	회의실 사용을 시작할 날짜와 시간을 입력한다. '시간 포함'은 [예]로 설정한다. 시간 포함 예
End Date	날짜 및 시간	회의실 사용을 마칠 날짜와 시간을 입력한다. '시간 포함'은 [예]로 설정한다. 시간 포함 예
Detail	여러 줄 텍스트	회의실 예약과 관련한 내용을 입력한다. 회의 안건, 참여자, 참여 부서 등을 기재할 수 있다.

Status	선택 항목	사용 결재 상태를 선택한다. 선택 항목은 '신청', '승인', '반려' 3가지로 설정한다.

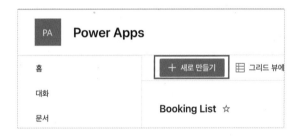

06 파워 앱스에서 갤러리를 추가하면 활용할 수 있도록 미리 샘플 데이터를 생성하자. [+ 새로 만들기] 버튼을 클릭한다.

PA **Power Apps**

홈

대화   + 새로 만들기   田 그리드 뷰에

문서   **Booking List** ☆

07 회의실 예약에 필요한 모든 항목에 정보를 입력하고 저장한다.

항목	입력 내용
Title	새 예약 1
Room	뉴턴홀
Person	참가자 입력
Start Date	시작 날짜와 시각
End Date	끝나는 날짜와 시각
Status	신청

08 이후 실습 과정에서 갤러리 리스트의 데이터로 사용할 샘플 데이터가 완성되었다.

셰어포인트 표준 시간대 설정

팀 사이트의 표준 시간대가 우리나라가 아니라 다른 국가로 되어 있는 경우가 있다. 이 때문에 셰어포인트에 데이터를 생성하고 파워 앱스에 연결하면 시간이 국가별 시간대 차이로 인해, 잘못 표시되는 문제가 발생한다. 셰어포인트의 표준 시간대를 설정해 보자.

01 셰어포인트 사이트 오른쪽 위의 설정 아이콘 ⚙을 클릭한다.

02 설정 메뉴에서 [사이트 정보] → [모든 사이트 설정 보기]를 선택한다.

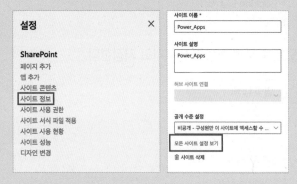

03 사이트 설정 페이지의 사이트 관리에서 [국가별 설정]을 선택한다.

04 표준 시간대가 한국(서울)이 아닌 다른 나라 시간대로 설정되었을 수 있다.

PA ✎ 링크 편집
사이트 설정 › 국가별 설정 ⓘ

홈
대화
문서
전자 필기장
페이지
사이트 콘텐츠
휴지통
✎ 링크 편집

표준 시간대
표준 시간대
표준 시간대를 지정하십시오.

표준 시간대:
(UTC-08:00) 태평양 표준시 (미국과 캐나다)

지역
로캘
목록에서 로캘을 선택하여 사이트에 숫자, 날짜 및 시간이 표시되는 방법을 지정하십시오.

로캘:
한국어

정렬 순서
정렬 순서를 지정하십시오.

정렬 순서:
한국어

05 표준 시간대를 [(UTC+09:00) 서울]로 변경한다.

(UTC+08:00) 퍼스
(UTC+08:00) 타이베이
(UTC+08:00) 울란바토르
(UTC+09:00) 오사카, 삿포로, 도쿄
(UTC+09:00) 서울
(UTC+09:00) 야쿠츠크
(UTC+09:30) 애들레이드

06 시간 형식이나 달력 방식을 변경하고 싶다면 추가로 변경한 후에 [확인] 버튼을 눌러 저장한다.

캔버스 앱 생성과
홈 화면 만들기

셰어포인트 목록을 만들고 샘플 데이터를 생성했다면 이제 본격적으로 회의실 예약 앱을 만들어 보자. 마이크로소프트에서 기본으로 제공하는 템플릿으로 앱을 쉽게 만들 수도 있지만, 파워 앱스의 개발 방법론을 이해하고자 빈 화면과 컨트롤을 하나씩 생성하면서 진행한다.

01 파워 앱스 홈페이지에 접속해서 빈 앱을 생성한다.

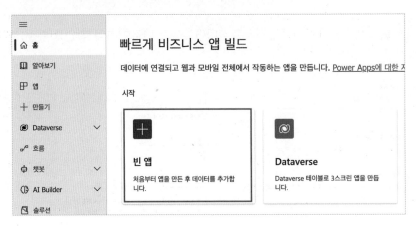

02 앱 이름을 입력하고 형식은 '휴대폰'으로 지정한 다음, [만들기] 버튼을 눌러 캔버스 앱을 만든다.

03 앱을 만들면 화면 하나가 기본으로 생성된다. 이 화면을 홈 화면으로 활용하자. 앱의 정체성을 표현할 수 있는 로고와 배경을 삽입하고 메인 화면으로 이동하는 버튼을 추가하려고 한다.

04 기본으로 생성된 화면 이름 Screen1 을 'HomeScreen'으로 수정한다.

05 배경을 채우기 위해, 상단 메뉴에서 [삽입] → [아이콘] → [사각형] 아이콘을 넣고 크기를 전체 크기로 조정한다.

06   로고를 넣고자 상단 메뉴에서 [삽입] → [미디어] →
      [이미지] 컨트롤을 추가한다. 회사나 팀을 상징하는
      로고를 넣어보자. 만약 적당한 로고가 없다면 웹 포
      털에서 임의의 로고 이미지를 내려받아 실습에 활용
      하자.

07   메인 화면으로 이동하는 기능을 추가하고자 상단 메
      뉴에서 [삽입] → [입력] → [버튼]을 선택해서 추가한
      다. 배경과 글꼴 색, 크기를 적절하게 변경하고 위치
      를 조정한다.

로그인 기능 구현하기

이메일(아이디)과 암호를 입력해야만 앱이 실행되도록 로그인 기능을 구현해 보자.

01 앱 사용자 리스트를 관리할 셰어포인트 목록을 생성한다. 목록의 이름을 'User List'로
설정하겠다.

02 제목 열 이름은 'Name'으로 변경하고 이메일과 암호 열을 추가한다. 이메일과 암호 열은
[이 열에 정보 포함을 필수로 지정]을 [예]로 체크하여 필수로 입력하도록 지정한다.

03 앱에 로그인할 사용자 데이터를 생성한다.

04 파워 앱스의 앱 메인 화면에 텍스트 입력 컨트롤을 2개 추가하고 컨트롤 제목은 그림과 같이 'txtEmail', 'txtPassword'로 설정한다. 힌트 텍스트(회색으로 나타나는 글자로, 클릭하면 보이지 않는다. 사용자에게 무엇을 입력하는 란인지 쉽게 알 수 있도록 하는 길잡이 역할이다.)에는 각각 Email, Password를 입력한다.

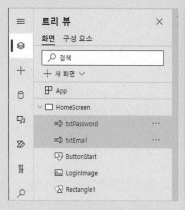 

05 Password 텍스트 입력 컨트롤의 [모드]는 [암호]로 설정한다.

06 셰어포인트의 User List 목록을 파워 앱스의 데이터 원본에 추가한다.

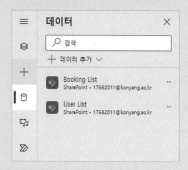

07 [예약 시작하기] 버튼을 선택하면 앱에서 입력한 이메일과 암호를 셰어포인트 목록에서
검색하고, 값이 있으면 메인 화면으로 이동하고 없으면 오류 메시지를 출력하도록 버튼
의 [OnSelect] 속성을 작성한다.

| 수식 | ```
If(
    CountRows(
        Filter(
            'User List',
            And(txtEmail.Text = Email, txtPassword.Text =
Password)
        )
    ) = 1,
    Navigate(MainScreen, Fade),
    Notify("올바르지 않은 이메일 또는 암호입니다.", NotificationType.
Error)
);
Reset(txtEmail);
Reset(txtPassword);
``` |
| 설명 | 이메일과 암호를 셰어포인트의 User List 목록에서 검색해서 항목이 검색되면(CountRows=1) 메인 화면으로 이동하고 그렇지 않으면 오류 메시지를 출력한다. 그리고 텍스트 입력 컨트롤을 초기화한다. |
```

08 앱을 실행해서 로그인 정보를 입력하고 테스트해 보자.

비밀번호는 암호화해서 저장해야 하므로 셰어포인트 목록보다는 보안성이 높은 MS Azure Key Vault와 같은 솔루션을 사용하는 것이 바람직하다.

04

메인 화면 만들기

회의실 예약 상황을 한눈에 확인할 수 있도록, 갤러리에 전체 레코드를 조회하는 메인 화면을 만들어 보자.

01 홈 화면의 [예약 시작하기] 버튼을 클릭하면 메인 화면으로 이동하도록 [OnSelect] 속성에 화면을 이동하는 명령인 **Navigate( )** 명령을 넣는다.

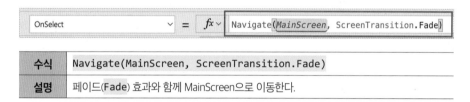

수식	Navigate(MainScreen, ScreenTransition.Fade)
설명	페이드(**Fade**) 효과와 함께 MainScreen으로 이동한다.

02 메인 화면을 만들기 위해 트리 뷰에서 [새 화면] → [비어 있음]을 선택하여 새 화면을 생성한다. 새로 생성한 화면 이름을 'MainScreen'으로 변경한다.

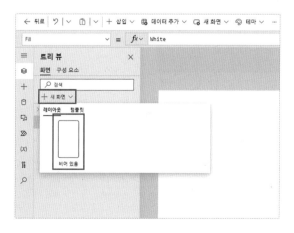

03 개별 화면의 제목을 표현하는 상단 바를 삽입하고자 ① 왼쪽 [삽입] 메뉴에서 [사각형] 컨트롤을 선택하여 추가한다. 오른쪽 속성 설정에서 사각형 ② 높이는 90, 색은 ③ 검은색으로 설정한다.

04 홈 화면으로 이동하고자 상단 메뉴에서 ① [삽입] → [아이콘] → [홈]을 선택하여 아이콘을 추가한다. 크기는 ② 너비와 높이, 모두 90으로 설정하고 아이콘은 ③ 흰색으로 변경한다.

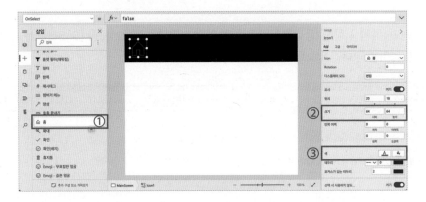

05 데이터를 정렬하고 새로 고침하고 새로 생성하는 기본 앱의 기능들을 구현해 보자. 상단 메뉴에서 [삽입] → [아이콘]을 선택하여 [정렬], [다시 로드], [추가] 아이콘 3개를 추가한다.

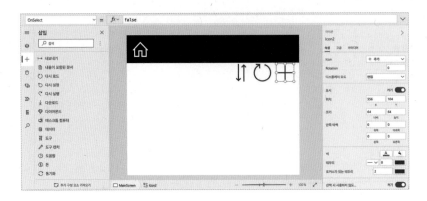

06 삽입한 아이콘을 흰색으로 변경한다. [크기] 속성에서 너비와 높이를 90으로 설정하고 위치를 조정한다.

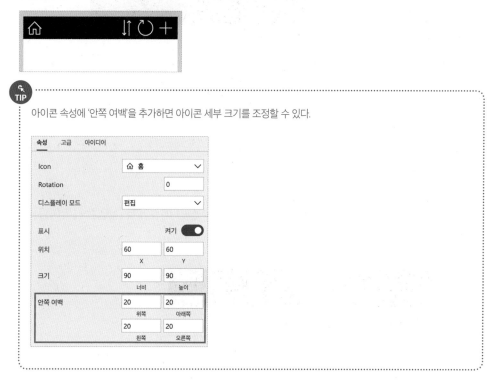

> **TIP** 아이콘 속성에 '안쪽 여백'을 추가하면 아이콘 세부 크기를 조정할 수 있다.

07 앞서 실습했듯이 기업 로고 이미지를 넣고자 상단 메뉴에서 [삽입] → [이미지]를 선택하여 원하는 로고 이미지를 추가한다. 소속 회사의 로고 또는 원하는 이미지를 추가하고 위치를 조정한다.

08 검색 기능 구현에 필요한 컨트롤을 추가한다. 상단 메뉴에서 [삽입] → [입력] → [텍스트 입력]을 선택하여 컨트롤을 추가하고 위치를 조정한다.

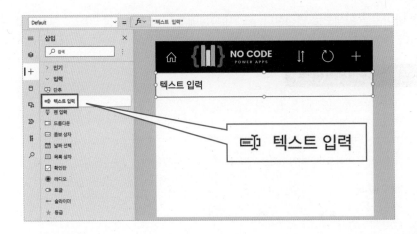

09 사용자가 검색 창이라는 것을 쉽게 알 수 있도록 상단 메뉴에서 [삽입] → [아이콘]을 선택하여 [검색] 아이콘을 추가하자.

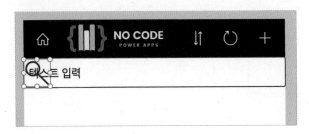

10 텍스트 입력 컨트롤의 기본값(Default) 속성을 지우고 [힌트 텍스트]에 '텍스트 입력'이라고 입력한다.

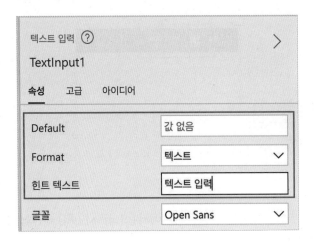

텍스트 입력 컨트롤의 속성에 왼쪽 여백을 주면 힌트 텍스트와 아이콘이 겹치지 않는다. 예제에서는 70으로 설정했다.

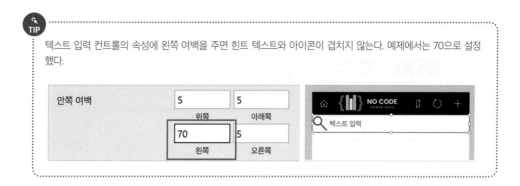

11 이제 셰어포인트 목록에 저장된 데이터를 화면에 조회하고 검색하는 기능을 구현해 보자. 먼저, 왼쪽 삽입 메뉴에서 [레이아웃] → [세로 갤러리]를 선택하여 컨트롤을 추가하고 화면에 맞게 크기를 조정한다.

12 갤러리를 추가하면 기본적으로 샘플 데이터가 조회된다. 셰어포인트와 연결해서 셰어포인트 목록 Booking List에 저장된 데이터가 조회되도록 바꿔보자.

13 갤러리의 [속성] 탭에서 레이아웃을 '제목, 부제목, 본문'으로 변경한다.

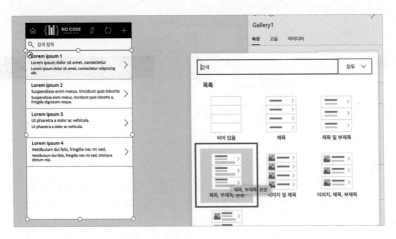

14 갤러리 [속성] 탭의 [데이터 원본] 선택에서 '연결선'을 선택하면 파워 앱스에 연결할 수 있는 커넥터가 표시된다.

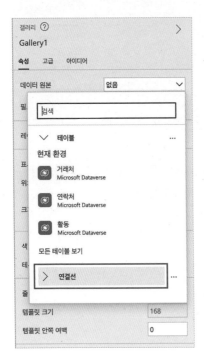

15 셰어포인트를 선택하면 본인의 계정이 나타난다. 셰어포인트와 연결된 계정을 선택하자.

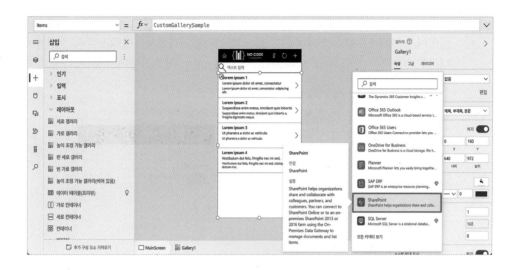

16 셰어포인트의 URL을 입력하거나 최근에 이용한 사이트 목록에서 앞서 생성한 ① 셰어포인트 팀 사이트를 선택한다. 셰어포인트 사이트를 선택하면 목록을 선택할 수 있다. 앞서 ② 'Booking List'라는 이름으로 목록을 만들었으므로 이 목록을 선택하고 [연결] 버튼을 누른다.

17 셰어포인트 목록과 잘 연결되었다면 앱 제작을 위해 미리 생성한 데이터 1건을 조회할 수 있다.

<u>18</u> 조회한 데이터 구조를 알맞게 변경해 보자. 예약 시작 일시, 종료 일시를 표시하고자 갤러리를 클릭해서 선택하고 갤러리 안에 상단 메뉴에서 [삽입] → [표시] → [텍스트 레이블]을 차례로 선택하여 추가한다. 트리 뷰에서 'Gallery1' 밑에 'Lable1'이 추가되어야 갤러리 리스트에 포함된 것이다.

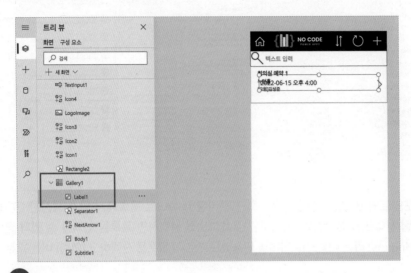

TIP

갤러리를 선택하고 레이블을 삽입했음에도 갤러리 하위에 생성되지 않을 때가 있다. 이럴 때는 갤러리 안의 다른 컨트롤을 선택하고 레이블을 삽입하면 갤러리 하위로 들어간다.

<u>19</u> 레이블 속성에서 [글꼴 크기]는 16으로 하고 [안쪽 여백]은 모두 0으로 설정한다.

<u>20</u> 추가한 레이블의 위치를 다음 그림과 같이 조정한다.

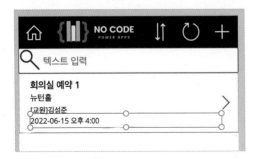

21 승인 여부를 표시하고자 갤러리 안에 ① [단추]를 추가한다. 해당 버튼을 회의실 예약 상태를 조회하는 용도로만 활용한다. ② 텍스트를 지우고 ③ 디스플레이 모드는 '보기'로 설정한다.

22 버튼의 위치를 적절하게 조정하자. 크기는 너비 100, 높이 30, 글꼴 크기는 16으로 설정하고 테두리 반지름을 30으로 설정한다. 자신이 선호하는 크기나 모양으로 설정해도 좋다.

23 버튼의 배경색을 승인 상태에 따라서 다르게 설정해 보려고 한다. 상태가 '신청'일 때는 검정, '승인'일 때는 초록, '반려'일 때는 주황으로 바꿔보자. 버튼의 [Fill] 속성에 `Switch( )` 명령을 추가한다. 승인 여부에 따라서 그림과 같이 버튼 색을 다르게 표시한다.

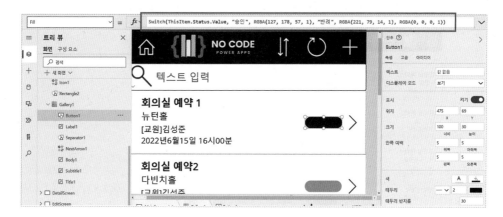

| 수식 | ```
Switch(
    ThisItem.Status.Value,
    "승인", RGBA(127, 178, 57, 1),
    "반려", RGBA(221, 79, 14, 1),
    RGBA(0, 0, 0, 1)
)
``` |
| 설명 | ThisItem.Status.Value가 "승인"일 때는 초록(RGBA(127, 178, 57, 1)), "반려"일 때는 주황(RGBA(221, 79, 14, 1)), 모두 아닐 때(default_result)는 ("신청") 검정(RGBA(0, 0, 0, 1))으로 설정한다. |

24 갤러리 [속성] 탭의 필드에 있는 [필드]를 클릭하고 데이터를 다음과 같이 변경해 보자. [Button1]은 승인 상태인 [Status]를 선택한다.

필드	형식
Body1	Start Date
Button1	Status
Label1	End Date
SubTitle1	Room
Title1	Title

25 여기까지 모두 완료했다면 회의실 예약 상태에 따라서 버튼이 다음과 같이 나타난다. 해당 버튼은 조회 용도이므로 속성의 디스플레이 모드는 '보기'로 설정했다.

```

TIP

갤러리 안의 컨트롤은 자유롭게 위치와 크기를 바꿀 수 있다. 레이블 컨트롤을 선택해서 크기를 조정하고 원하는 위치에 배치해 보자.

조금 더 알아보기

현대식 컨트롤(Modern Contol) 사용하기

캔버스 앱의 현대식 컨트롤(Modern Control)은 마이크로소프트 디자인 시스템을 기반으로 하는 새로운 컨트롤 세트다. 설정에서 현대식 컨트롤을 활성화하면 드롭다운, 버튼, 텍스트 등 다양한 현대식 컨트롤을 사용할 수 있다. 파워 앱스 스튜디오의 상단 메뉴바에서 설정을 연다.

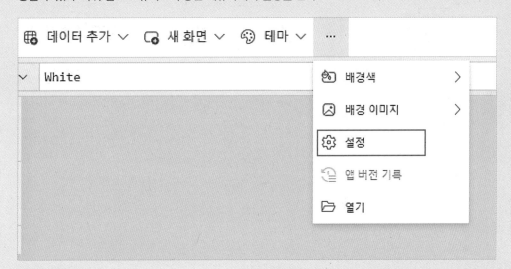

설정의 [예정된 기능] 탭에서 [현대식 컨트롤 사용해 보기] 옵션을 켠다.

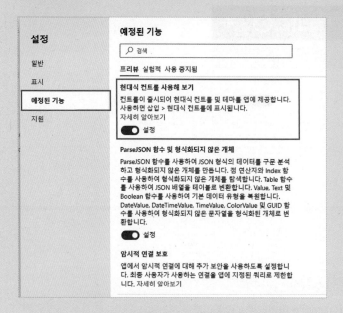

좌측 메뉴바 [삽입] 탭에 [현대식] 컨트롤이 추가된 것을 볼 수 있다.

기존의 컨트롤과 현대식 컨트롤은 외형에 약간의 차이가 있다. 현대식 컨트롤은 보다 세련된 느낌의 디자
인을 가지고 있다.

일반 컨트롤	현대식 컨트롤

갤러리 안에 텍스트 입력 컨트롤을 넣으면 엑셀과 같이 키보드의 [탭(Tab)] 키로 컬럼을 이동할 수 있다.

column1	column2	column3
column1	column2	column3
column1	column2	column3
column1	column2	column3

현대식 컨트롤은 기존의 컨트롤과 기능적으로는 큰 차이가 없지만, **성능이 향상**되었고 **미려한 디자인**을 가진 컨트롤이다. 마이크로소프트는 현대식 컨트롤을 다음과 같이 설명하고 있다.

*"Microsoft 디자인 시스템을 기반으로 제작되었고, **더 빠르고 간단하게** 앱을 구성할 수 있다. 또한 최종 사용자에게 보다 응집력 있는 경험을 제공하며 접근성, 유용성 및 성능에 중점을 두고 설계되어 **시각적으로 매력적**이고 기능이 뛰어나며 직관적으로 사용할 수 있다"*

이러한 최신 기능이나 컨트롤은 [설정] → [예정된 기능] → [프리뷰] 탭에서 확인할 수 있고, 미리보기 기능이기 때문에 언제든지 없어지거나 변경될 수 있다. 또한 완성된 기능이 아니고 계속 개발이 진행 중이기 때문에 버그나 사용의 불편함이 있을 수 있으니, 활용에 참고하자.

메인 화면 기능 구성하기

메인 화면을 생성하고 갤러리에 데이터를 연결하는 과정까지 완료했다. 이제 검색, 정렬, 새로 고침, 데이터 생성 등과 같은 앱의 기본 기능을 하나씩 구현해 보자.

홈	⌂	홈 화면(로그인 화면)으로 돌아가기
검색	🔍	검색 항목에 값을 입력하면 해당 데이터를 검색하여 노출
정렬	⇅	정렬 기준(오름차순, 내림차순)에 따라서 검색 데이터를 정렬
새로 고침	↻	갤러리의 데이터를 다시 불러오기
생성	✚	새로운 데이터 생성

01 홈 기능부터 구현해 보도록 하자. ⌂ 아이콘 [OnSelect] 속성에 다음과 같이 입력한다. 이제 홈 아이콘을 선택하면 HomeScreen으로 이동한다.

수식	`Navigate(HomeScreen, ScreenTransition.Fade)`
설명	화면 전환 효과 페이드(**Fade**)와 함께 HomeScreen으로 이동한다.

02 갤러리 검색 기능을 구현하자. 갤러리의 [Items] 속성에 **Filter( )** 명령을 입력한다.

수식	`Filter('Booking List', StartsWith(Title, TextInput1.Text))`
설명	**Filter()** 명령을 사용하여 목록('Booking List') 데이터를 필터링한다. 예약 제목(**Title**)에서 검색 항목에 입력한 텍스트(**TextInput1.Text**)가 있는 항목을 필터링한 값을 반환한다는 뜻이다.

> **TIP**
>
> 검색 조건을 여러 개 설정하고 싶다면 **Or** 연산자(또는 수직선 2개로 이루어진 **||** 기호)를 사용해서 **StartsWith()** 명령을 여러 번 작성하면 된다. 다음 그림을 참고하자.
>
>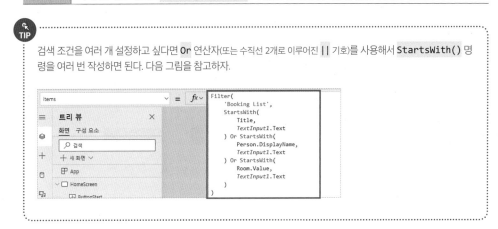

Filter( ) 명령과 드롭다운 컨트롤 이해하기

Filter( ) 명령과 드롭다운 컨트롤을 쉽게 이해하고자 예를 하나 들어 보자. 상단 메뉴에서 [삽입] → [입력]을 선택한 후, [드롭다운] 컨트롤과 컬렉션 변수를 만드는 버튼 컨트롤을 추가한다. [컬렉션] 버튼의 [OnSelect] 속성 수식에는 다음과 같이 입력한다.

```
Collect(Number, {Value: 1}, {Value: 2}, {Value: 3} )
```

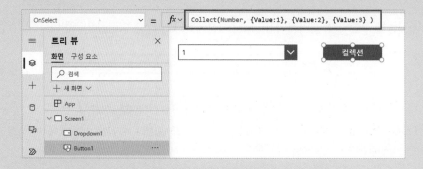

[드롭다운] 컨트롤의 [Items] 속성에 Number를 설정한다. [컬렉션] 버튼을 누르면 드롭다운 목록에 1, 2, 3 값이 조회된다.

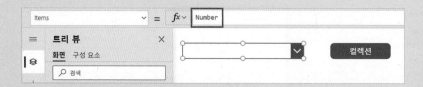

이번에는 [드롭다운]의 [Items] 속성을 Filter(Number, StartsWith(Value, 2))로 변경해 보자. [드롭다운] 컨트롤을 선택하면 숫자 2 하나만 필터링되어 나타난다.

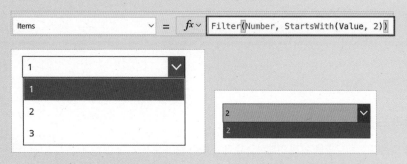

[Filter() 명령 사용 이전]　　　　　[Filter() 명령 사용 이후]

StartsWith(Value, 2) 수식의 값을 다른 숫자로 바꿔서 테스트해 보고 드롭다운 컨트롤이 어떻게 변화하는지 살펴보자.

03 갤러리 정렬 기능을 구현해 보자.  아이콘 [OnSelect] 속성에 `UpdateContext( )` 명령을 입력한다.

수식	`UpdateContext({SortDescending: !SortDescending})`
설명	아이콘을 선택할 때마다 `SortDescending` 변수가 `true`, `false` 값으로 전환된다. not을 의미하는 `!`가 있으므로 `true`면 `false`가, `false`면 `true`로 설정한다.

04 이제 갤러리에 정렬 기능을 적용하기 위해서 [Items] 속성의 수식을 변경해야 한다. `SortByColumns( )` 명령을 이용한 수식으로 변경한다.

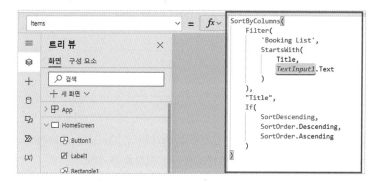

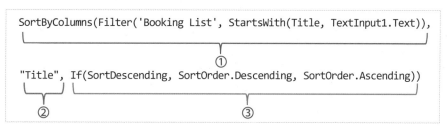

수식	`SortByColumns(Filter('Booking List', StartsWith(Title, TextInput1.Text)), "Title", If(SortDescending, SortOrder.Descending, SortOrder.Ascending))`
설명	`SortByColumns( )` 명령의 구조는 `SortByColumns(①원본, ②열, ③순서)`이다. 어떤 데이터에 해당하는 부분은 ① `Filter('Booking List', StartsWith(Title, TextInput1.Text))`이고, 어떤 열을 기준으로 정렬할 것인지는 ② `Title`이다. 오름차순, 내림차순 정렬 기준은 ③ `If(SortDescending, SortOrder.Descending, SortOrder.Ascending))`으로, `SortDescending` 변수가 `true`면 `SortOrder.Descending`(내림차순), `false`면 `SortOrder.Ascending`(오름차순)이다.

이 수식에 사용한 명령은 다음 표를 참고하자.

명령	설명
SortByColumns()	하나 이상의 열을 기준으로 테이블을 정렬하는 데 사용한다.
Filter()	수식을 충족하는 테이블에서 레코드를 검색한다. Filter() 명령을 사용하여 하나 이상의 조건과 일치하는 레코드 집합을 찾고 그렇지 않은 것은 취소한다.
StartsWith()	텍스트 문자열이 다른 텍스트 문자열로 시작하는지 확인한다.
If()	True 결과를 찾을 때까지 하나 이상의 조건을 테스트한다. 그러한 결과를 찾으면 해당 값이 반환되고, 그러한 결과가 없으면 기본값이 반환된다.

05 다시 로드 아이콘⦿에 갤러리를 새로 고침하는 기능을 추가하자. [OnSelect] 속성에 `Refresh('Booking List')` 명령을 입력한다.

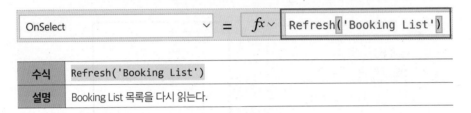

수식	Refresh('Booking List')
설명	Booking List 목록을 다시 읽는다.

06 생성 아이콘➕을 눌렀을 때 생성/변경 화면으로 이동해야 한다. [OnSelect] 속성에 `NewForm(EditForm); Navigate(EditScreen)` 명령을 추가한다.

수식	NewForm(EditForm); Navigate(EditScreen, ScreenTransition.None)
설명	EditForm 컨트롤에 새로운 양식을 설정하고 EditScreen으로 이동한다.

> **TIP**
>
> `NewForm()`과 `Navigate()` 명령에서 오류가 발생해도 당황하지 말자. 생성/변경 화면을 아직 생성하지 않았기 때문이다. 이어지는 '07 회의실 예약 생성/변경 화면 만들기'에서 생성할 것이다.

06

회의실 예약
상세 정보 화면 만들기

이로써 메인 화면에서 회의실 예약 리스트를 조회하는 기능을 구현했다. 이번에는 갤러리에서 개별 레코드를 선택하면 별도의 화면에서 회의실 예약 정보를 상세하게 표시하도록 만들어 보자.

01 [새 화면] → [비어 있음]을 선택해서 화면을 생성한다. 화면 이름은 'DetailScreen'으로 설정한다.

02 메인 화면에서 갤러리 항목을 선택하면 DetailScreen으로 이동할 수 있도록 MainScreen 갤러리의 [OnSelect] 속성에 Navigate( ) 명령을 입력한다.

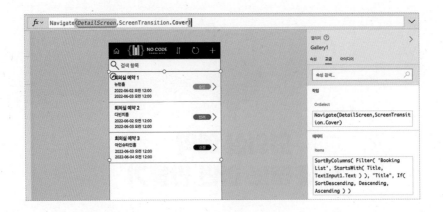

03 DetailScreen의 상단 바를 만들고자 상단 메뉴에서 [삽입] → [사각형]을 선택해 아이콘을 추가한다. 사각형의 ① 높이는 90, ② 배경색은 검은색으로 설정한다. 또는 다른 화면의 상단 바를 복사해서 붙여넣는 것도 좋은 방법이다.

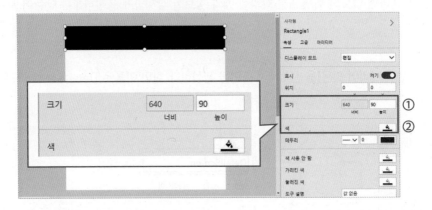

04 상단 메뉴에서 [삽입] → [미디어] → [이미지]를 선택하여 원하는 로고 이미지를 넣고 위치를 조정한다. 뒤로 가기 버튼을 누르면 메인 화면으로 돌아갈 수 있도록 하자. 상단 메뉴에서 [삽입] → [아이콘] → [왼쪽] 아이콘을 추가한다. 그러고 나서 아이콘 [OnSelect] 속성에 `Navigate( )` 명령을 추가한다.

05 항목을 삭제하거나 변경하기 위한 아이콘도 추가하자. 상단 메뉴에서 [삽입] → [아이콘]을 선택한 후, [휴지통], [편집] 아이콘을 추가하고 위치를 조정한다. 휴지통 아이콘 🗑을 누르면 데이터를 삭제하고, 오류가 없으면 뒤로 돌아가야 한다. [OnSelect] 속성에 데이터를 제거하는 Remove( ) 명령을 넣어준다.

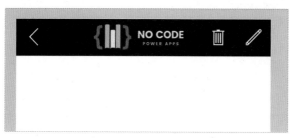

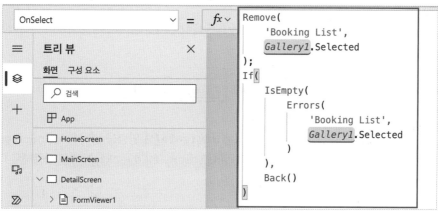

수식	Remove('Booking List', Gallery1.Selected); If(IsEmpty(Errors('Booking List', Gallery1.Selected)), Back( ))
설명	Remove( ) 명령은 예약 목록에서 갤러리 선택 값을 지우는 명령이다. 오류가 없다면 (IsEmpty(Errors())) 뒤로 돌아간다(Back). 선택한 데이터가 없을 때 오류 메시지를 출력하려면 다음과 같이 수식을 변경한다. If(IsEmpty(Errors('Booking List', Gallery1.Selected)), Back(), Notify("선택한 데이터가 없습니다.", Error))

06 상단 메뉴에서 [삽입] → [폼] → [표시]를 선택하여 양식 컨트롤을 추가하고 크기와 위치를 조정하고 셰어포인트 목록을 데이터 원본으로 지정한다.

07 양식 컨트롤의 [Item] 속성에 `Gallery1.Selected`를 넣어서 메인 화면의 갤러리에서 선택
    한 레코드를 표시하도록 한다.

08 뒤로 가기 ◀ 아이콘 [OnSelect] 속성에 `Navigate( )` 명령을 넣어서 MainScreen으로 이
    동할 수 있도록 한다. `Back(ScreenTransition.UnCoverRight)`을 사용해도 이전 화면
    인 메인 화면으로 이동하는 같은 효과가 있다.

09 모두 완료했다면 다음 그림과 같은 상세 조회 폼 양식 화면을 볼 수 있다. 필드 위치를 조정하거
    나 배경색을 넣어서 자신이 원하는 레이아웃으로 변경할 수 있다.

캔버스 앱 패키지 가져오기

캔버스 앱 패키지를 가져오는 방법에 대해서 알아보자.

01 네이버 파워 앱스 카페(https://cafe.naver.com/MSAPP)의 ① [교재자료] 게시판에서 ②
앱 패키지 게시글을 선택한다.

02 선택한 게시글에서 앱 패키지를 내려받는다.

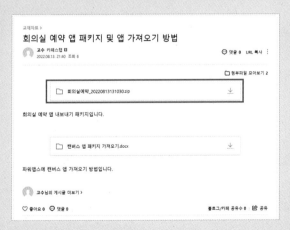

03 파워 앱스에서 [캔버스 앱 가져오기]를 선택한다.

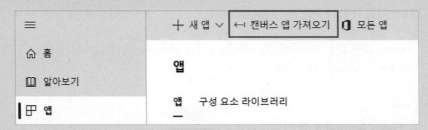

04 [업로드]를 선택하고 불러올 앱 패키지 파일(.zip)을 선택한다.

> **패키지 가져오기**
> 솔루션 외부에서 만든 캔버스 앱을 이 환경으로 가져오세요. 솔루션에서 만든 앱을 [솔루션]으로 가져올 수 있습니다. 자세히 알아보기
>
> 가져올 패키지 파일 선택
>
> | .zip 패키지 파일 업로드 | **업로드** |

05 앱을 새로 생성하는 경우 [새 항목으로 만들기], 기존 앱을 업데이트 하는 경우 업데이트를 선택하거나 작업 아이콘 🖉 을 클릭한다.

06 [새 항목으로 만들기]를 설정할 경우, 앱 리소스 이름을 원하는 이름으로 수정할 수 있다.

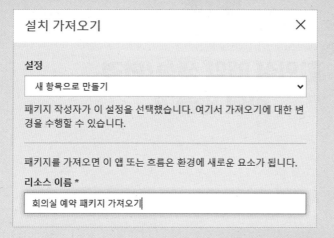

07 [가져오기]를 선택하면 앱이 저장된다. 기존 앱 업데이트로 가져온 경우, 사용자가 앱의 변경사항을 확인하기 위해서는 앱을 게시해야 한다. 파워 앱스 목록에 가져온 앱이 나타나는 데 조금 시간이 걸릴 수 있다.

> ⊘ 모든 패키지 리소스를 가져왔습니다.
>
> **다음 단계...**
> - Power Apps Studio에서 앱을 열고 테스트하세요. 앱 열기
> - 앱이 작동 중인 경우 조직과 앱을 공유하세요.

TIP 패키지 가져오기 옵션 이름 칸에 있는 아이콘은 다음의 의미를 갖고 있다.

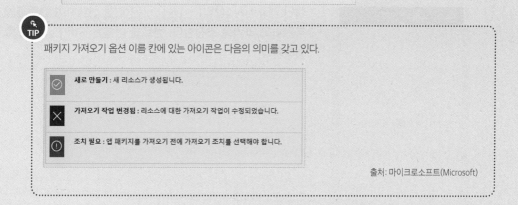

출처: 마이크로소프트(Microsoft)

회의실 예약 생성/변경 화면 만들기

이제 회의실 예약 데이터를 생성하고 변경하는 화면을 만들어 보자.

01 상단 메뉴에서 [새 화면] → [비어 있음]을 선택해서 화면을 생성하고 이름을 'EditScreen'으로 설정한다. 상세 정보 화면에서 작업했던 것과 같은 방법으로 사각형과 이미지 컨트롤을 추가해서 상단 바를 구성한다. 확인, 취소 아이콘을 추가하고 크기와 위치를 조정한다.

02  상단 메뉴에서 [삽입] → [폼] → [편집]을 선택하여 컨트롤을 추가하고 크기를 조정한다. 컨트롤 이름은 'EditForm'으로 설정한다.

03 속성에서 데이터 원본으로 'Booking List'를 선택하고 필드의 [필드 편집]을 클릭하여 다음 표와 같이 편집할 양식의 필드를 설정하고 첨부 파일 필드는 삭제한다.

필드	형식	그림
Title	텍스트 편집	
Room	텍스트 편집	
Person	선택 편집	
Start Date	날짜/시간 편집	
End Date	날짜/시간 편집	
Detail	여러 줄 텍스트 편집	
Status	선택 편집	

04 변경할 데이터를 화면에 표시하기 위해서 [Item] 속성을 `Gallery1.Selected`로 설정한다.

05 상세 정보 화면(DetailScreen)에서 편집 아이콘 ✏ 을 선택하면 생성/변경 화면으로 이동해서 EditForm 컨트롤을 편집해야 한다. DetailScreen의 ✏ 아이콘 [OnSelect] 속성에 `EditForm(EditForm)` 명령을 입력한다.

수식	`EditForm(EditForm);` `Navigate(EditScreen, ScreenTransition.Fade)`
설명	EditForm 컨트롤을 편집하고 화면 전환 시, 페이드 효과와 함께 EditScreen으로 이동한다.

06 다시 EditScreen으로 돌아와서 ✔ 아이콘 [OnSelect] 속성에 `SubmitForm(EditForm)` 명령을 입력한다.

수식	`SubmitForm(EditForm)`
설명	EditForm의 정보를 저장한다. 셰어포인트 목록에 저장된다.

07 데이터 저장에 성공했으면 메인 화면으로 이동해야 하므로 EditForm 컨트롤의 [OnSuccess] 속성에 `Back( )` 명령을 넣어준다. `Notify( )` 명령으로 성공 메시지를 보여주는 기능은 책에서 언급하지 않더라도 기본으로 추가한다.

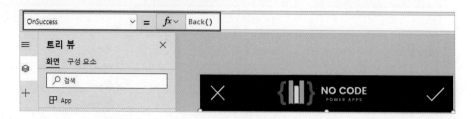

08 취소(닫기) 아이콘 ✕을 누르면 양식을 초기화하고 뒤로 이동하도록 `ResetForm(Edit Form)` 명령을 추가한다.

수식	ResetForm(EditForm); Back( );
설명	EditForm의 정보를 초기화하고, 이전 화면으로 이동한다.

09 회의실 예약 데이터를 생성할 때 상태 칼럼은 기본으로 '신청' 상태가 되어야 하고, 승인 담당자에게만 변경 권한이 있어야 한다. '신청'을 상태 칼럼의 기본값으로 설정하고자 Status 카드 안의 콤보 상자를 선택하고 [DefaultSelectedItems] 속성에 `If( )` 조건문을 입력한다.

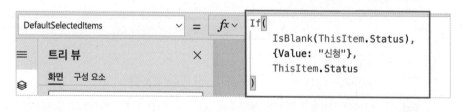

수식	If(IsBlank(ThisItem.Status), {Value: "신청"} , ThisItem.Status)
설명	Form이 새로 만들어진 경우 "신청"을 입력하고 그렇지 않은 경우 갤러리에서 선택한 기본 상태 (ThisItem.Status)를 입력한다.

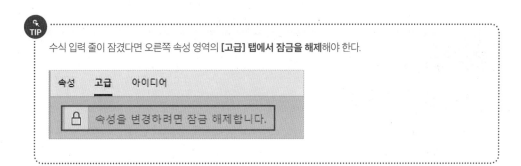

10 관리자만 변경할 수 있도록 하고자 승인 여부 DataCard 또는 상태 칼럼의 [DisplayMode] 속
성을 If(User( ).Email = "관리자 계정", DisplayMode.Edit, DisplayMode.
Disabled) 명령으로 바꿔 보자. 테스트를 위해서 자신의 메일 계정을 "관리자 계정"에 입
력하면 드롭다운 컨트롤이 활성화된다.

| DisplayMode | ∨ | = | *fx*∨ | If(User().Email = "admin@office.com", DisplayMode.Edit, DisplayMode.Disabled) |

수식	If(User( ).Email = "관리자 계정", DisplayMode.Edit, DisplayMode.Disabled)
설명	User().Email이 관리자 계정일 때(true) Edit 모드로 표시되고 아닐 때(false) Disabled 모드로 표시된다. User() 명령은 마이크로소프트 365에 로그인한 계정의 이름, 메일 주소 등 FullName, Email, Image 정보를 반환한다.

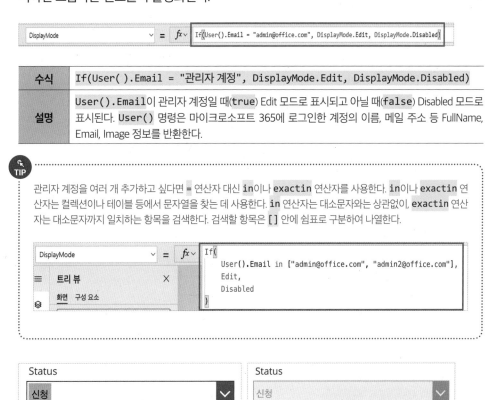

[관리자 로그인 화면]   [사용자 로그인 화면]

드롭다운과 콤보 상자 컨트롤에 값 설정하기

드롭다운이나 콤보 상자 컨트롤에 기본값을 설정하거나 버튼을 누를 때 값을 입력해야 할 때가 있다. 각 컨트롤의 설정 방법에는 차이가 있다. 드롭다운 컨트롤은 [Default] 속성에 값을 바로 넣을 수 있다. 이와 달리 콤보 상자는 [DefaultSelectedItems] 속성에 {Value: "기본값"} 형태로 설정해야 한다. 왜냐하면, 드롭다운은 1개의 값만 선택할 수 있고 콤보 상자는 여러 개의 값을 지정할 수 있기 때문이다.

드롭다운: [Default] 속성 활용

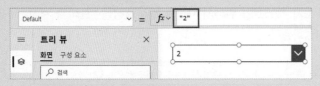

콤보 상자: [DefaultSelectedItems] 속성 활용

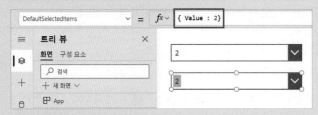

그리고 콤보 상자의 기본값으로 여러 개를 선택하려면 Table() 명령을 사용해서 다음과 같이 수식을 완성한다.

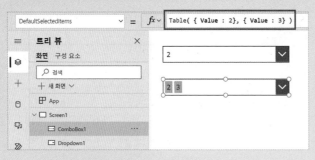

11 마지막으로 Start Date와 End Date에는 오늘 날짜가 기본으로 설정되도록 [DefaultDate] 속성에 `Today()` 명령을 이용해 시작 날짜를 별도로 입력하지 않았다면, 오늘 날짜를 입력하는 수식 `If(IsBlank(ThisItem.'Start Date'), Today(), ThisItem.'Start Date')`를 입력한다.

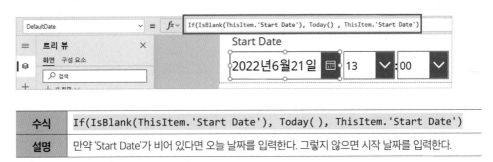

수식	If(IsBlank(ThisItem.'Start Date'), Today(), ThisItem.'Start Date')
설명	만약 'Start Date'가 비어 있다면 오늘 날짜를 입력한다. 그렇지 않으면 시작 날짜를 입력한다.

셰어포인트로 관리자 목록 연결

승인 여부를 관리할 관리자를 셰어포인트에서 목록으로 생성해서 관리해 보자.

01 셰어포인트에서 목록을 새로 생성한다. 목록의 이름은 'Administrator'로 하겠다.

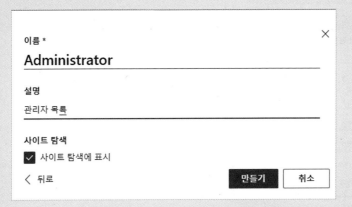

02 승인 여부를 관리할 관리자를 목록에 추가한다.

Administrator ☆		
Name ∨	Role ∨	Email ∨
김성준	Manager	sjkim@konyang.ac.kr
김태완	Staff	17682011@konyang.ac.kr
한익환	Staff	
조민준	Staff	

03

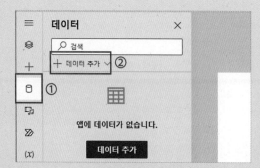

왼쪽 메뉴에서 ① 데이터 아이콘 →
② [데이터 추가]를 선택한다.

04 트리 뷰에서 [데이터] → [데이터 추가]를 선택하고 ① [연결선]을 선택한 후에 ②
[SharePoint]를 선택한다.

05

← **SharePoint 사이트에 연결**   ×

목록의 위치에 대한 SharePoint URL를 입력하세요.
자세한 정보

연결

최근에 사용한 사이트

🔍 검색

Power Apps - https://konyang.sharepoint.co...

연결된 셰어포인트 계정과 목록을 생성한 팀 사이트를 선택한다.

06

← **목록 선택**   ×

🔍 검색

☐ 📋 매니저

☐ 🗂 문서

☐ 📋 회의실 예약 목록

☐ 📋 휴가 목록

☑ 📋 Administrator

새로 생성한 목록('Administrator')을 선택해서 데이터를 추가한다.

07 승인 여부 DataCardValue의 [DisplayMode] 속성을 다음 명령으로 변경한다.

If(User().Email in Administrator.Email, Edit, Disabled)

수식	If(User( ).Email in Administrator.Email, Edit, Disabled)
설명	만약 현재 접속한 사용자의 이메일이 SharePoint의 관리자 목록 이메일에 있으면 [DisplayMode] 속성을 Edit으로, 그렇지 않으면 Disabled로 설정한다.

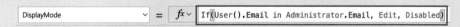

DisplayMode ▾ = *fx* ▾ If(User().Email in Administrator.Email, Edit, Disabled)

이렇게 설정하면 오피스 계정(이메일)이 셰어포인트의 Administrator 목록의 이메일(Email)에 있을 때만 수정할 수 있다.

QR 코드 스캐너 만들기

모바일 앱이 갖는 장점 중의 하나는 모바일 기기(스마트폰)의 카메라 기능을 활용해서 바로 바코드를 읽거나 사진을 찍어서 저장할 수 있다는 것이다. 회의실 입구마다 QR 코드가 부착되어 있고 이 QR 코드에는 회의실 이름 정보가 담겼다고 가정해 보자. 그리고 회의실 예약 앱에서 해당 QR 코드를 모바일 기기의 카메라로 인식하는 기능을 구현한다. 즉, QR 코드를 읽어서 예약할 회의실 정보를 자동으로 입력하는 기능을 추가해 보자.

01 EditScreen에서 회의실 콤보 상자의 [Width] 속성을 바꿔서 콤보 상자 크기를 줄인다. `Parent.With` 명령을 사용한다.

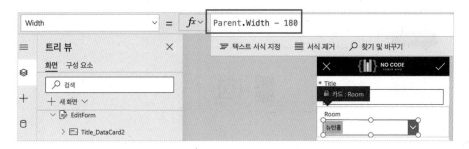

02 회의실 DataCard 안에 컨트롤을 삽입한다. 상단 메뉴에서 [삽입] → [미디어] → [바코드 판독기]를 선택하여 추가하고 크기를 조정해서 적당한 위치로 이동한다.

03 바코드 스캐너의 텍스트를 지운다. 그리고 바코드 스캐너의 배경색, 클릭했을 때 색([Pressed Fill] 속성), 마우스를 올렸을 때 색([HoverFill] 속성)은 투명하게 설정한다.

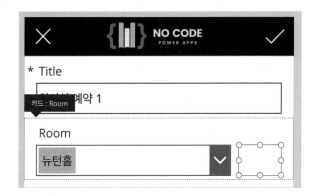

04 상단 메뉴에서 [삽입] → [아이콘]을 선택하여 [카메라] 아이콘을 추가하고 크기를 바코드 스캐너와 동일하게 설정한다. 그리고 바코드 스캐너 위에 놓는다.

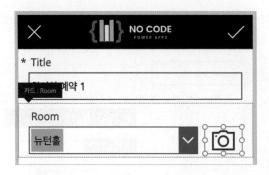

05 아이콘을 선택한 후 [순서 바꾸기] → [뒤로 보내기]를 선택하여 아이콘을 바코드 스캐너 뒤로 보낸다. 이렇게 설정하면 보이는 것은 카메라 아이콘이지만 클릭하면 바코드 스캐너를 실행하게 된다.

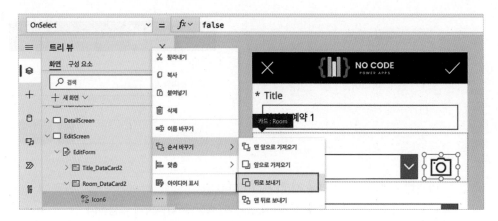

06 바코드 스캐너의 [OnScan] 속성에 `UpdateContext( )` 함수로 바코드 값을 지역 변수 `ScanData`에 넣어주자. 읽은 값은 테이블로 반환되기 때문에 테이블의 첫 번째 값을 지역 변수 `ScanData`에 저장한다.

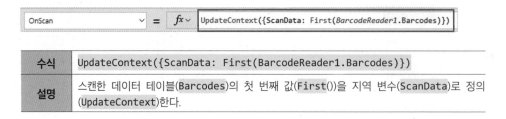

수식	UpdateContext({ScanData: First(BarcodeReader1.Barcodes)})
설명	스캔한 데이터 테이블(Barcodes)의 첫 번째 값(First())을 지역 변수(ScanData)로 정의(UpdateContext)한다.

07 회의실 콤보 상자 [DefaultSelectedItems] 속성에 조건문을 활용해 바코드를 스캔한 값이 있는지 확인하는 수식을 완성한다.

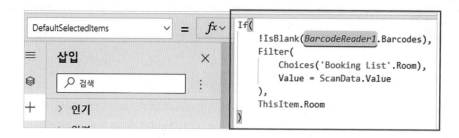

| 수식 | ```
If(
    !IsBlank(BarcodeReader1.Barcodes),
    Filter(
        Choices('Booking List'.Room),
        Value = ScanData.Value
    ),
    ThisItem.Room
)
``` |
|------|------|
| 설명 | 바코드 스캐너로 스캔한 값이 있으면 이 값(ScanData)을 회의실 목록에서 검색해서 넣어주고, 없으면 기본값(ThisItem.Room)을 넣는다. |

08 취소 아이콘 ❌과 체크 아이콘 ✅을 클릭할 때 바코드 스캐너 데이터를 초기화해야 한다. `UpdateContext({ScanData: Blank( )})` 명령을 각 버튼의 [OnSelect] 속성에 추가하자. 이때 체크 아이콘의 [OnSelect] 속성에는 값을 저장한 후에, 초기화해야 하므로 `SubmitForm( )` 명령을 먼저 넣어야 한다.

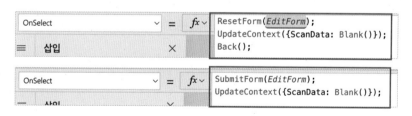

수식	`UpdateContext({ScanData: Blank( )})`
설명	바코드로 스캔한 값을 빈 값으로 초기화한다.

> **TIP**
> 설치한 모바일 파워 앱스를 이용하여 스마트폰으로 QR 코드를 인식한 다음, 값이 잘 입력되는지 각자 테스트해 보자. QR 코드는 QR Code Generator(https://www.the-qrcode-generator.com)와 같은 무료 QR 코드 만들기 사이트에서 쉽게 만들 수 있다.
```

셰어포인트에 이미지 업로드하고 갤러리에서 조회하기

카메라로 사진을 찍어서 파워 앱스를 통해 사진을 셰어포인트 목록에 업로드하고 다시 갤러리에서 이미지를 조회하는 방법에 대해서 알아보자. 이후 실전 활용 예제에서 서명을 저장할 때 활용할 것이다.

01

열 만들기 ✕

열 만들기에 대한 자세한 정보.

이름 *

Image

설명

첨부 이미지

유형

여러 줄 텍스트 ⌄

기본값

기본값 입력

☐ 계산된 값 사용 ⓘ

추가 옵션 ⌄

셰어포인트에서 목록에 새로운 열을 추가한다. 이름은 'Image', 유형은 [여러 줄 텍스트]로 설정한다.

02

파워 앱스에서 상세 정보 화면의 표시 양식 폼 크기를 줄인 다음, 버튼을 추가하고 이름을 [이미지 첨부하기]로 설정한다.

03 버튼을 선택하면 카메라 컨트롤이 표시되도록 버튼 [OnSelect] 속성에 다음 명령을 추가한다. 버튼을 누르면 지역 변수 CameraVisible에 true와 false 값이 번갈아 가며 저장된다.

UpdateContext({CameraVisible: !CameraVisible})

04 상단 메뉴에서 [삽입] → [미디어] → [카메라]를 선택하여 컨트롤을 추가한 후, 전체 화면 크기로 조정한다.

05 [OnSelect] 속성에 버튼과 같은 다음 명령을 추가한다.

UpdateContext({CameraVisible: !CameraVisible})

06 카메라 컨트롤의 [Visible] 속성에 지역 변수 CameraVisible을 넣는다. 이제 버튼을 선택하면 카메라가 표시되고 카메라를 터치해서 사진을 찍으면 카메라 컨트롤이 화면에서 사라진다. 5단계에서 입력한 수식 때문에 CameraVisible 변숫값이 false로 설정되기 때문이다.

07 사진 촬영 후 셰어포인트에 저장되도록 해 보자. 카메라의 [OnSelect] 속성에 다음 Patch( ) 명령을 추가한다.

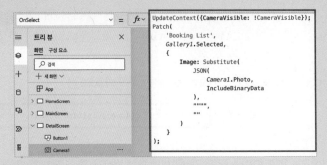

| 수식 | ```
Patch(
    'Booking List',
    Gallery1.Selected,
    {
        Image: Substitute(
            JSON(Camera1.Photo, IncludeBinaryData), """", ""
        )
    }
);
``` |
| 설명 | Booking List 목록에서 해당 항목(Gallery1.Selected)에 카메라로 촬영한 이미지(Camera1.Photo)를 JSON 형태로 셰어포인트 목록의 Image 열에 저장한다. 이때 JSON 문자열에 포함된 큰따옴표(")는 Substitute() 명령으로 지운다. JSON은 키-값으로 이루어진 문자열로, 통신에 사용하는 공통 표현 형식이다. |

08

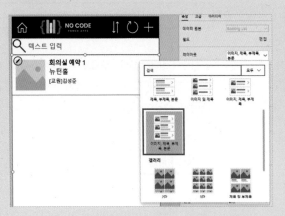

메인 화면의 갤러리 레이아웃을 '이미지, 제목, 부제목, 본문'으로 변경한다.
```

09 갤러리에 본문 레이블(Body1)을 복사해서 추가(Body1_1)하고 위치를 조정한다.

10 갤러리 필드를 그림과 같이 설정한다.

11 갤러리의 이미지 컨트롤을 선택하고 [Image] 속성을 `ThisItem.Image`로 변경한다. `ThisItem`은 SharePoint에 저장된 항목이다. 그 중에서 `ThisItem.Image`는 JSON 형태로 저장된 이미지로, 해당 명령을 작성하면 갤러리에 자동으로 변환되어 이미지로 나타난다.

12 이제 갤러리 항목을 선택해서 상세 정보 화면으로 이동한 뒤 [이미지 첨부하기] 버튼을 눌러 사진을 촬영하면 셰어포인트 목록에는 JSON 형태로 저장하고 갤러리에서 이를 확인할 수 있다. 직접 모바일로 앱을 실행해서 확인해 보자.

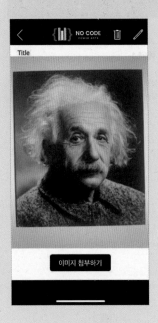

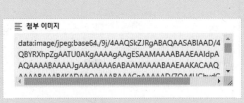

[목록에 저장된 이미지(JSON 타입)]

[갤러리 리스트에서 이미지 조회]

갤러리에서 유튜브 동영상 조회하기

갤러리에 유튜브 동영상을 첨부해서 교육용 사이트로 만들 수 있다.

01 엑셀 파일에 동영상의 제목과 유튜브 링크를 담은 표를 만든다. 표 이름은 'Youtube'로 하고 제목 열 이름은 'Title' 링크 열 이름은 'URL'로 설정했다.

02 파워 앱스에 새 앱을 생성하고 갤러리를 추가해서 크기를 조정한다.

03 부제목과 이미지 컨트롤은 삭제하고 상단 메뉴에서 [삽입] → [미디어]를 선택하여 갤러 리에 [비디오] 컨트롤을 추가한다. 그리고 화면 크기에 맞도록 적절하게 조절한다.

04 제목 레이블의 오류는 갤러리에 있던 이미지가 삭제되어 발생한 것이다. 수식 입력 줄에서 편집을 선택해서 이미지 컨트롤의 이름(image1)을 새로 생성한 비디오 컨트롤 이름(Video1)으로 변경한다.

변경 전

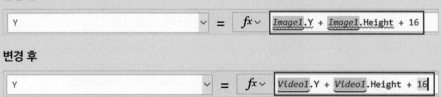

| Y | | = | $fx \vee$ | Image1.Y + Image1.Height + 16 |

변경 후

| Y | | = | $fx \vee$ | Video1.Y + Video1.Height + 16 |

05 왼쪽 메뉴에서 [데이터] → [데이터 추가]를 선택하고 검색창에 'Excel'을 입력해서 [Excel에서 가져오기]를 찾아 이를 선택한다.

06 1단계에서 만든 엑셀 파일을 선택하고 [테이블 선택]에서 표에 체크한 뒤 [연결] 버튼을 눌러 데이터를 추가한다.

07 갤러리의 데이터 원본을 방금 추가한 데이터([Youtube])로 설정한다.

08 갤러리의 필드는 Title1을 Title로 설정한다.

09 비디오 컨트롤을 선택하고 [Media] 속성을 `ThisItem.URL`로 변경한다.

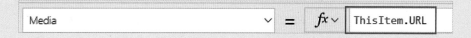

10 유튜브 동영상을 바로 재생할 수 있는 갤러리가 생성되었다.

11 갤러리 제목을 선택하면 링크로 이동할 수 있도록 해 보자. 갤러리 제목을 선택하고
[OnSelect] 속성에 Launch(ThisItem.URL) 명령으로 변경한다.

12 Launch( ) 명령은 옵션으로 매개 변수를 설정할 수 있고 링크로 이동할 때 새 탭을 열
거나(New) 기존 탭에서 열리도록(Replace) 설정할 수 있다.

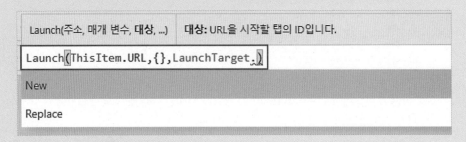

13 셰어포인트 목록으로 데이터를 연결하는 방법도 있다. 목록을 생성하고 열을 구성해서
데이터를 추가한다.

14 파워 앱스 앱으로 돌아가서 새로 만든 셰어포인트 목록을 데이터로 추가한다.

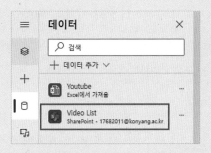

15 갤러리의 데이터 원본을 셰어포인트 목록으로 변경하고 목록 데이터가 잘 조회되는지 확인해 보자.

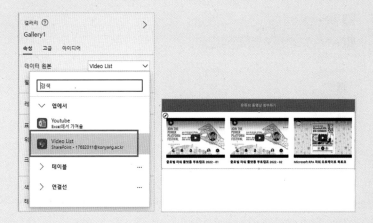

09

파워 오토메이트로
이메일 자동화 구현하기

관리자가 회의실 예약을 승인 또는 반려하면 예약을 신청한 사람에게 자동으로 메일이 전송되도록 만들어 보자. 이 기능은 파워 오토메이트와 연계해서 구현한다. 마찬가지로, 메일 전송 기능도 새 흐름을 추가할 때 템플릿을 이용해서 쉽게 구현할 수 있지만 파워 오토메이트와 연계하고 이를 활용하는 방법을 학습하고자 직접 흐름을 만들어 보도록 하자.

> **TIP**
>
> 파워 오토메이트에는 아주 유용한 기능이 많다. 예를 들어 파워 오토메이트의 승인 작업을 사용하면 관리자는 회의실 예약 앱을 실행하지 않고도 메일 또는 MS 팀즈에서 바로 승인할 수 있다.
>
>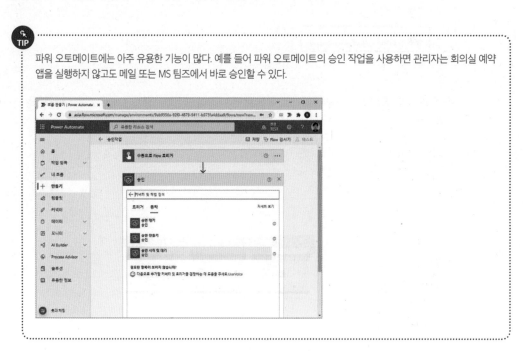

01 회의실 예약 앱을 열어 왼쪽 메뉴에서 ① [Power Automate]를 선택하고 ② [새 흐름 만들기] 또는 [+ 흐름 추가] 버튼을 클릭한다.

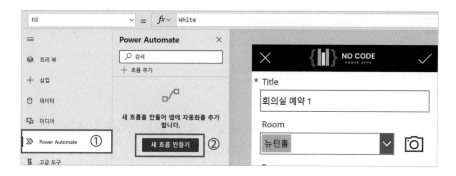

02 다양한 템플릿을 통해서 파워 앱스와 연계된 흐름을 만들 수 있다. 지금은 [+ 처음부터 만들기] 버튼을 선택한다.

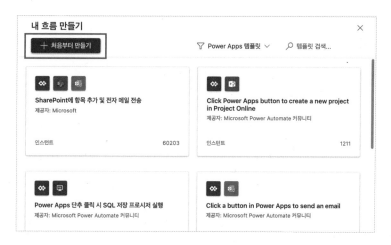

03 흐름 제목을 '제목 없음'에서 'SendEmail'로 변경한다.

04 파워 앱스에서 파워 오토메이트 흐름으로 예약 생성 시간, 예약자 이름, 회의실, 승인 여부를 변수로 받아서 이메일을 보낼 때 사용할 것이다. [+ 새 단계] 버튼을 클릭한다.

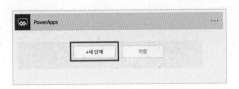

05 흐름에 다양한 작업을 선택해서 추가할 수 있다. 예제에서는 변수를 사용해야 하기 때문에 ① [기본 제공] 탭을 선택한 후 ② [변수]를 선택한다.

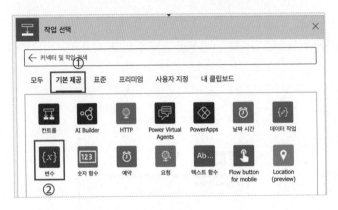

06 변수를 생성함과 동시에 파워 앱스에서 받아 오는 값으로 초기화할 것이다. [동작] 탭의 [변수 초기화]를 선택한다.

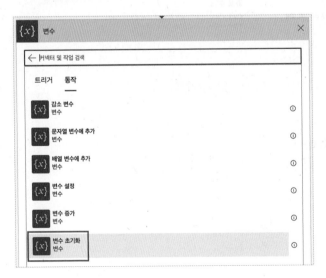

07 예약자 이메일을 먼저 변수로 초기화하자. 변수 이름은 원하는 대로 입력한다. 여기서는 'Email'을 입력하고 유형은 '문자열'을 선택한다.

08 변수의 값은 파워 앱스에서 받아 오게 된다. [값] 입력 칸을 선택하면 동적 콘텐츠를 추가할 수 있다. 파워 앱스에서 값을 받아 오도록 [Power Apps에서 질문]을 선택한다.

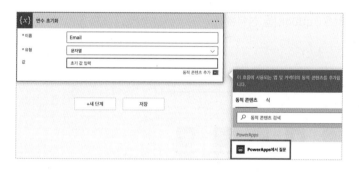

09 값에는 '변수초기화_값' 형식으로 자동 입력된다. 파워 앱스에서 보낸 값이 흐름에서 Email 변수로 초기화된다. 이와 동일한 방법으로 예약 생성 시간, 예약자 이름, 회의실, 승인 여부 변수를 만들자.

이름	유형	값	설명
Email	문자열	변수초기화_값	예약자 이메일
Created	문자열	변수초기화2_값	예약이 생성된 시간
Person	문자열	변수초기화3_값	예약자 이름
Room	문자열	변수초기화4_값	회의실
Status	문자열	변수초기화5_값	승인 여부

10 변수 초기화를 완료했으니 이메일 전송 기능을 구현하자. [+ 새 단계] 버튼을 클릭하고 단계를 추가한다. ① [모두] 탭을 선택하고 그림과 같이 ② 아래 화살표를 선택해서 모든 커넥터와 작업을 조회한다.

11 이메일을 보낼 수 있는 다양한 커넥터가 있다. 그중 Office 365 Outlook 커넥터로 이메일을 전송해 보자. [Office 365 Outlook]을 선택한다.

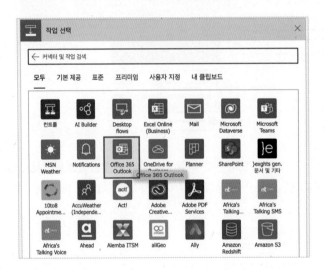

12 Office 365 Outlook 커넥터에서 메일 보내기, 가져오기, 연락처 만들기 등 많은 동작을 구현할 수 있다. 지금은 [메일 보내기] 동작을 활용하자. [동작] 탭의 [메일 보내기(V2)]를 선택한다.

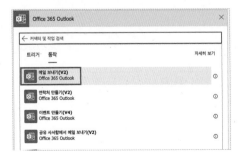

13 [받는 사람] 입력 칸을 선택하고 아래의 [동적 콘텐츠 추가] 버튼을 클릭하면 전 단계에서 만든 변수를 확인할 수 있다.

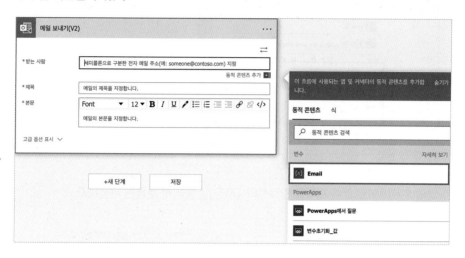

14 받는 사람 항목에 앞에서 만든 Email 변수를 선택해서 수신자로 지정한다.

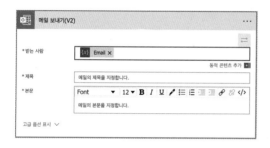

15 메일 제목을 적절하게 입력한다. 제목 텍스트에도 변수를 삽입할 수 있다. [동적 콘텐츠 추가] 버튼을 클릭하고 변수를 활용하여 작성해 보자.

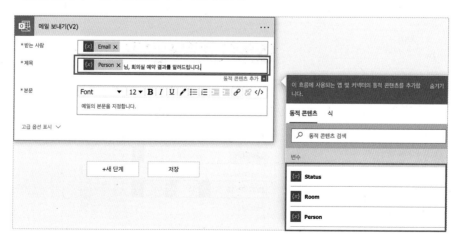

16 메일 본문에는 파워 앱스에 받아온 모든 변수를 삽입해서 작성해 보자.

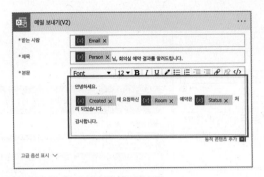

17 파워 오토메이트 흐름 제작을 완료했다. [저장]을 눌러서 흐름을 저장하자.

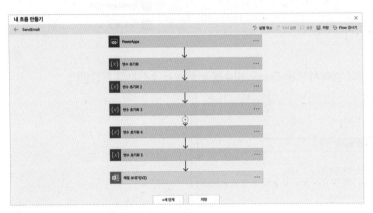

18 관리자로 접속해서 예약 신청 항목의 승인 여부를 '신청'에서 '승인' 또는 '반려'로 변경하고 저장하면 자동으로 예약자에게 회의실 신청 결과 메일이 전송되도록 앱을 변경하자. EditScreen으로 이동해서 저장 아이콘을 선택한다.

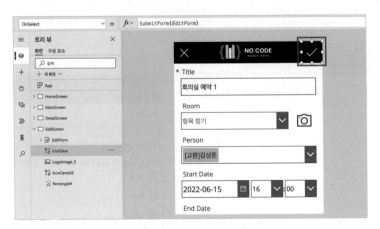

19 [OnSelect] 속성에 기능을 구현하자. 이메일 전송 기능은 저장 아이콘을 눌렀을 때 필수 항목인 Title이 입력되어 있고 승인 여부가 '승인' 또는 '반려'일 때만 흐름이 실행되어야 한다. 앞서 입력한 SubmitForm( ) 명령 앞에 If( ) 조건문을 입력한다.

수식	```
	If(
	    !IsBlank(DataCardValue1) And (DataCardValue5.Selected.Value in [
	        "승인",
	        "반려"
	    ]),
	    SubmitForm(EditForm);
	    UpdateContext({ScanData: Blank( )});
	)
	``

설명	Title 항목이 비지 않고(!IsBlank) 승인 항목이 "승인" 또는 "반려"인지 확인하고자 If( ) 명령을 사용하고 두 조건을 And 연산자로 묶어서 If( ) 조건문을 구성했다.

> **TIP**
> 이때 주의할 점은 **DataCardValue1**은 Title 항목이고 **DataCardValue5**는 승인 여부 항목이다. 각자의 컨트롤 이름에 맞게 변경해서 넣자.

20 If( ) 조건문이 **true**일 때 흐름이 실행되도록 [OnSelect] 속성을 완성하자. 흐름을 실행하는 방법은 다음 그림을 참고하자. 흐름에 전달할 변수는 ① 부분에 추가하면 된다.

21 예약 생성 시간을 흐름에 전달할 때 갤러리에 선택된 항목이 없으면 현재 시각을 전달하도록 If( ) 조건문을 완성해 보자.

```
fx ∨    If(
            !IsBlank(DataCardValue1) And (DataCardValue5.Selected.Value in ["승인","반려"]),
            SendEmail.Run(
                DataCardValue3.Selected.Email, // 이메일
                If(IsBlank(Gallery1.Selected.Created), Now(), Gallery1.Selected.Created), // 예약 생성 시간
                DataCardValue3.Selected.DisplayName, // 예약자 이름
                DataCardValue2.Selected.Value, // 회의실
                DataCardValue5.Selected.Value // 승인 여부
            )
        );
        SubmitForm(EditForm);
        UpdateContext({ScanData: Blank()});
```

수식	If(IsBlank(Gallery1.Selected.Created), Now( ), Gallery1.Selected.Created)
설명	갤러리 항목을 선택하지 않았을 때(새로 데이터를 생성)는 생성 시간이 없으므로 현재 시간을 변수로 전달한다.

22 데이터를 새로 생성하거나 기존 데이터의 승인 여부를 각각 '승인', '반려'로 변경해서 저장하고 예약자에게 메일이 잘 전송됐는지 확인해 보자.

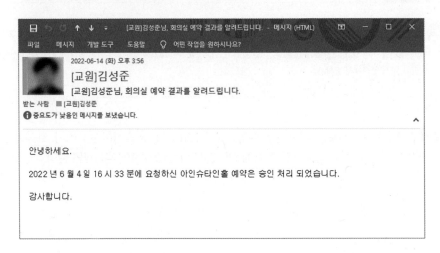

MS 팀즈에 파워 앱스 앱 추가하기

모임, 채팅, 화상 미팅 그리고 공동 작업 등 많은 사무 업무가 MS 팀즈(Teams)를 통해서 이루어진다. 마이크로소프트 365에서 협업과 커뮤니케이션 역할을 하는 팀즈에서도 파워 앱스 앱을 바로 실행할 수 있다.

01 마이크로소프트 팀즈(https://teams.microsoft.com)에 접속해서 왼쪽 메뉴에서 더 보기 버튼 ■■■을 선택하고 'Power Apps'를 검색한 뒤, 파워 앱스를 선택한다.

02 [추가] 버튼을 눌러 파워 앱스를 팀즈에 추가한다.

03 이제 팀즈용 파워 앱스를 만들고 사용할 수 있다.

04 기존에 만든 앱을 팀즈의 팀에 추가하는 방법을 알아보자. [팀] 메인 화면에서 탭 추가 아
이콘([+])을 클릭한다.

05 팀용 탭 중에서 [Power Apps]를 선택한다.

06 기존에 만든 앱을 볼 수 있다. [모든 앱]을 선택해서 회사 또는 그룹의 다른 구성원이 만든 앱을 추가하거나 [샘플 앱]을 추가할 수도 있다. 원하는 앱을 선택하고 저장한다.

07 다른 방법으로, 파워 앱스에서 제작한 앱의 [자세히] 탭에서 [Teams에 추가]를 선택할 수도 있다.

08 이제 팀즈에서 파워 앱스 앱을 사용할 수 있다.

MICROSOFT
POWER APPS

이번 실전 활용 예제에서는 휴가 신청 앱을 개발하면서 데이터를 조회하고, 수정하는 화면을 효율적으로 디자인하는 방법에 대해서 집중적으로 실습하며 배울 수 있다. 트리 뷰의 부모와 자식 관계를 이해하고, 이러한 상속관계를 활용해서 효율적으로 컨트롤 속성을 관리할 수 있다. 또한 갤러리와 양식 폼을 조합해서 사용자 친화적인 화면 레이아웃을 디자인하는 방법을 소개한다. 그리고 데이터 카드, 컨테이너, 팝업 기능으로 한 스크린 안에서 각 컨트롤들이 서로 상호작용하는 방법을 알아본다.

5장

실전 활용 예제 2:
휴가 신청 앱

실행 영상 파일
URL : https://cafe.naver.com/
msapp/102

휴가 신청 앱 만들기

4장 실전 활용 예제 '회의실 예약 앱'에서는 스마트폰을 이용한 모바일 환경에서 앱을 제작하고 실행했다. 실습 과정에서 셰어포인트 목록을 활용해 모바일 앱을 만들고 후속 자동화 작업을 위해 파워 오토메이트를 이용해 메일을 전송하는 기능을 구현했다. 이처럼 파워 플랫폼의 솔루션은 서로 유기적으로 연결하고 통합할 수 있다. 파워 플랫폼 구성 요소의 긴밀한 관계는 다른 노코드 도구나 RPA 솔루션에서는 흉내 내기 어려운 기술적 통합을 가능하게 한다.

이번 실전 활용 예제에서는 휴가를 신청하고 승인하는 프로세스를 기본으로, 파워 앱스에서 활용할 수 있는 유용한 기능을 소개한다. 휴가 신청 앱은 총 4개의 화면으로 구성된다. 시작 화면인 메인 화면, 휴가를 신청하는 화면, 개별 데이터를 조회하고 편집하거나 삭제하는 변경 화면 그리고 휴가를 승인하고 반려하는 승인 화면이다. 본격적인 실습으로 들어가기 전에 우리가 제작할 앱의 화면과 기능을 미리 확인해 보자.

메인 화면

메인 화면은 휴가 신청, 휴가 변경, 휴가 승인 화면으로 이동할 수 있는 화면이다. 앱 로고와 각각의 버튼 컨트롤로 구성된 화면이다.

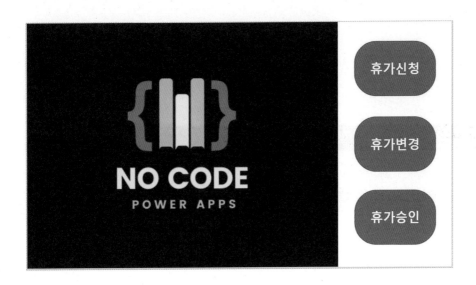

휴가 신청 화면

휴가 신청 화면은 새로운 휴가 내역을 입력하고 저장할 수 있는 화면이다. 양식 폼을 이용해서 휴가를 신청한다.

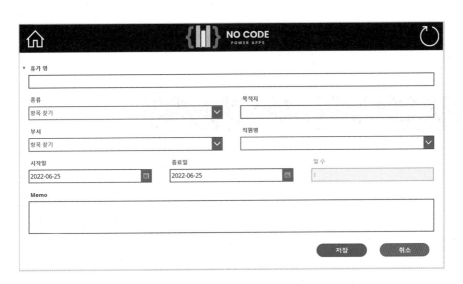

휴가 변경 화면

휴가 변경 화면은 신청한 휴가의 정보를 수정할 수 있는 화면이다. 검색 기능, 갤러리, 폼 등을 이용해 데이터를 조회하고 편집한다.

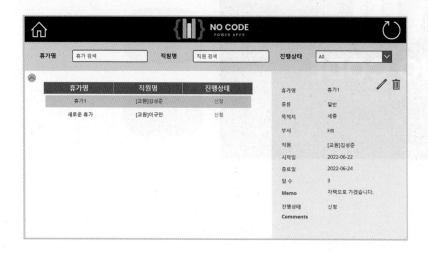

휴가 승인 화면

휴가 승인 화면은 신청된 휴가를 승인 또는 반려하는 화면이다. 데이터 테이블을 통해 레코드를 표시하고 버튼을 이용하여 승인이나 반려로 처리한다.

02

셰어포인트로 목록 만들기

휴가 신청 앱을 제작하려면 갤러리와 폼에서 사용할 셰어포인트 목록을 먼저 만들어야 한다.

01 셰어포인트에 접속한 후 앱에서 사용할 데이터 원본인 셰어포인트 목록을 생성해 보자. 상단 메뉴에서 [새로 만들기] → [목록]을 선택한 후에 빈 목록 메뉴를 클릭한다.

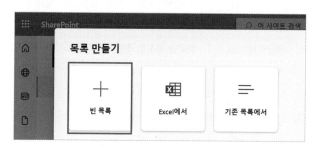

02 원하는 대로 셰어포인트 목록의 이름과 설명을 적는다. 그리고 [만들기] 버튼을 눌러서 새로운 목록을 생성한다.

03 새로운 목록인 'Leave'가 생성되었다. 먼저, 목록을 생성하면 자동으로 생성되는 [제목] 칼럼 이름을 [열 설정] → [이름 바꾸기]를 선택하여 'Title'로 변경한다.

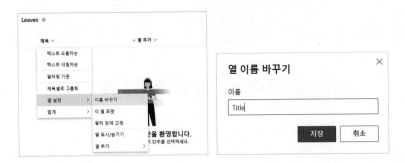

04 새롭게 만든 목록에는 다음 표의 열이 기본으로 만들어진다. '한 줄 텍스트'는 짧은 글을 적을 수 있는 란이다. '날짜 및 시간'은 날짜와 시간을 입력하는 란이며, '개인 또는 그룹'은 회사 또는 팀 멤버 정보를 입력하는 란이다.

열 이름	유형	설명
Title	한 줄 텍스트	기본으로 생성되는 열의 제목이다.
수정된 날짜(Modified)	날짜 및 시간	목록을 변경한 날짜와 시간이 표시된다.
만든 날짜(Created)	날짜 및 시간	목록을 생성한 날짜와 시간이 표시된다.
만든 사람(Created By)	개인 또는 그룹	목록을 생성한 개인 또는 그룹 이름이 표시된다.
수정한 사람(Modified By)	개인 또는 그룹	목록을 변경한 개인 또는 그룹 이름이 표시된다.

05 휴가 목록에 열을 추가하고자 다음 과정을 진행하자. 목록 오른쪽에 있는 [+ 열 추가] 버튼을 눌러 열을 추가한다.

06 이번에는 휴가를 신청하는 데 필요한 열을 목록에 추가해야 한다. 목록의 열 생성 과정은 앞선 실습에서 자세히 설명하였다. 간단히 어떤 열을 생성해야 하는지 알아보자. 주의해야 할 점은 **Status 열의 기본값 지정과 Comments의 추가 기능 사용**이다.

열 이름	유형	설명
Title	한 줄 텍스트	기본으로 생성되는 열 제목이다.

Types	선택 항목	휴가 유형을 선택한다. 선택 항목은 '일반', '병가' 2가지로 설정한다.
Destination	한 줄 텍스트	휴가 목적지를 입력한다.
Department	선택 항목	부서를 선택한다. 선택 항목은 'IT', 'FI', 'HR' 3가지로 설정한다.
Staff	개인 또는 그룹	직원 이름을 입력한다.
Start Date	날짜 및 시간	시작 날짜를 입력한다.
End Date	날짜 및 시간	끝나는 날짜를 입력한다.
Days	한 줄 텍스트	휴가 일수를 입력한다.
Memo	여러 줄 텍스트	휴가 사유를 입력한다.
Status	선택 항목	처리 상태를 선택한다. 선택 항목은 '신청', '승인', '반려' 3가지로 설정하고 기본값은 '신청'으로 설정한다. **기본값** 신청 ∨
Comments	여러 줄 텍스트	관리자 메모를 입력한다. 앱 개발을 진행하면서 서식 있는 텍스트 편집기를 이용할 것이므로 추가 옵션 중 '향상된 서식 있는 텍스트 사용'에 체크해야 한다. 향상된 서식 있는 텍스트(그림, 표 및 하이퍼링크가 포함된 서식 있는 텍스트) 사용 ●━ 예

이로써 앱의 데이터 원본으로 사용할 셰어포인트 목록의 열 생성 과정을 완료했다.

07 지금까지 진행했던 방법과 마찬가지로 개별 직원 정보를 저장할 목록도 만든다. 빈 목록을 생성하고 목록의 이름은 'Employee', 설명은 '직원'으로 입력한다. 제목을 'Department'로 변경하고 새로운 열을 생성한다. 새로운 열의 이름은 'Staff'로, 형식은 '개인 또는 그룹'으로 만들어준다. 그리고 왼쪽 위의 [+ 새로 만들기] 버튼을 눌러 휴가를 승인할 매니저의 정보를 입력한다. Department는 앞 단계에서 생성한 목록 Leave의 Department 선택 항목 IT, FI, HR 중 하나로 선택한다.

기본 셰어포인트 목록 설정은 모두 끝났다. 다음 절부터는 파워 앱스에서 앱을 생성하고 화면을 어떻게 구성하는지, 그리고 셰어포인트와 어떻게 연동하는지를 실습한다.

목록의 실제 열 이름

셰어포인트 목록의 열의 제목은 한글이 아닌 영문으로 쓰는 것을 권장한다. 목록에서 생성된 열은 모두 고유 값을 가진다. 열 제목을 한글로 작성하면 셰어포인트는 열의 값을 코드 형식의 데이터로 저장한다. 열이 어떤 값으로 저장되는지 확인해 보자.

01   셰어포인트 목록 'OData'를 생성하고 영문 'Test'와 한글 '테스트' 열을 생성한다. 목록에서 화면 오른쪽 위 설정 아이콘 ⚙️을 클릭하면 다음 그림의 오른쪽 창이 표시된다. 설정 창의 셰어포인트 항목 중에서 [목록 설정]을 클릭하자.

02   목록 설정 창은 웹 주소, 목록 설명 등을 목록 정보에 표시한다. 이 화면에서 목록을 자세하게 설정하고 편집할 수 있다. 목록에 표시되는 열을 편집하려면 아래로 스크롤하여 '열' 항목으로 이동하자. 해당 항목에는 열 만들기, 열 순서, 열 추가 등의 편집을 진행할 수 있다. 열 이름을 클릭해서 열 정보를 수정할 수도 있으며 '열 만들기'로 새로운 열을 만들 수도 있다. 'Test' 열을 클릭해서 열 편집으로 이동하여 'Test'의 필드 이름이 어떤지 확인해 보자.

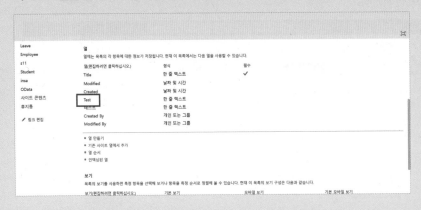

03 페이지 URL의 뒷부분을 확인하면 'Field=Test'인 것을 알 수 있다. 이처럼 영문으로 작성하면 직관적으로 URL 주소가 매겨진다.

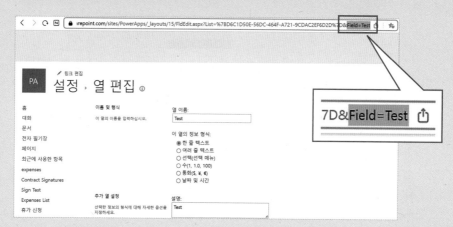

04 같은 방법으로 '테스트' 열의 URL을 확인해 보자. 한글 이름 열은 Field 이후의 문자열이 다르게 입력된 것을 확인할 수 있다. 이처럼 영문이 아닌 한글로 작성한 열은 'Field=_XXXX_XXXX' 형태의 값이 된다.

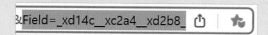

05 파워 앱스에서 한글 열이 어떻게 사용되는지 확인해 보자. 셰어포인트의 목록 창에서 [통합] → [Power Apps] → [앱 만들기]를 통해 간단한 앱을 만든다.

06 [앱 만들기] 메뉴를 클릭하고 앱 이름을 입력하면 앱이 자동으로 생성된다. 리스트 조회, 상세 조회, 편집 기능이 기본으로 제공된다.

07 갤러리를 선택하고 수식창에서 데이터 원본 [@OData]를 클릭하여 레코드를 확인해 보자. 'Test'와 'Title'은 열 이름과 내용 변동이 없지만, 한글로 생성한 '테스트' 열은 'OData_xd14c_xc2a4_xd2b8'로 표시된다. 이 값은 4단계에서 확인했던 URL의 Field 이후 값과 같다.

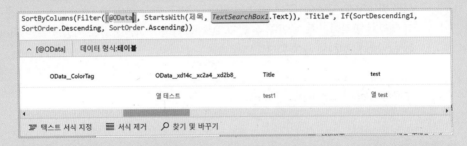

이 때문에 한글이 아닌 영문으로 설정하는 것을 권장하는 것이다. 추가로 특수 문자도 형식이 바뀌어 저장된다. 특수 문자 코드는 PowerApps 카페(https://cafe.naver.com/msapp)의 교재 보강 자료를 확인하자.

03

캔버스 앱 생성과
메인 화면 만들기

휴가 신청 앱의 첫 화면인 메인 화면을 만들어 보자. 파워 앱스 홈페이지에서 태블릿 형식의 캔버스 앱을 만든다.

01 빈 캔버스 앱을 생성하고 앱 이름은 '휴가관리App'이라 입력한다. 앱 형식으로 '태블릿'을 선택하고 아래 [만들기]를 클릭한다. 그러면 새로운 캔버스 앱이 만들어진다.

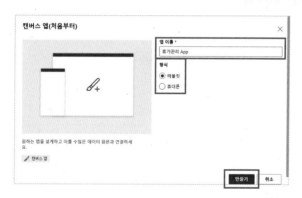

02 새로운 캔버스 앱이 Screen1과 함께 생성된다. 이 화면은 앱을 실행하면 처음으로 만나는 메인 화면이다. 여기에 기업 로고를 추가하고 휴가 신청을 시작하는 기능을 구현한다.

03   화면 왼쪽 트리 뷰에서 화면의 이름을 'Screen1'에서 'Main'으로 변경하자.

[변경 전]   [변경 후]

04   이제 본격적으로 앱을 만들어 보자. 먼저 상단 메뉴에서 [삽입] → [미디어] → [이미지]를 통해 회사 로고를 추가한다. 이미지를 화면에 비례해서 채워 넣으려면 '이미지 위치' 속성에서 [채우기] 옵션을 선택하면 된다.

> 🖱️ **TIP**
>
> 파워 앱스에서 지원하는 이미지 파일 확장자는 다음과 같다.
> jpg, jpeg, gif, png, bmp, tif, tiff, svg

05   이제 Apply(휴가 신청), Change(휴가 변경), Approve(휴가 승인) 세 가지 화면을 만들도록 하자. Apply 화면은 빈 화면으로 생성하고 Change 화면과 Approve 화면은 [스크롤 가능] 화면으로 만든다.

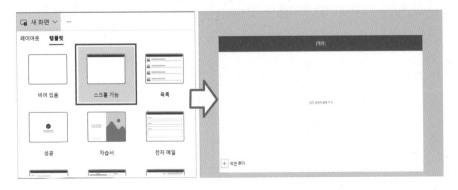

새 화면으로 만들어지는 화면 종류

메뉴에서 [새 화면]을 선택하면 파워 앱스에서 제공하는 다양한 템플릿 화면을 확인할 수 있다. 각 화면이
어떻게 구성되는지 알아보자.

화면 종류	설명	기본 형식 및 레이아웃	적용 모습
비어 있음	빈 화면을 생성한다.		
스크롤 가능	스크롤 가능 화면은 여러 컨트롤을 섹션 수와 상관없이 추가할 수 있다. 또, 헤더 사각형과 스크롤바를 기본으로 제공한다. 섹션은 화면을 영역별로 나누고 개별 섹션 내에서 구성 컨트롤을 관리할 수 있다.		
목록	목록은 헤더 사각형과 세로로 나열된 갤러리를 포함한다.		
성공	성공은 작업이 완료되었을 때 보이는 화면이다. 버튼과 사각형, 레이블이 포함된다.		
자습서	갤러리의 이미지와 텍스트를 한 화면에 하나씩 볼 수 있는 화면이다. 다음 Item을 보려면 오른쪽 화살표 버튼을 누르면 된다.		
전자 메일	아웃룩(Outlook) 메일 전송 기능을 파워 앱스로 구현한 화면이다.		

사람	마이크로소프트 365의 사용자 정보를 검색할 수 있는 갤러리를 제공한다.		
모임	아웃룩의 모임(미팅) 기능을 파워 앱스로 구현한 화면이다.		
캘린더	아웃룩에 저장된 사용자 일정 기능을 표시하는 화면이다. 캘린더일 때는 갤러리로 표현한다.		
화면 분할	컨테이너를 이용하여 좌우로 분할한 화면이다.		
사이드바	사이드바와 헤더 컨테이너를 구현한 화면이다.		
머리글, 기본 섹션, 바닥글	화면의 머리글과 섹션이 나누어진 화면이다.		
세로 인쇄/가로 인쇄	인쇄 버튼을 구현한 화면이다. 오른쪽 위 인쇄 버튼을 누르면 화면 세로/가로 인쇄 페이지가 연결된다.		

06 신규로 생성한 화면의 명칭은 각각 Apply, Change, Approve로 설정한다. 그림에서 보듯이 스크롤 가능 화면은 기본적으로 헤더 타이틀을 제공한다.

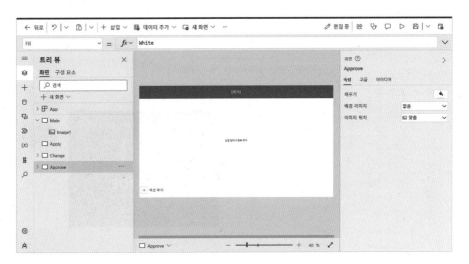

07

다시 Main 화면으로 돌아가 보자. 각 화면으로 이동하는 기능을 구현하고자 상단 메뉴에서 [삽입] → [입력] → [버튼]을 선택하여 버튼 컨트롤을 추가하고 크기와 위치를 적절하게 조절한다.

08 오른쪽 속성 영역에서 버튼 이름을 '휴가신청'으로 변경한다. 글꼴 크기는 30, 색상은 주황색으로 설정한다. 테두리 반지름 속성은 버튼의 테두리를 둥근 모서리로 바꾸는 기능이다. 입력 값이 클수록 테두리가 둥글게 변경된다. 테두리 반지름을 '70'으로 변경해 보자.

[변경 전]　　　　[변경 후]

09 버튼의 외형 디자인을 완료했으면, 이번에는 개별 화면으로 이동하는 기능을 추가해 보자. 버튼의 [OnSelect] 속성에 `Navigate(Apply, ScreenTransition.Fade)` 명령을 입력한다. 키보드의 [Alt] 키를 누른 상태로 버튼을 누르면 휴가 신청 화면으로 이동하는 것을 확인할 수 있다.

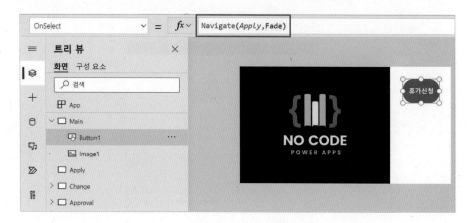

10 지금까지 실습한 내용을 참고해서 Change(휴가변경) 화면과 Approve(휴가승인) 화면으로 이동하는 버튼도 추가한다.

이로써 Main 화면의 기본 설정이 완료되었다. 다음 절에서는 Apply(휴가신청) 화면을 만들어 보자.

편집 가능한 갤러리 생성

데이터 조회와 편집 화면을 별도로 생성하지 않고 갤러리를 이용해 한 화면에서 동시에 조회하고 수정할 수 있다. 셰어포인트 목록을 통한 데이터 원본, 갤러리, 텍스트 입력 컨트롤을 사용한 간단한 예제를 통해 살펴보자.

01 셰어포인트 목록을 생성한다. 실습을 위해 한 줄 텍스트 열을 추가하고 데이터를 추가한다.

02 파워 앱스로 데이터를 연결하자. 왼쪽 메뉴에서 [데이터] → [데이터 추가] → [SharePoint]를 선택하고 앞서 만든 목록인 'Edit Gallery'를 연결한다.

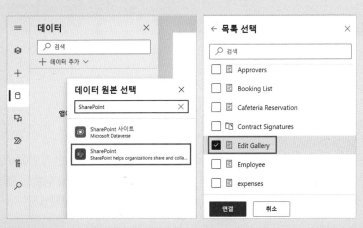

03 세로 갤러리 컨트롤을 추가하자. 데이터 원본으로 'Edit Gallery'를 지정하고 갤러리 편집 아이콘을 누른 뒤 텍스트 입력 컨트롤 3개를 추가한다.

04 첫 번째 텍스트 입력 컨트롤의 [Default] 속성을 `ThisItem.Title`로 변경한다. `ThisItem`은 선택한 데이터 원본인 Edit Gallery를 의미한다. `.Title`은 셰어포인트 목록의 Title(제목) 열을 말한다. 이와 같은 방법으로 두 번째, 세 번째 텍스트 입력 컨트롤에는 `ThisItem.User`, `ThisItem.Room`을 입력한다.

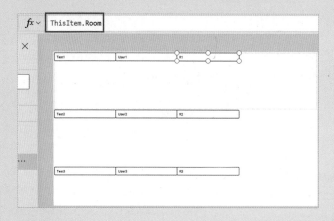

05 갤러리 편집 아이콘을 클릭하고 갤러리 목록 간 간격을 조절한다. 화면 상단에 버튼이 들어갈 충분한 공간을 만든 후 버튼 컨트롤 하나를 생성한다. 이 버튼의 이름을 '레코드 생성'으로 정의한다. 그리고 버튼의 [OnSelect] 속성에 다음 명령을 입력한다.

$fx \vee$ `Patch('Edit Gallery',Defaults('Edit Gallery'),{Title:" "})`

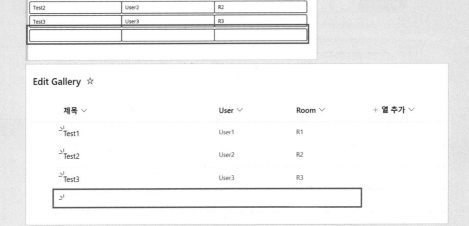

수식	`Patch('Edit Gallery', Defaults('Edit Gallery'), {Title:" "})`
설명	`Patch()` 명령을 통해 데이터 원본 'Edit Gallery'를 업데이트한다. `Defaults()` 명령은 데이터 원본의 기본값을 반환한다. `Defaults()` 명령을 통해 반환된 레코드의 Title 이름을 공백으로 지정한다.

06 앱을 실행한 후 [레코드 생성] 버튼을 클릭하면 빈 행이 생성되는 것을 볼 수 있다.

07 갤러리의 첫 번째 행을 선택하고 Title 텍스트 입력 컨트롤 [OnChange] 속성에 `Patch('Edit Gallery', ThisItem, {Title: TextInput1.Text})`을 입력한다. `Patch()` 명령을 통해 데이터 원본 'Edit Gallery'의 Title 행이 TextInput1 컨트롤에 입력된 내용대로 값을 업데이트한다. 마찬가지 방법으로 User, Room 텍스트 입력 컨트롤의 [OnChange] 속성에도 입력한다.

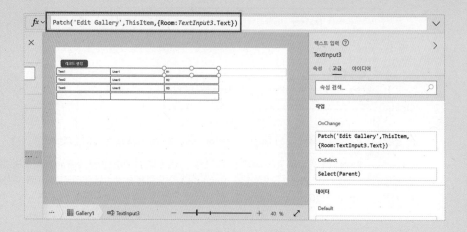

08 앱을 실행하고 텍스트 입력을 통해 6단계에서 만들었던 빈 레코드 안에 데이터를 추가해 보자. 셰어포인트 목록의 데이터가 추가한 값으로 업데이트된 것을 확인할 수 있다.

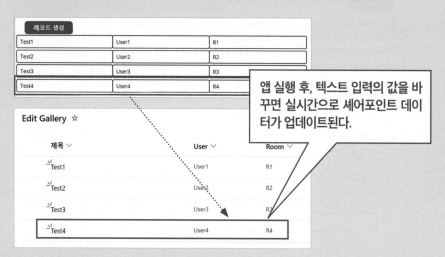

> 앱 실행 후, 텍스트 입력의 값을 바꾸면 실시간으로 셰어포인트 데이터가 업데이트된다.

09 갤러리의 편집, 보기 모드를 설정해 보자. 버튼 컨트롤 두 개를 생성하고 버튼 이름을 각 각 '수정', '보기'로 지정한다. 그런 다음, 갤러리의 위치와 버튼의 색, 테두리 반지름을 조 절하자.

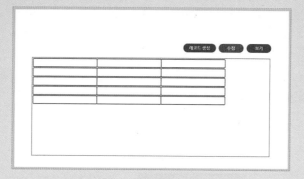

10 [수정] 버튼의 [OnSelect] 속성에 Set(Display, true) 명령을, [보기] 버튼의 [OnSelect] 속성에는 Set(Display, false) 명령을 입력한다.

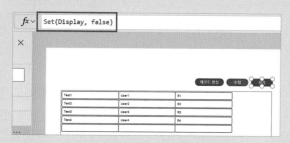

11 Gallery의 [DisplayMode] 속성에 If(Display, DisplayMode.Edit, DisplayMode. Disabled) 명령을 입력한다. [수정] 버튼을 누르면 Display(Set( )으로 선언한 변수 이름)가 true로 설정되어 디스플레이 모드가 '편집'으로, [보기] 버튼을 누르면 Display가 false로 설정되어 디스플레이 모드가 '사용 안 함'으로 정의된다.

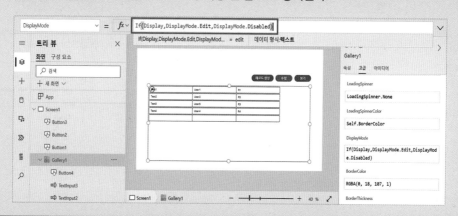

12 삭제 기능을 추가해 보자. 갤러리 첫 번째 행을 누른 상태로 버튼 컨트롤을 하나 추가
하고 이름을 '삭제'로 지정한다. [삭제] 버튼의 [OnSelect] 속성에 Remove('Edit
Gallery', Gallery1.Selected) 명령을 입력한다. 그러면 선택한 행의 데이터가
삭제된다. 그리고 [Visible] 속성에 If(ThisItem.IsSelected, true, false)
명령을 입력한다. 그러면 선택한 행에만 버튼이 표시된다.

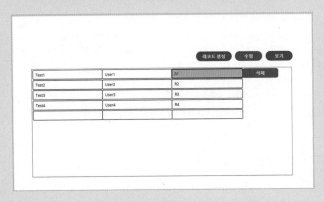

13 [저장] 버튼을 누르면 갤러리의 모든 레코드를 한 번에 저장하는 방법을 알아본
다. 앱 개체의 [OnStart] 이벤트는 앱이 실행됐을 때 발생하는 이벤트이다. 해
당 이벤트에 ClearCollect(Grid, 'Edit Gallery'); 명령을 입력한다.
ClearCollect( )를 통해 데이터 원본 'Edit Gallery'의 레코드를 가진 Grid 컬렉션이
생성된다.

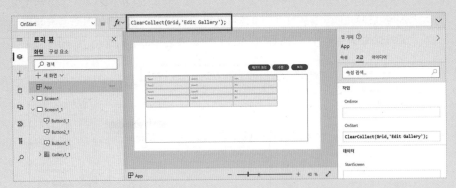

14 앱 개체의 메뉴에서 ① [OnStart 실행]을 작동한 후 ② 갤러리의 [Items] 속성을 컬렉션
Grid로 변경한다.

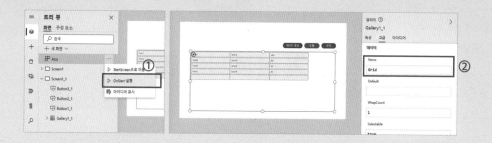

15 갤러리에 속한 텍스트 입력 컨트롤의 [OnChange] 속성을 수정한다. Patch( ) 명령의 원본 부분을 'Edit Gallery'에서 Grid로 변경하자. 텍스트 입력의 텍스트를 변경하면 컬렉션 Gird의 레코드 값이 업데이트된다.

16 버튼 컨트롤을 한 개 추가한다. 이름은 '저장'으로 지정하고 적절한 위치에 둔다. 그리고 [저장] 버튼의 [OnSelect] 속성에 Patch('Edit Gallery', Grid); ClearCollect(Grid, 'Edit Gallery'); 명령을 입력한다. 그러면 데이터 원본 'Edit Gallery'를 Grid 컬렉션의 데이터로 업데이트하고 다시 데이터를 복사한 Grid 컬렉션을 생성한다.

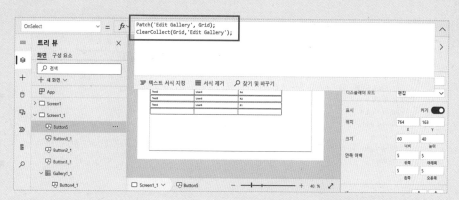

04

휴가 신청 화면 만들기

이번 절에서는 휴가 신청 상세 화면을 구현한다. 파워 앱스에서 생성한 화면은 상호 호출되므로 메인 화면과 휴가 신청 세부 화면은 서로 연결될 수 있도록 기능을 구현해야 한다. 해당 부분은 이후에 진행하도록 하고 이제부터 휴가 신청 화면을 만들어보자.

01 Main 화면에서 생성했던 휴가 신청 화면으로 이동하자. 먼저 화면의 헤더를 만들고자 상단 메뉴에서 [삽입] → [셰이프] → [사각형]을 선택하여 사각형 컨트롤을 추가한다. 사각형의 크기와 위치를 설정하기 전에 캔버스 앱의 전체 크기를 확인한다. 태블릿 유형 캔버스 앱의 좌우 넓이는 1,366픽셀이다. 사각형의 속성 중 열과 행 위치 속성 X와 Y는 '0'으로, 크기 속성의 너비와 높이는 '1366'과 '88'로 입력해준다. 해당 너비와 높이 값은 [스크롤 가능]을 선택해 만든 화면의 헤더 크기와 동일하다.

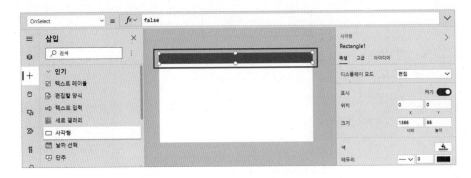

02 다음으로 상단 메뉴에서 [삽입] → [입력] → [편집할 양식]을 클릭하여 휴가 신청 화면에 폼(양식)을 생성하자. 폼은 데이터 레코드를 넣고 화면에 출력할 수 있도록 하는 컨트롤이다. 생성된 폼을 헤더 사각형을 제외한 화면 모든 영역의 크기에 맞게 조절하자.

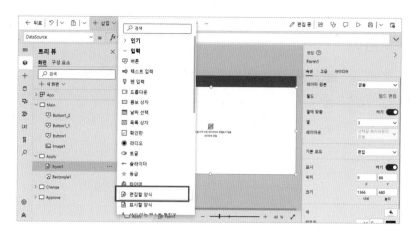

03 사용자가 휴가 신청 데이터를 생성하고 저장할 수 있도록 셰어포인트 목록 'Leave'를 폼 편집 컨트롤에 연결해야 한다. 왼쪽의 ① [데이터] 메뉴를 클릭하고 ② [+ 데이터 추가] 버튼을 누른다. ③ [연결선]에서 [SharePoint]를 클릭한 후에 ④ 오른쪽 팝업 화면에서 팀 사이트를 선택한다.

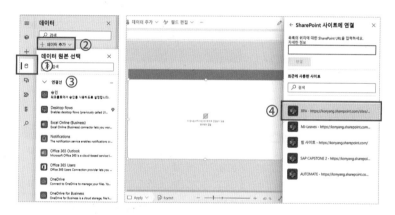

04 앞서 생성한 셰어포인트 목록 'Leave'와 'Employee'를 체크하고 [연결] 버튼을 누른다. 그러면 데이터로 'Leave'와 'Employee' 목록이 추가된 것을 확인할 수 있다.

05 폼 속성에서 목록 'Leave'를 선택하면 폼 안의 데이터 필드가 생성된다. 폼에 생성된 데이터는 3개의 열로 구성된다.

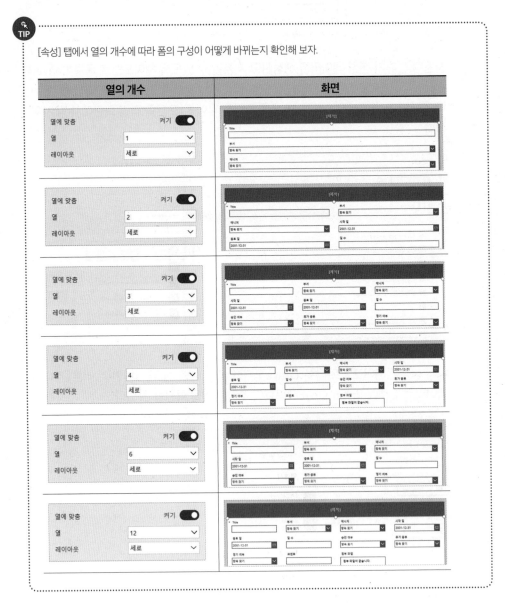

[속성] 탭에서 열의 개수에 따라 폼의 구성이 어떻게 바뀌는지 확인해 보자.

열의 개수	화면

오른쪽 속성 창에서 폼의 열을 1로, 레이아웃을 세로로 설정한다.

[세로 레이아웃일 때]　　　　　[가로 레이아웃일 때]

07

폼의 [속성] 탭에서 ① 필드의 [필드 편집]을 클릭하고 ② 필드 순서를 다음 그림과 같은 순서로 변경한다. 필드의 순서는 드래그 앤 드롭하여 조정할 수 있다.

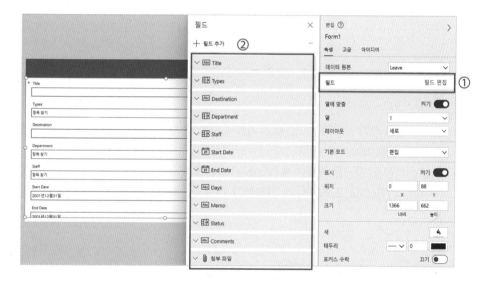

Main 화면으로 이동해서 [휴가신청] 버튼을 눌러보자. 휴가 신청 화면으로 이동은 되지만, 아직 폼을 생성해주지 않았기 때문에 데이터가 표시되지 않는다. Main 화면에서 [휴가신청] 버튼의 [OnSelect] 속성에 다음 명령을 입력한다.

수식	Navigate(Apply, Fade); ResetForm(Form1); NewForm(Form1);
설명	● 페이드 전환 효과와 함께 Apply 화면으로 이동한다. ● Form1의 내용을 초기화한다. ● 기본값으로 Form1 내용을 새로 채운다.

09 이제 [휴가신청] 버튼을 누르면 신규로 데이터를 입력할 수 있도록 폼 화면이 열린다.

10 현재 화면은 휴가 신청 화면이므로 휴가를 승인할 때 사용할 Status와 Comments 필드는 보이지 않게 설정해야 한다. 먼저 Comments 데이터 카드부터 수정하자. Comments 데이터 카드를 선택한 뒤 잠금을 해제한 후 [Visible] 속성을 `true`에서 `false`로 변경한다. 마찬가지로 Status의 [Visible]도 `false`로 변경한다. 해당하는 데이터 카드가 보이지 않는 것을 확인할 수 있다.

Visible	Visible
true	false

[변경 전]   [변경 후]

11 첨부 파일 필드는 휴가 타입(Types 필드)이 병가일 때만 조회되어야 한다. 즉, 첨부 파일 필드의 [Visible] 속성은 휴가 타입인 Types 값에 따라 바뀌어야 한다. 첨부 파일 필드의 [Visible] 속성에 다음 수식을 입력한다. 수식에서 DataCardValue2는 Types의 DataCardValue를 의미한다.

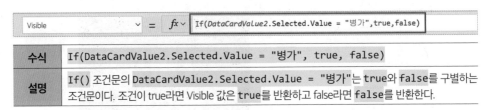

수식	If(DataCardValue2.Selected.Value = "병가", true, false)
설명	If() 조건문의 `DataCardValue2.Selected.Value = "병가"`는 `true`와 `false`를 구별하는 조건문이다. 조건이 true라면 Visible 값은 `true`를 반환하고 false라면 `false`를 반환한다.

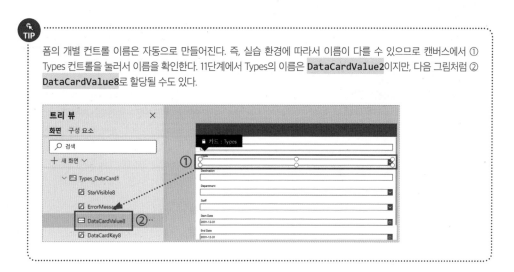

폼의 개별 컨트롤 이름은 자동으로 만들어진다. 즉, 실습 환경에 따라서 이름이 다를 수 있으므로 캔버스에서 ① Types 컨트롤을 눌러서 이름을 확인한다. 11단계에서 Types의 이름은 **DataCardValue2**이지만, 다음 그림처럼 ② **DataCardValue8**로 할당될 수도 있다.

12 Start Date와 End Date는 오늘 날짜가 기본으로 설정되도록 [DefaultDate] 속성에 **Today( )** 명령을 입력한다.

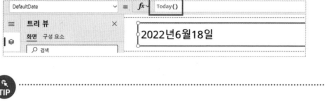

파워 앱스의 날짜 선택 컨트롤에서 표준 시간대를 변경할 수 있다.

DateTimeZone 속성을 통해 설정된 시간대 혹은 UTC(협정 세계시)로 설정할 수 있다.

13 Days 필드는 휴가 시작 일과 종료 일의 값을 계산하여 휴가 기간을 보여주는 항목이다. Start Date와 End Date의 DataCareValue를 확인한 후 Days의 DataCardValue를 선택하고 [Default] 속성에 다음 명령을 입력한다.

수식	DateDiff(DataCardValue6.SelectedDate, DataCardValue7.SelectedDate) + 1
설명	DateDiff() 명령은 두 항목의 날짜 차이를 계산하는 함수이다. DataCardValue6.SelectedDate 는 DateDiff() 명령의 연산 시작 날짜이다. DataCardValue7.SelectedDate는 DateDiff() 명령의 연산 종료 날짜이다. 날짜 간 차이를 계산하므로, 마지막에 + 1을 넣어 1을 더해야 한다.

14 Days 필드에 기본값이 입력된 것을 확인할 수 있다.

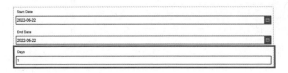

15 Days 필드는 편집할 수 없게 변경한다. Days의 DataCard를 선택하고 [DisplayMode] 속성을 `DisplayMode.Disabled`로 바꾸어 주자.

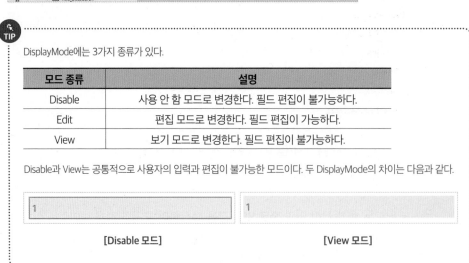

DisplayMode에는 3가지 종류가 있다.

모드 종류	설명
Disable	사용 안 함 모드로 변경한다. 필드 편집이 불가능하다.
Edit	편집 모드로 변경한다. 필드 편집이 가능하다.
View	보기 모드로 변경한다. 필드 편집이 불가능하다.

Disable과 View는 공통적으로 사용자의 입력과 편집이 불가능한 모드이다. 두 DisplayMode의 차이는 다음과 같다.

[Disable 모드] [View 모드]

트리 뷰의 부모와 자식 관계

트리 뷰에서 계층 구조로 이루어진 데이터 카드와 개별 컨트롤은 부모(Parent)와 자식(Child)이라는 관계가 있다. 즉, 다음 그림과 같이 실제 휴가 기간을 저장한 텍스트 입력 컨트롤(DataCardValue8)과 데이터 카드 (Days_DataCard1)는 종속성을 가지는 부모와 자식 관계이다.

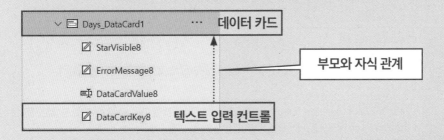

자식인 텍스트 입력 컨트롤의 [DisplayMode] 속성에서 `Parent.DisplayMode`라고 입력되어 있는 것은 Parent(부모)인 데이터 카드의 `.DisplayMode` 속성을 그대로 상속받겠다는 뜻이다. 즉, 15단계에서 부모의 [DisplayMode]를 `Disabled`로 설정했기 때문에 자식인 텍스트 입력 컨트롤도 비활성화된 것이다. 이 관계는 화면에 포함된 하위 컨트롤에도 마찬가지로 적용된다.

16 선택한 부서의 소속 직원만 조회되도록 해 보자. Department 텍스트 입력 컨트롤을 선택하고, [OnChange] 속성에 선택된 부서(Department)의 승인자만 컬렉션에 저장되도록 `Filter( )` 명령을 적용한다.

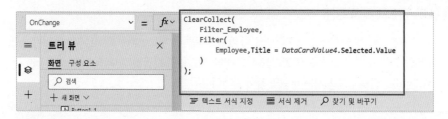

수식	`ClearCollect(`
	`    Filter_Employee,`
	`    Filter( Employee, Title = DataCardValue4.Selected.Value )`
	`);`

설명	`ClearCollect()`는 Filter_Employee의 모든 레코드를 삭제한 다음 `Filter()`로 분류한 새로운 Filter_Employee 레코드를 가져오는 명령이다. `Employee, Title = DataCardValue4.Selected.Value`는 `Title`과 `DataCardValue4.Selected.Value`의 값이 동일한 레코드만 가져온다는 뜻이다.

17 앱을 실행한 후 Department의 콤보 상자에서 HR을 선택한다. 그리고 상단 메뉴의 [열기] → [컬렉션]에서 데이터를 확인해 보자. HR 부서에 소속된 직원만 컬렉션에 저장된 것을 확인할 수 있다. Filter_Employee 컬렉션의 레코드에 Staff 데이터가 바로 보이지 않고 표 아이콘 ▦이 나타나는 이유는 Staff 열은 여러 칼럼 정보를 가지고 있기 때문이다. 즉, Staff 열은 개인 또는 그룹 유형이고 해당 유형은 메일 주소와 이름 등의 여러 가지 열로 이루어진 구조체 데이터이기 때문이다. Staff에 저장된 직원 정보를 확인하고자 표 아이콘을 눌러보자.

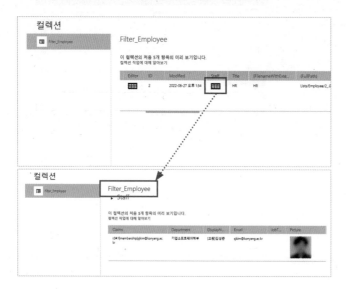

18	16단계에서 만든 Filter_Employee 컬렉션에서 부서에 소속된 직원 데이터만 담을 새로운 컬렉션을 생성하자. Department의 [OnChange] 속성에 다음 명령을 추가한다.

| 수식 | ```
ForAll(
    Filter_Employee,
    Collect(
        This_Staff,
        {
            Value: Staff.DisplayName,
            DisplayName: Staff.DisplayName,
            Email: Staff.Email,
            Picture: Staff.Picture,
            Claims: Staff.Claims,
            Department: Staff.Department,
            JobTitle: Staff.JobTitle
        }
    )
)
``` |
|---|---|
| 설명 | ForAll()은 지정된 레코드의 모든 항목에 대해서 계산 값을 반환하는 명령이다. Filter_Employee에 있는 레코드에서 **Collect()** 명령으로 This_Staff 항목을 생성한다. 해당 항목의 값에는 Value, DisplayName, Email, Picture, Claims, Department, JobTitle을 포함한다. |

19   This_Staff 컬렉션에는 선택한 부서에 소속된 직원 정보가 표시된다.

20   Department 필드를 새로 선택할 때마다 매니저 필드와 This_Staff 컬렉션을 초기화하고자 Department의 [OnChange] 속성 가장 위에 다음 명령을 추가한다.

| 수식 | ```
Clear(This_Staff);
Reset(DataCardValue5);
``` |
|---|---|
| 설명 | • This_Staff 컬렉션을 초기화한다.
• DataCardValue5의 콤보 상자를 초기화한다. DataCardValue5는 Staff의 DataCardValue이다. |

21 Staff 콤보 상자에 선택한 부서의 직원만 나타나도록 [Items] 속성에 `This_Staff`를 입력하자. 선택한 부서에 따라 직원 항목이 변경되는 것을 확인할 수 있다.

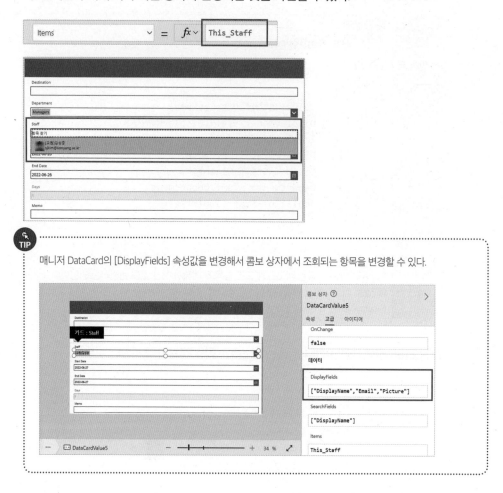

TIP

매니저 DataCard의 [DisplayFields] 속성값을 변경해서 콤보 상자에서 조회되는 항목을 변경할 수 있다.

22 폼의 크기를 적절히 조정해주고 버튼 컨트롤을 두 개 추가하자. 버튼의 텍스트는 각각 '저장'과 '취소'로 설정하고 크기와 색상을 원하는 색으로 변경한다.

23 폼에 입력한 정보를 저장하고자 [저장] 버튼의 [OnSelect] 속성에 `SubmitForm( )` 명령을 입력한다.

수식	SubmitForm(Form1)
설명	Form1의 정보를 저장한다.

24 폼 저장을 완료했을 때 알림이 표시되도록 폼의 [OnSuccess] 속성에 다음 명령을 입력한다.

수식	Notify(
	    "작업이 성공적으로 완료되었습니다...",
	     NotificationType.Success
	);
	Navigate(Main);

설명	● Form 저장을 완료했다면 **"작업이 성공적으로 완료되었습니다..."** 메시지를 Success Type으로 출력한다. ● Main 화면으로 이동한다.

25 폼에 데이터를 입력한 뒤 [저장] 버튼을 눌러보자. **"작업이 성공적으로 완료되었습니다..."** 라는 성공 메시지가 화면 위쪽에 출력되는 것을 확인할 수 있다.

26 셰어포인트 목록에 신청 내역이 성공적으로 저장됐는지 확인해 보자. 앞서 생성한 데이터가 성공적으로 목록에 저장되었다.

27 [취소] 버튼의 [OnSelect] 속성에 다음 명령을 입력한다. [취소] 버튼을 누르면 해당 폼을 초기화하고 이전 화면으로 이동한다.

수식	ResetForm(Form1); Back( );
설명	• ResetForm()은 Form을 다시 초깃값으로 설정해주는 명령이다. Form1은 Reset을 진행할 Form을 뜻한다. • Back() 명령은 이전 화면으로 이동한다.

28 휴가 신청 화면의 레이아웃을 수정하자. 화면 위에 있는 사각형의 색을 각자 사용할 로고의 배경색과 어울리는 색으로 바꿔주고 회사 로고 이미지를 추가한다.

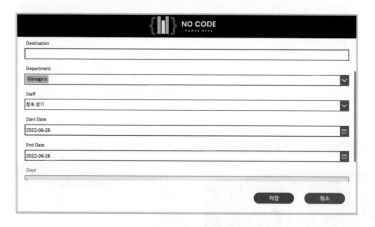

29 Main 화면으로 이동하는 홈 아이콘 🏠과 현재 화면을 리셋해주는 새로 고침 아이콘 ↻을 추가한다. 홈 아이콘의 [OnSelect] 속성에 `Navigate(Main,ScreenTransition.Cover)` 명령을 입력하고, 새로 고침 아이콘의 [OnSelect] 속성에는 `ResetForm(Form1); NewForm(Form1)`을 입력한다.

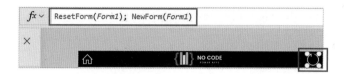

30 마지막으로 화면 레이아웃을 수정한다. 폼의 열에 맞춤 속성을 '끄기'로 변경한다.

31 각 데이터 카드의 X와 Y 속성을 수정하자. 데이터 카드에서 X와 Y 속성은 각각 0부터 시작하는 열과 행을 뜻한다. 먼저 Types, Destination 데이터 카드의 너비를 '683'으로 수정한다.

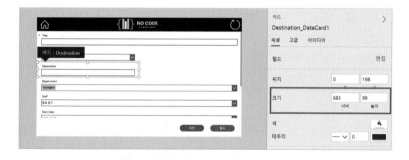

32 Destination 데이터 카드의 X, Y 속성을 다음 그림과 같이 모두 1로 변경한다.

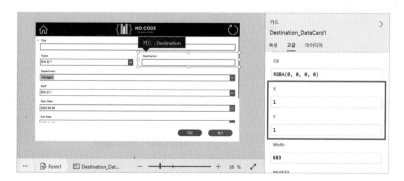

33 다음 표를 참고해서 데이터 카드의 X, Y, 너비, 높이 값을 수정하자.

데이터 카드 이름	X	Y	너비	높이
Title	0	0	1366	99
Types	0	1	683	99
Destination	1	1	683	99
Department	0	2	683	99
Staff	1	2	683	99
Start Date	0	3	455	99
End Date	1	3	455	99
Days	2	3	455	99
Memo	0	4	1366	150

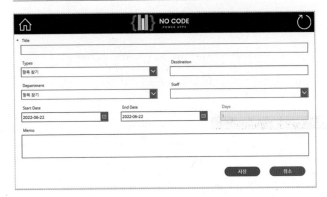

34 다음 그림을 참고해서 DataCardKey 텍스트를 수정한다. 글꼴 두께는 '굵게'로 설정한다.

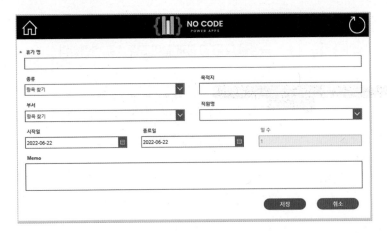

더미 데이터 카드를 통한 폼 정렬

휴가 신청 화면 생성 예제에서 실습한 X, Y 속성 정렬이 아닌, 더미 데이터 카드를 이용하는 방법을 통해서
도 폼을 정렬할 수 있다.

01 폼 속성 중 필드의 ① [필드 편집]을 선택한 후 ② [사용자 지정 카드 추가] 메뉴를 눌러
더미 데이터 카드 4개를 생성한다.

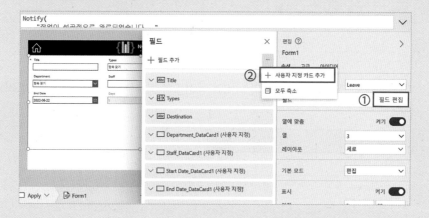

02 생성한 더미 데이터 카드의 필드 순서를 수정한다. 다음 그림을 참고하여 Title 뒤에 2개,
Destination 뒤에 1개, Staff 뒤에 1개를 배치하고 열에 맞춤 속성을 '끄기'로 변경한다.

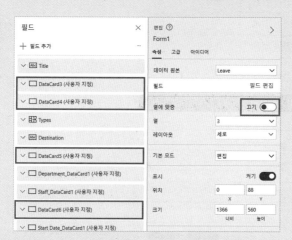

03 더미 데이터 카드의 너비와 높이를 0으로 수정한다.

04 다음 표를 참고로 데이터 카드의 너비와 높이를 수정하면 다음 그림과 같이 폼이 정렬
된다.

데이터 카드 이름	너비	높이
Title	1366	99
Types	683	99
Destination	683	99
Department	683	99
Staff	683	99
Start Date	변동 없음	99
End Date	변동 없음	99
Days	변동 없음	99
Memo	1366	150

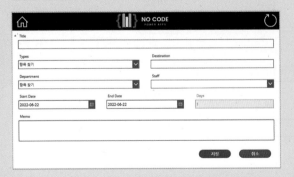

휴가 변경 화면 만들기

앱의 기본 기능에는 생성된 데이터를 변경하거나 삭제하는 기능이 제공되어야 한다. 이번에는 휴가 정보를 변경하는 Change(휴가 변경) 화면을 만들어 보자. 단계가 많으므로 천천히 하나씩 따라해 보자.

01 휴가 변경 화면은 두 개의 데이터 카드로 영역을 나눈다. 컨트롤을 추가하기에 앞서 화면 왼쪽 아래 [+ 섹션 추가]를 선택해서 데이터 카드를 추가한다.

02 DataCard1(기존 데이터 카드)의 높이를 100으로 수정하고 [Fill] 속성에는 `RGBA(229, 234, 243, 1)`를 입력한다. DataCard7(새로운 데이터 카드)의 Y를 100, 높이를 `Parent.Height - 100`으로 수정한다.

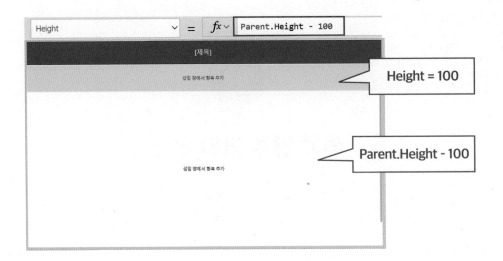

03 휴가 변경 화면은 갤러리 컨트롤을 이용한다. 상단 메뉴에서 [삽입] → [갤러리] → [세로(비어 있음)]을 선택해 추가해 보자.

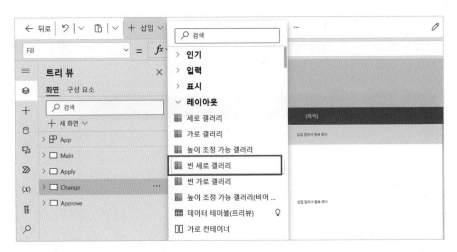

TIP

생성된 갤러리는 데이터 카드 하위에 포함되지 않는다. 마우스 오른쪽 버튼을 클릭하고 [잘라내기] → [붙여넣기] 메뉴로 데이터 카드 하위로 편성해야 한다.

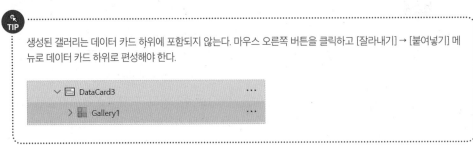

04 갤러리 크기를 화면에 비례해서 적절하게 변경하고 셰어포인트 목록의 Leave 데이터를 지정해주자. 그리고 갤러리의 왼쪽 상단 갤러리 편집 아이콘(✐)을 클릭하여 편집 모드로 들어간다.

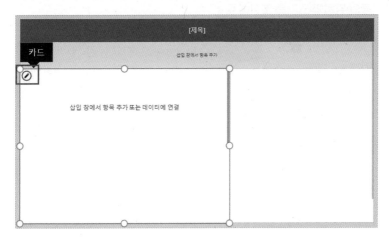

05 갤러리의 위쪽 영역 첫 번째 행을 클릭한(선택한) 상태에서 상단 메뉴의 [삽입] → [입력] → [표시할 양식]을 선택하여 컨트롤 3개를 생성한다. 갤러리에 레이블이 추가되면 다음과 같이 자동으로 셰어포인트 목록에 있는 데이터가 조회된다.

06 레이블에 표시되는 데이터 정보를 수정하자. 필드 편집을 통해 Label2에는 Staff의 DisplayName, Label3에는 Status의 Value로 설정한다.

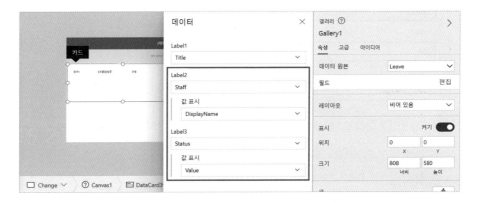

07 Title 데이터가 저장된 첫 번째 레이블을 선택하자. 모든 레이블(칼럼)의 위치를 Title의 위치와 동일하게 설정하려고 한다. 즉, Title 레이블이 다른 모든 레이블의 위치를 선정하는 기준이 된다. Title 레이블의 위치와 크기를 조절해주자.

08 Title 레이블 위치 속성 X와 Y를 0으로 설정하면 갤러리의 왼쪽 위에 위치하게 된다.

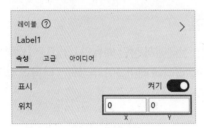

09 다음으로 Staff 레이블의 [고급] 탭으로 이동해 X, Y 위치와 높이를 조절해주자. 레이블의 해당 속성에 다음 명령을 입력한다.

① Staff의 X 속성은 Label1의 X 좌표 값 + 너비를 따라간다.

수식	`Label1.X + Label1.Width`
설명	Label1의 X 값과 Width 값을 더한 값으로 설정한다.

② Staff의 Y 속성은 Label1의 Y 좌표 값을 따라간다.

수식	`Label1.Y`
설명	Label1의 Y 값으로 설정한다.

③ Staff 레이블의 너비는 250으로 지정한다.

④ 그림Staff의 높이 속성은 Label1의 높이(Height) 값을 따라간다.

수식	`Label1.Height`
설명	Label1의 Height 값으로 설정한다.

10 Status 레이블은 다음 그림의 오른쪽과 같이 설정한다. 모든 설정을 마치고 나면 다음 그림의 왼쪽과 같이 정렬된다.

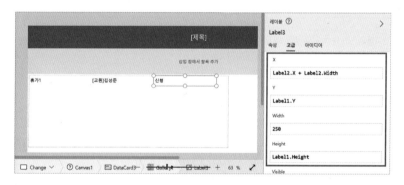

11 갤러리의 크기를 조절해서 헤더 데이터가 들어갈 공간을 만들고 레이블 3개를 생성해 갤러리에 추가된 열에 맞게 위치를 잡아 준다.

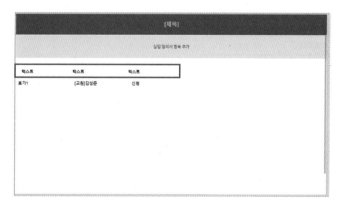

12 기존 갤러리에 속한 레이블의 X, 너비 값을 헤더에 속하는 레이블에 넣어준다. X 속성에 값을 넣을 때는 갤러리의 X + 레이블의 X로 넣는다.

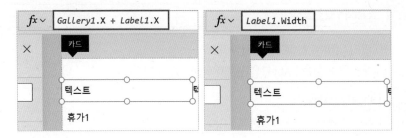

13 헤더를 구성하는 다른 레이블도 12단계와 같이 자신의 행에 해당하는 갤러리 레이블의 X(갤러리 X + 레이블 X)와 너비 값을 받아 오도록 하자. Y와 높이 값은 첫 번째 헤더 레이블의 값을 넣어준다.

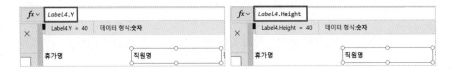

> **TIP**
> 첫 번째 레이블의 Y와 높이 값을 넣는 이유는 정렬의 편의성 때문이다. 레이블의 위치를 옮기고 싶을 때, 첫 번째 레이블을 옮기면 다른 레이블의 위치도 자동으로 맞춰진다.

14 헤더 레이블의 이름을 다음과 같이 설정한 뒤, 구성하는 모든 레이블을 선택하고 색을 변경하자. 글자 색은 흰색, 바탕 색은 원하는 대로 선택한다. 글꼴 크기는 17, 글꼴 굵기는 굵게, 그리고 모든 레이블(갤러리 레이블 포함)의 정렬을 가운데 정렬로 바꾼다.

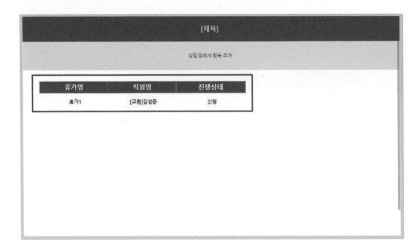

TIP

헤더 레이블 사이에 흰색 줄로 포인트를 주고 싶다면 테두리를 추가하면 된다. 속성의 [테두리]에서 선 종류는 실선으로, 굵기는 1로, 색은 흰색으로 설정한다.

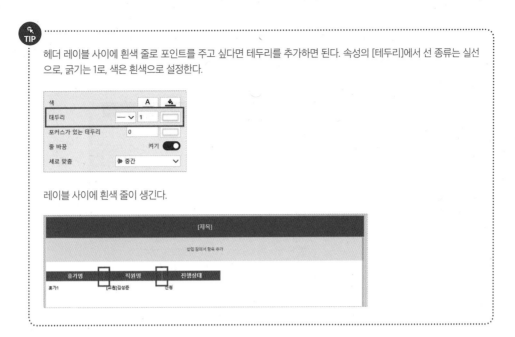

레이블 사이에 흰색 줄이 생긴다.

---

15 이제 갤러리 오른쪽에 상세 정보 창을 만들자. 데이터 카드 안에 사각형을 추가하고 위치를 조절한다. 사각형의 너비는 480으로, [Fill] 속성에는 **RGBA(244, 247, 251, 1)**을 입력한다. 원하는 색상의 RGBA 값을 입력해도 좋다.

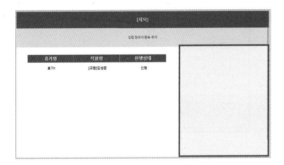

16 데이터 카드를 선택한 상태로 상단 메뉴에서 [입력] → [컨테이너]를 선택하여 추가한다. 사각형 크기와 동일하게 조절한다.

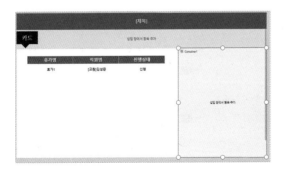

17 상세 정보를 보여줄 폼을 추가하자. 상단 메뉴에서 [삽입] → [폼] → [표시]를 선택하여 컨트롤을 추가한다. 마우스 오른쪽 클릭한 다음, [잘라내기] → [붙여넣기]하여 컨테이너 아래로 소속되게 한다.

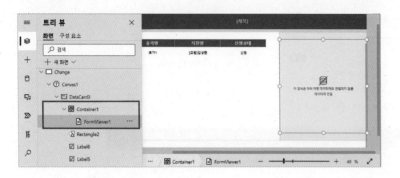

18 폼에 목록 Leave를 연결하고, 열은 1열, 레이아웃은 가로로 설정한 뒤, 폼의 [Item] 속성에 **Gallery1.Selected**를 입력한다. 그러면 폼에 갤러리 아이템 정보가 출력되는 것을 확인할 수 있다.

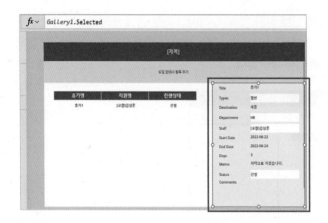

19 Comments 필드는 후에 HTML 형식으로 저장될 것이다. 폼의 필드 편집을 통해 Comments 데이터 카드의 컨트롤 형식을 [서식 있는 텍스트 보기]로 변경한다.

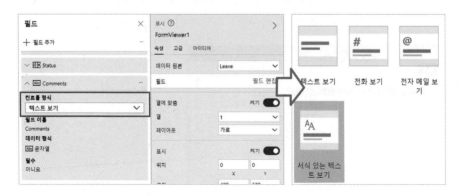

20 폼의 DataCardKey의 Text를 다음 그림과 같이 수정하고 글꼴 두께를 '굵게'로 변경한다.

21 편집 폼에서 텍스트 입력인 필드는 표시 폼에서 레이블로 생성된다. 콤보 상자는 편집 폼과 동일하게 생성된다. 텍스트 입력, 콤보 상자와 같이 입력과 선택이 가능한 필드는 View 모드일 때 흰색 필드로 채워진다. 콤보 상자의 [Fill] 속성을 RGBA(0, 0, 0, 0)로 수정하자.

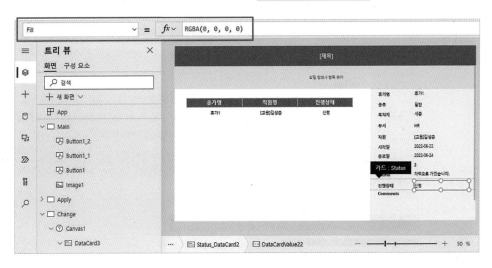

갤러리를 이용해 폼처럼 상세 정보 조회하기

갤러리를 이용해서 폼처럼 상세 정보 영역을 구현할 수 있다.

01 상단 메뉴에서 [삽입] → [레이아웃] → [빈 세로 갤러리]를 선택하여 추가한다. 데이터 카드에 소속되도록 변경한 다음, 사각형을 덮는 모양으로 크기를 조절한다.

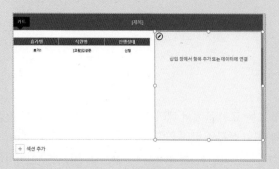

02 갤러리 편집을 통해 레이블 컨트롤 두 개를 추가하고 왼쪽 갤러리의 데이터가 들어가도록 갤러리 [Item] 속성에 다음 명령을 입력한다.

수식	```Table({ Head: "휴가종류", Value: Gallery1.Selected.Types.Value }, { Head: "부서", Value: Gallery1.Selected.Department.Value }, { Head: "목적지", Value: Gallery1.Selected.Destination })```
설명	`Table()` 명령으로 테이블 형식의 레코드를 작성한다. 중괄호 안에 있는 `Head`와 `Value` 데이터가 하나의 행이 된다.

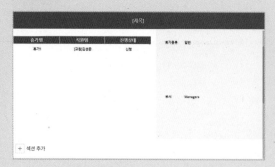

03 갤러리 편집 아이콘 ⊘ 을 클릭하고 갤러리 목록 간 공간을 조절한다.

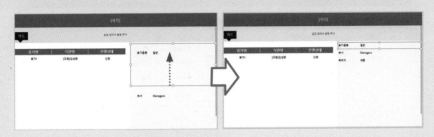

04 갤러리의 크기를 조절한 뒤 데이터 카드에 레이블 컨트롤 7개를 추가하고 다음 그림과
같이 배치한다.

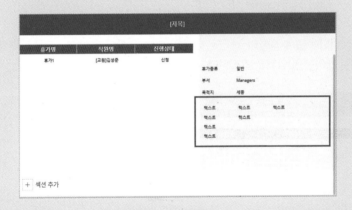

05 레이블의 [Text] 속성에 다음 표에 해당하는 값을 입력한다.

Label	[Text] 속성
Label9	`Gallery1.Selected.'Start Date'`
Label10	`"~"`
Label11	`Gallery1.Selected.'End Date'`
Label12	`Gallery1.Selected.Days`
Label13	`"일"`
Label14	`"Memo"`
Label15	`Gallery1.Selected.Memo`

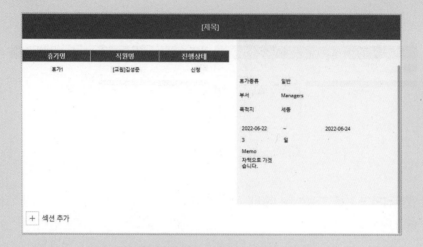

06 상세 정보의 레이아웃을 수정한다. 헤더로 쓸 레이블의 글꼴 크기를 15, 글꼴 두께를 '굵게'로 설정한 뒤 레이블의 위치를 조절한다.

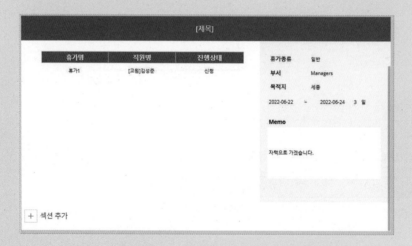

22 폼의 크기를 적절히 조절하고 컨테이너에 편집 아이콘을 추가한다. 크기와 색상을 조절하고 [OnSelect] 속성에 다음과 같은 `EditForm( )` 명령을 입력한다.

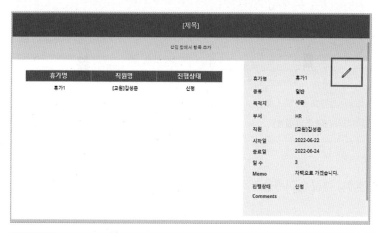

수식	``` EditForm(Form1); Navigate(Apply, ScreenTransition.Cover, {SelectedItem: Gallery1.Selected}) ```
설명	`EditForm( )`은 Form을 Edit 모드로 바꾸는 명령이다. Form1은 Edit 모드로 전환할 Form을 의미한다. `Navigate( )` 명령에서 세 번째 인수인 `{SelectedItem: Gallery1.Selected}` 구문은 컨텍스트 변수(`SelectedItem`)를 업데이트하면서 다른 화면에 전달한다.

23 휴가 신청 화면으로 이동해서 폼의 [Item] 속성에 22단계에서 전달한 변수 `SelectedItem`을 입력한다.

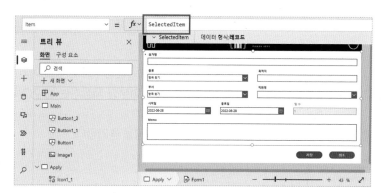

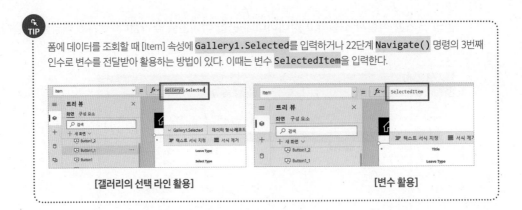

TIP
폼에 데이터를 조회할 때 [Item] 속성에 `Gallery1.Selected`를 입력하거나 22단계 `Navigate()` 명령의 3번째 인수로 변수를 전달받아 활용하는 방법이 있다. 이때는 변수 `SelectedItem`을 입력한다.

[갤러리의 선택 라인 활용]　　　　　　　　[변수 활용]

24 휴가 변경 화면에서 편집 아이콘을 누르면 폼에 갤러리의 데이터가 들어간다.

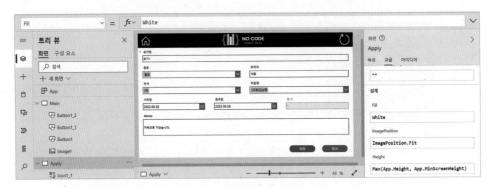

25 Default 값이 설정된 시작일과 종료일에는 오늘 날짜가 기본으로 표시된다. 사용자가 입력한 실제 데이터를 조회하도록 다음 단계에서 설정해 보자.

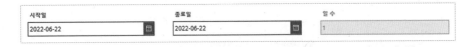

26 휴가 신청을 할 때는 시작일과 종료일에 오늘 날짜가 기본으로 설정되도록 하고 이외는 목록에 저장된 날짜를 표시해야 한다. `Set()` 명령으로 휴가 신청 여부를 저장하는 변수(`Date`)를 만들자.
Main 화면에서 휴가 신청 버튼 [OnSelect] 속성에 다음 명령을 추가한다.

```
Navigate(Apply,Fade);
ResetForm(Form1);
NewForm(Form1);
Set(Date,true);
```
≡ 텍스트 서식 지정　　≡ 서식 제거　　🔍 찾기 및 바꾸기

수식	Set(Date, true);
설명	Set() 명령을 이용해 Date 변숫값을 true로 설정한다.

27 휴가 신청 화면에서 Start Date와 End Date의 [DefaultDate] 속성에 다음 명령을 입력한다.

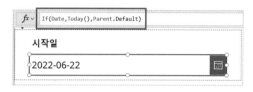

수식	If(Date, Today( ), Parent.Default)
설명	If() 조건문을 이용하여 Date의 값이 true일 때(휴가 신청)에는 Today() 명령을, 이외 false일 경우에는 목록에 저장된 Parent.Default 일자를 설정한다.

28 휴가 변경 화면에서 편집 아이콘 [OnSelect] 속성에 Set(Date, false); 명령을 추가한다.

```
EditForm(Form1);
Navigate(
    Apply,
    Cover,
    {SelectedItem: Gallery1.Selected}
);
Set(Date,false);
```
≡▤ 텍스트 서식 지정   ≣ 서식 제거   🔎 찾기 및 바꾸기

29 휴가 변경(Change) 화면에서 변경 버튼을 눌러 확인해 보자. 선택한 데이터의 시작일과 종료일이 목록에 저장된 값으로 표시되는 것을 확인할 수 있다.

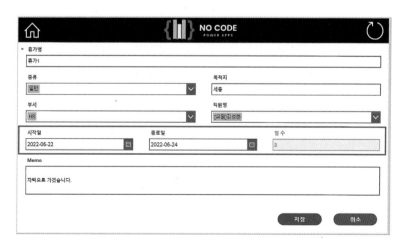

30 데이터를 삭제하는 기능을 추가해 보자. 컨테이너에 휴지통 아이콘 🗑을 추가하고 편집 아이콘 오른쪽에 배치한다. 휴지통 아이콘의 [OnSelect] 속성에는 다음 Remove( ) 명령을 입력한다.

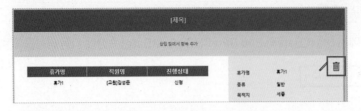

수식	Remove('Leave', Gallery1.Selected);
설명	Remove( )는 데이터 원본에서 특정 레코드를 제거하는 명령이다. 데이터 원본 'Leave'에서 갤러리 선택 값(Gallery1.Selected)을 삭제한다.

31 휴가 신청 화면에서 새로운 데이터를 하나 더 생성하자. 휴가 변경 화면으로 이동하면 데이터 가 추가된 것을 확인할 수 있다.

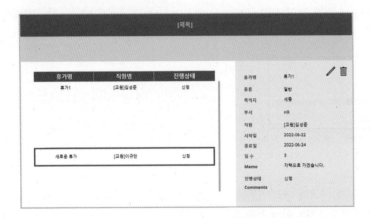

32 갤러리 편집 아이콘을 클릭하고 갤러리 라인 공간을 조절한다.

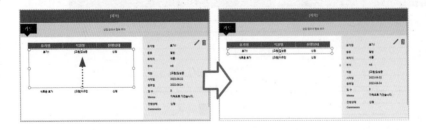

33 휴가 신청 화면에서 했던 레이아웃 수정 과정을 진행하자. 헤더를 이루는 사각형 색을 검정색 으로 변경하고 로고 이미지와 홈, 다시 로드 아이콘을 추가한다.

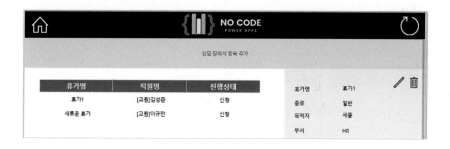

34 검색 기능을 구현하기 전에 컬렉션을 생성한다. Change 화면을 선택하고 [OnVisible] 속성에 다음 명령을 입력한다. 그러면 모든 데이터를 추가한 컬렉션이 만들어진다.

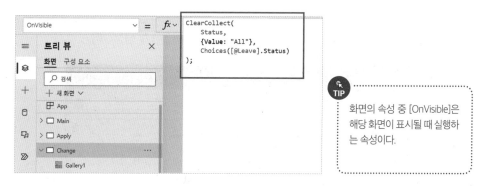

> **TIP** 화면의 속성 중 [OnVisible]은 해당 화면이 표시될 때 실행하는 속성이다.

수식	```ClearCollect(
	    Status,
	    {Value: "All"},
	    Choices([@Leave].Status)
	);```

설명	ClearCollect() 명령을 통해 Status에 모든 데이터를 추가한 컬렉션을 생성한다. 만약, 데이터 원본의 열 이름에 공백이 있다면 'Start Date'와 같이 작은따옴표로 감싸야 한다.

> **TIP**
> 함수를 작성할 때 데이터 원본을 다음과 같은 구문으로 지정할 수도 있다.
>
> **[@데이터_원본]**
>
> 해당 데이터 원본은 전역 데이터를 의미하며 같은 이름의 지역 데이터와 구별하고자 사용한다.

35 컬렉션 생성이 완료되었다. 다음과 같이 [All](컬렉션의 나머지 값을 의미)이 추가된 것을 확인할 수 있다.

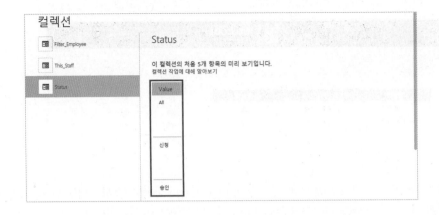

36 데이터 검색 기능을 추가하자. DataCard1에 텍스트 입력 컨트롤 두 개를 생성하고 상단 메뉴에서 [삽입] → [입력] → [드롭다운]을 선택하여 컨트롤을 1개 생성한다.

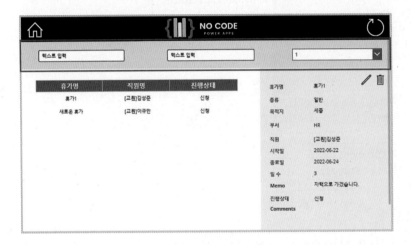

37 텍스트 입력 컨트롤 2개는 각각 휴가명과 직원명을 검색하는 용도이다. 두 텍스트 입력 기본값을 지우고 첫 번째 텍스트 입력의 힌트 텍스트에는 '휴가 검색', 두 번째 텍스트 입력에는 '직원 검색'을 입력한다.

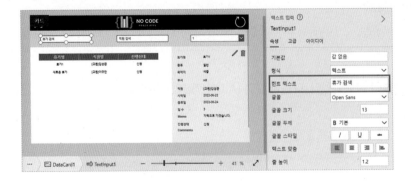

<table>
<tr><td>38</td><td></td><td>드롭다운의 기본 값을 지워 주고 [Items] 속성에 34 단계에서 설정한 컬렉션 <code>Status.Value</code>를 입력하자.</td></tr>
</table>

<table>
<tr><td>39</td><td></td><td>모든 드롭다운의 [Items] 속성 설정을 마치면 다음과 같이 All이 기본값으로 조회되는 것을 확인할 수 있다.</td></tr>
</table>

<table>
<tr><td>40</td><td>

```
fx ∨   Filter(
           Leave,
           Substitute(
               Dropdown1.SelectedText.Value,
               "All",
               ""
           ) in Status.Value,
           TextInput1.Text in Title,
           TextInput2.Text in Staff.DisplayName
       )
```

≡ 텍스트 서식 지정   ≣ 서식 제거   𝒫 찾기 및 바꾸기
</td><td>갤러리의 [Items] 속성에 다음 수식을 입력한다.</td></tr>
</table>

수식	```Filter(
	    Leave,
	    Substitute(Dropdown1.SelectedText.Value, "All", "") in Status.Value,
	    TextInput1.Text in Title,
	    TextInput2.Text in Staff.DisplayName
	)```

설명	Filter() 명령을 통해 조건에 해당하는 레코드를 반환한다. Leave는 검색할 테이블이다. Substitute()는 특정 데이터의 값을 바꾸는 명령이다. 드롭다운의 값(Value) 중 "All"은 ""(공백) 값으로 바꿔서 표시하게 된다. in은 특정 레코드 값에서 데이터를 검색한다는 의미이다.

41 텍스트 입력과 드롭다운의 너비를 270으로 변경하고 레이블이 들어갈 공간을 만들자. 텍스트 입력과 드롭다운 앞에 레이블을 추가하고 다음 그림과 같이 텍스트를 입력하자. 레이블의 글꼴 두께는 '굵게', 글꼴 크기는 '15'로 설정한다.

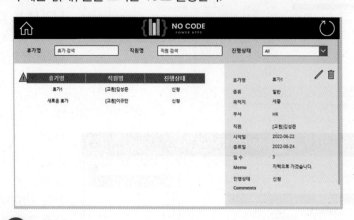

TIP

41단계에서 ⚠️위임 경고 아이콘이 조회되는 이유를 알아보자. 파워 앱스는 로컬(개인 PC, 개인 모바일 디바이스)에서 데이터를 가져와 처리하는 방식이다. Filter 명령어를 이용하면, 셰어포인트 목록에서 필터 조건에 해당하는 데이터를 가져올 때 데이터 원본인 목록에서 먼저 필터링한 후에 로컬에 데이터를 가져온다. 이러한 방식을 위임(Delegation)이라고 한다. 그런데, Filter 명령어에 in 연산자를 사용하면 위임되지 않기 때문에 경고 표시가 조회된다. 데이터 원본에 위임하지 않는다는 것은 데이터를 로컬에 모두 가져온 후에 로컬에서 계산한다는 것이고, 이것은 네트워크를 통해서 데이터를 가져오기 때문에 성능 문제가 발생할 여지가 있다는 것이다. In 연산자 대신에 Startswith 명령어로 변경하여 입력하면, 위임 경고가 사라진다.

```
If(
    Dropdown1.SelectedText.Value = "All",
    Filter(
        Leave,
        StartsWith(Title, TextInput1.Text),
        StartsWith(Staff.DisplayName, TextInput2.Text)
    ),
    Filter(
        Leave,
        Status.Value = Dropdown1.SelectedText.Value,
        StartsWith(Title, TextInput1.Text),
        StartsWith(Staff.DisplayName, TextInput2.Text)
    )
)
```

```
fx ∨    If(
            Dropdown1.SelectedText.Value = "All",
            Filter(
                Leave,
                StartsWith(Title, TextInput1.Text),
                StartsWith(Staff.DisplayName, TextInput2.Text)
            ),
```

🏠

카드 ∨

≡ 텍스트 서식 지정   ≡ 서식 제거   🔍 찾기 및 바꾸기

휴가명	직원명	진행상태
🖉		

42 새로 고침 아이콘 ⟳의 [OnSelect] 속성에 다음 명령을 입력한다. 새로 고침 아이콘을 클릭하면 텍스트 입력과 드롭다운에 입력된 값이 기본값으로 초기화된다.

수식	Reset(TextInput1); Reset(TextInput2); Reset(Dropdown1);
설명	각 텍스트 입력과 드롭다운 값을 리셋한다.

[리셋 전]　　　　　　　　　　[리셋 후]

43 사용자가 승인 여부를 명확히 알 수 있도록 승인 여부의 색을 지정해 보자. 갤러리에서 승인 여부에 해당하는 레이블을 선택한 후, [Color] 속성에 다음 명령을 입력한다.

수식	If(　　Label3.Text = "신청", RGBA(39, 113, 194, 1), 　　Label3.Text = "승인", RGBA(54, 176, 75, 1), 　　Label3.Text = "반려", RGBA(255, 0, 0, 1))
설명	If() 조건문을 이용하여 해당 조건이 True일 때 각 색상값(RGBA)을 반환한다.

TIP

> 파워 앱스에서 색은 RGBA로 설정한다. RGBA는 Red, Green, Blue, Alpha의 머리글자로, RGB 색 모델에 4번째 '알파(Alpha)' 채널을 추가한 것이다. 여기서 알파(Alpha)는 각 화소가 얼마나 투명한지를 나타낸다. RGBA의 색상표와 색상값은 HTML Color Codes(https://www.hexcolortool.com/)에서 확인할 수 있다.

44 갤러리 '진행상태' 열의 글자 색이 상태에 따라서 바뀌는 것을 확인할 수 있다.

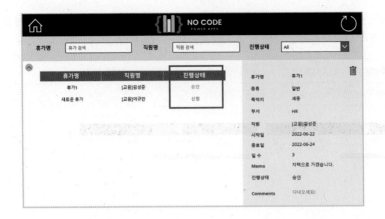

45 이제 휴가 변경 화면의 상세 레이아웃을 설정해 보자. 먼저 Gallery1의 [TemplateFill] 속성에 `If(ThisItem.IsSelected, RGBA(224,224,224,100), RGBA(224,224,224,0))`을 입력한다. 선택한 갤러리 항목의 색만 바뀌게 된다.

46

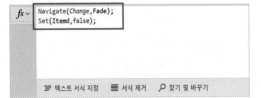

Main 화면으로 이동해서 휴가 변경 버튼의 [OnSelect] 속성에 `Set(Itemd, false);` 명령을 추가한다. `false` 값을 지정한 `Itemd` 변수가 생성되었다.

47 휴가 변경 화면으로 돌아가서 Gallery1의 [TemplateFill] 속성의 명령을 수정한다. Main 화면에서 휴가 변경 버튼을 통해 이동하면 `Itemd`의 값이 `false`이므로 아무런 색도 표시하지 않는다.

| 수식 | ```
If(Itemd,
    If(
        ThisItem.IsSelected,
        RGBA(224, 224, 224, 100),
        RGBA(224, 224, 224, 0))
)
``` |
|---|---|
| 설명 | 중복 `If()` 조건문으로 `Itemd` 값이 있을 때(true) 현재 항목을 선택했다면(`ThisItem.IsSelected`) `RGBA(224, 224, 224, 100)`을, 그렇지 않다면 `RGBA(224, 224, 224, 0)`을 반환한다. |

48 Gallery1의 [OnSelect] 속성에 `Set(Itemd,true)` 명령을 입력한다. 갤러리의 Item 항목을 선택하면 `Itemd`의 값이 `true`로 변환된다.

49 처음, Main 화면에서 [휴가변경] 버튼을 통해 휴가변경 화면으로 이동하면 아무런 정보가 표시되지 않고 Gallery의 Item을 선택하면 오른쪽 컨테이너에 상세 정보가 표시된다.

[갤러리에서 데이터 행 선택 전]   [갤러리에서 데이터 행 선택 후]

50

진행 상태가 '신청'일 때만 편집 아이콘이 보이도록 설정해 보자. 편집 아이콘의 [Visible] 속성에 다음 명령을 입력한다.

| 수식 | ```
If(
    Gallery1.Selected.Status.Value = "신청",
    true
)
``` |
|---|---|
| 설명 | `If()` 조건문을 이용하여 해당 조건이 True일 때 `true` 값을 반환하도록 한다. |

51 검색 영역을 컨트롤하는 기능을 추가해 보자. 데이터 카드에 왼쪽 트리 뷰에서 ① [삽입]을 선택한 후, ② [검색] 입력 필드에서 '원' 아이콘을 검색해 보자. 그리고 ③ 원 아이콘을 선택해서 화면에 추가하고 너비와 높이는 30, 배경색은 하늘색을 지정한다.

52 아래 아이콘 ⌄을 추가한다. 아이콘의 너비와 높이는 20으로, 위치는 원 가운데로 설정하자.

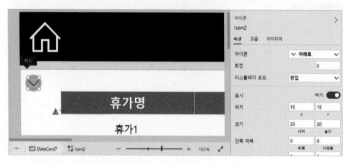

53 아이콘의 [OnSelect] 속성에 다음 명령을 입력한다.

수식	UpdateContext({Drop: !Drop})
설명	아이콘을 선택할 때마다 Drop 변수가 true, false 값으로 바뀐다.

54 아이콘의 [Icon] 속성에 If(Drop, Icon.ChevronUp, Icon.ChevronDown) 명령을 입력한다. 클릭할 때마다 아이콘이 위/아래 방향으로 바뀌게 된다.

수식	If(Drop, Icon,ChevronUp, Icon.ChevronDown)
설명	If() 조건문을 이용하여 해당 조건이 True일 때 Icon.ChevronUp(위) 값을, False일 때 Icon.ChevronDown(아래) 값을 반환한다.

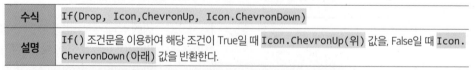

[클릭 전]   [클릭 후]

55 DataCard1의 [Visible] 속성에 `!Drop`을 입력한다. Drop의 값이 **true**일 때는 DataCard가 표시되지 않고 **false**일 때만 표시된다.

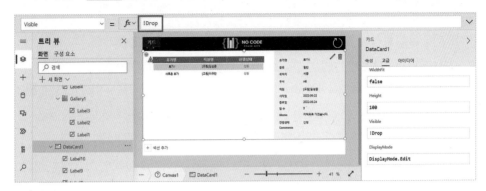

56 새로 고침 아이콘의 [OnSelect] 속성에 `Set(Itemd, false);` 명령을 추가한다. 새로 고침 아이콘을 클릭하면 아이템 선택 여부도 초기화된다.

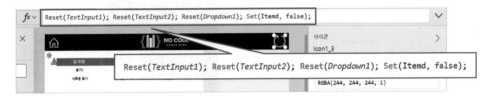

57 Change(휴가 변경) 화면을 완성했다. 갤러리를 통해 셰어포인트 목록에 있는 레코드가 화면에 표시되며, 변경 버튼으로 데이터를 수정하는 기능이 완성되었다. 앱을 실행해서 앱의 기능을 테스트해 보자.

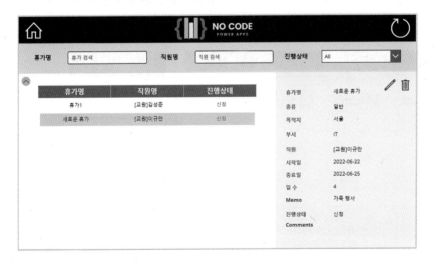

반응형 앱 만들기

사용자들은 파워 앱스에서 개발한 앱을 스마트폰, 태블릿, 노트북 등 다양한 디바이스에서 사용할 수 있다. 사용자들이 파워 앱스를 원활하게 활용하기 위해 앱을 반응형 레이아웃으로 디자인하는 것이 좋다.

파워 앱스에서 반응형 앱이란 다양한 화면 크기에 맞는 UI 및 UX를 제공하는 기능을 의미한다. 화면 크기 변경에 따라 크기를 조절할 수도 있으며, 컨트롤의 위치를 유지하거나 이동하도록 만든다.

반응형 앱을 사용하기 위해서는 [설정] → [표시]로 이동하여 '영역 안에 맞추기', '가로 세로 비율 고정', '방향 고정' 옵션을 해제한다. 해당 옵션이 켜져있는 경우 다른 환경에서도 캔버스 앱의 고정된 크기로 앱이 구현된다.

반응형으로 개발한 앱은 창의 크기에 맞게 레이아웃이 자동으로 조정된다.

반응형 앱 구현 방법은 네이버 카페의 교재 보강 자료를 참고하자.

URL: https://cafe.naver.com/msapp/105

06

휴가 승인 화면 만들기

이번에는 휴가를 승인(Approve)하는 화면을 생성한다. 휴가 승인 화면에서는 데이터 테이블을 이용해서 승인 대기 중인 데이터를 출력하고 팝업 창을 이용하여 휴가 승인 과정을 진행한다.

01 승인 화면에서는 데이터 테이블을 사용한다. 데이터 카드를 선택한 상태에서 상단 메뉴의 [삽입] → [레이아웃] → [데이터 테이블(프리뷰)]을 선택하여 추가하고 화면에 맞게 데이터 테이블의 크기를 조절한다.

02

데이터 원본으로 'Leave' 목록을 지정하고 필드 속성의 [필드 편집]을 클릭하여 표시할 필드를 편집하자. 데이터 필드 구성에서 가장 아래 [Comments] 필드의 오른쪽 기타 작업 아이콘 ⋯ 을 선택한 후, [제거]를 클릭해서 해당 필드를 삭제한다.

03 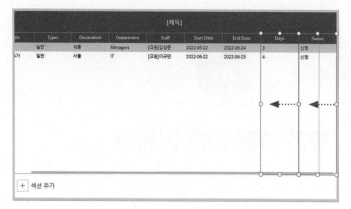 화면의 데이터 테이블에서 Comments 열이 사라진 것을 확인할 수 있다. 2단계와 같은 방법으로 [Memo] 필드와 [첨부 파일] 필드까지 삭제하고 Days와 Status의 열 너비를 조절하자.

04 트리 뷰에서 데이터 테이블을 선택한 후, [제목 채우기] 속성의 색상을 변경한다.

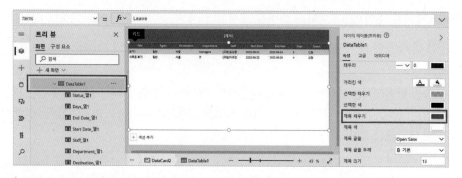

05 각 열의 헤더 이름을 변경해 보자. 열을 선택한 후, [머리글 텍스트] 속성을 변경하여 해당 열의 이름을 바꿀 수 있다. 다음 표를 참고로 열 이름을 변경하자.

Title	Types	Destination	Department	Staff	Start Date	End Date	Days	Status
휴가명	종류	목적지	부서	직원명	시작일	종료일	일 수	진행상태

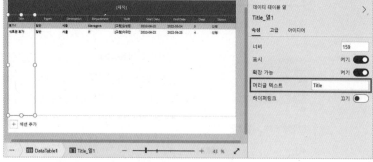

06 각 열의 헤더 이름을 변경한 후 Apply(휴가 신청) 화면과 Change(휴가 변경) 화면에서 진행한 화면 헤더 레이아웃을 설정하자. 헤더 사각형의 색상을 검은색으로 바꾸고 회사 로고 이미지와 홈 아이콘을 추가하자.

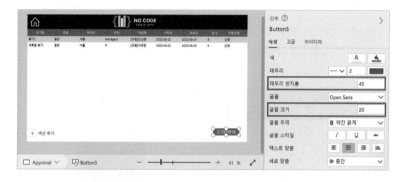

07 화면 오른쪽 아래에 버튼을 추가한다. 버튼의 텍스트는 '승인/반려'로 입력하고 글꼴 크기는 20, 테두리 반지름은 45로 설정한다.

08 화면을 선택한 뒤, 팝업 창을 구성하기 위해 상단 메뉴의 [삽입] → [셰이프] → [사각형]을 선택하여 추가한다. 생성한 사각형이 화면을 모두 덮도록 크기를 조절한다.

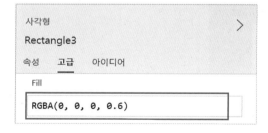

09 생성한 사각형은 팝업 창 주변 공간의 클릭을 막는 목적으로 사용된다. 사각형의 [Fill] 속성에는 RGBA(0, 0, 0, 0.6)를 입력한다.

10 팝업 창을 만들기 위해 상단 메뉴의 [삽입] → [셰이프] → [사각형]을 선택하여 사각형을 하나 더 추가한다. 생성한 사각형의 [Fill] 속성에는 RGBA(241, 244, 249, 1)을 입력한다.

11 팝업 창 사각형 안에 컨트롤을 추가하자. 상단 메뉴의 [삽입] → [입력] → [편집할 양식] 컨트롤을 선택하여 추가한다. 사각형 아래쪽에 버튼이 들어갈 수 있는 공간을 남겨두고 폼 너비와 높이를 조절한다.

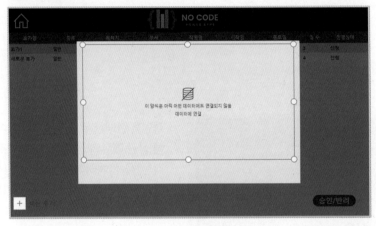

12 폼에 'Leave'를 연결하고 열 속성은 2열로, 레이아웃은 '세로'로 설정한다.

13 팝업 창에서 보여줄 필드는 Title, Staff, Destination, Memo, Comments이다. 필드 편집에서 이 5개 필드 순서를 위로 올려주고 나머지 필드의 [Visible] 속성은 false로 변경하여 보이지 않게 설정한다.

14   Comments의 DataCard의 너비([Width] 속성)에 **Form2.Width**를 입력한다.

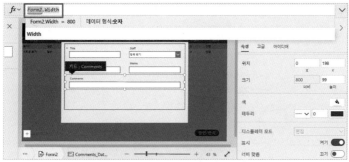

15   Comments의 DataCardValue를 텍스트 입력이 아닌 서식 있는 텍스트 편집기 컨트롤로 변경해 보자. 먼저 데이터 카드 안에 있는 텍스트 입력 컨트롤을 삭제하고 Comments 데이터 카드를 선택한 상태로 상단 메뉴의 [삽입] → [입력] → [서식 있는 텍스트 편집기]를 추가하고 크기를 조절한다.

16

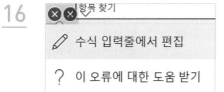

Comments 데이터 카드를 선택하면 왼쪽 위에 오류를 표시한다. 기존에 있던 DataCardValue를 삭제했기 때문에 해당 컨트롤과 연관이 있는 명령에서 오류가 발생한 것이다. 오류 표시를 클릭하고 [수식 입력 줄에서 편집]을 누르면 오류가 있는 속성으로 이동한다.

17 오류가 있는 속성을 보면 변수 이름에 기존 DataCardValue가 입력된 것을 볼 수 있다. 해당 부분을 서식 있는 텍스트 편집기의 이름으로 바꿔주자.

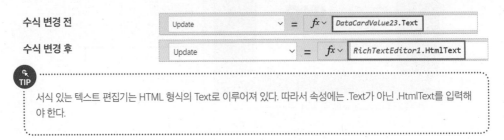

> **TIP**
> 서식 있는 텍스트 편집기는 HTML 형식의 Text로 이루어져 있다. 따라서 속성에는 .Text가 아닌 .HtmlText를 입력해야 한다.

18 그리고 데이터 카드 내의 또 다른 오류가 발생하는 레이블을 선택해서, 위치 Y의 DataCard Value를 서식 있는 텍스트 편집기의 이름으로 바꿔준다.

19 폼 아랫 부분에 상단 메뉴의 [삽입] → [입력] → [버튼]을 선택하여, 컨트롤 세 개를 만든 뒤 이름을 각각 '승인', '반려', 'X'로 지정한다. 버튼의 테두리 반지름은 45, 글꼴 크기는 15로, 승인과 반려의 너비는 80, X는 40으로 한다.

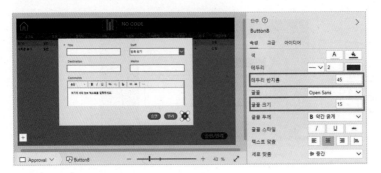

20

팝업 창은 [승인/반려] 버튼을 누른 후 표시되어야 한다. 먼저 [승인/반려] 버튼의 [OnSelect] 속성에 다음 명령을 입력하자.

수식	Set(popup, true);
설명	Set() 명령으로 popup 변수의 값을 true로 설정한다.

21 팝업 창을 구성하는 컨트롤의 [Visible] 속성에 popup을 입력한다. [승인/반려] 버튼을 누르면 popup 변수의 값이 true가 되며 [Visible]이 popup인 요소 모두가 화면에 보이게 된다.
앞서 설명했듯이 폼과 부모 자식 관계인 컨트롤은 폼의 [Visible] 속성을 변경하면 하위 자식 요소는 그 속성을 그대로 상속받는다. 즉, 폼의 [Visible] 속성에 popup을 입력하면 하위 개별 컨트롤은 자동으로 부모의 [Visible] 속성인 popup으로 설정된다.

22 [Visible] 속성 설정이 완료되면 팝업 창이 보이지 않게 된다.

23 [승인/반려] 버튼을 누르면 [Visible]이 popup인 컨트롤이 화면에 나타난다.

24 팝업 창을 닫는 함수도 추가하자. [X] 버튼의 [OnSelect] 속성에 다음 명령을 입력한다.

수식	Set(popup, false);
설명	Set() 명령으로 popup 변수의 값을 false로 설정한다.

25 [승인/반려] 버튼을 눌렀을 때 팝업 창 안에 폼을 생성할 수 있도록 EditForm(Form2); 명령을 추가한다.

26 팝업 창 내 폼의 [Item] 속성에 `DataTable1.Selected`을 입력한다.

27 Comments를 제외한 데이터 카드의 [DisplayMode] 속성을 `DisplayMode.View`로 변경한다. 서식 있는 텍스트 편집기의 기본값도 삭제한다.

28 다음 그림을 참고해서 DataCard의 헤더 이름을 변경한다.

29 이제 해당 항목을 승인하는 기능을 추가하자. [승인] 버튼의 [OnSelect] 속성에 다음 명령을 입력한다.

```
Patch(
    Leave,
    LookUp(
        Leave,
        ID = DataTable1.Selected.ID
    ),
    {'Status': {Value: "승인"}},
    {Comments: RichTextEditor1.HtmlText}
);
ResetForm(Form2);
Set(
    popup,
    false
)
```

≣ 텍스트 서식 지정   ≣ 서식 제거   🔍 찾기 및 바꾸기

수식	```
	Patch(
	    Leave,
	    LookUp(Leave, ID = DataTable1.Selected.ID),
	    {'Status': {Value: "승인"}},
	    {Comments: RichTextEditor1.HtmlText}
	);
	ResetForm(Form2);
	Set(popup, false)
	``

설명	Patch() 명령으로 데이터 원본 Leave를 수정한다. LookUp()명령을 이용하여 해당 조건에 맞는 레코드를 찾아 Status의 값(Value)을 "승인"으로 변경하는 업데이트 작업을 진행한다.

30 해당 항목을 반려하는 기능을 추가하자. [반려] 버튼의 [OnSelect] 속성에 다음 명령을 입력한다.

수식	```
	Patch(
	    Leave,
	    LookUp(Leave, ID = DataTable1.Selected.ID),
	    {'Status': {Value: "반려"}},
	    {Comments: RichTextEditor1.HtmlText}
	);
	ResetForm(Form2);
	Set(popup, false)
	``

설명	Patch() 명령으로 데이터 원본 Leave를 수정한다. LookUp() 명령을 이용하여 해당 조건에 맞는 레코드를 찾아 Status의 값(Value)을 "반려"로 변경하는 업데이트 작업을 진행한다.

31 [F5] 키 또는 미리 보기를 눌러서 테스트 과정을 진행해 보자. Comments에 텍스트를 입력하고 [승인] 버튼을 눌러보자.

32 그러면 '휴가1'의 진행 상태가 '승인'으로 바뀐 것을 확인할 수 있다.

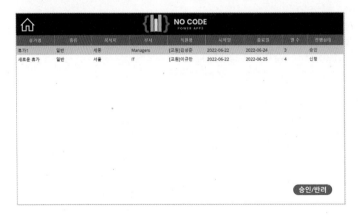

33 셰어포인트 목록을 확인해 보자. Status가 변경되고 Comments가 추가되었음을 알 수 있다.

34 데이터 테이블에 "신청"인 값만 표시하도록 변경하자. 데이터 테이블의 [Items] 속성의 명령을 다음과 같이 바꿔준다.

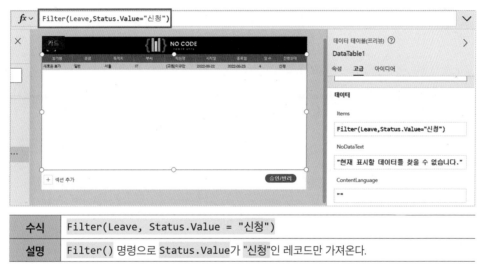

수식	`Filter(Leave, Status.Value = "신청")`
설명	`Filter()` 명령으로 `Status.Value`가 "신청"인 레코드만 가져온다.

35 데이터 테이블에 레코드가 없을 때는 [승인/반려] 버튼이 클릭되지 않도록 설정해 보자. [승인/반려] 버튼의 [OnSelect] 속성을 다음 명령으로 변경한다.

수식	```
	If(
	    DataTable1.Selected.ID = Blank( ),
	    Notify(
	        "선택한 데이터 레코드가 없습니다...",
	        NotificationType.Error
	    );
	    ,
	    Set(popup, true) && EditForm(Form2)
	)
	``

설명	`If()` 조건문을 이용하여 `DataTable1.Selected.ID` 값이 없을 때는 화면 위에 메시지를 출력한다. 값이 있으면 `Set()` 명령을 통해 `popup` 변수의 값을 `true`로 설정하고 Form2를 Edit 모드로 변환한다.

36 레코드가 없을 때 [승인/반려] 버튼을 클릭하면 화면 위에 오류 메시지를 출력한다.

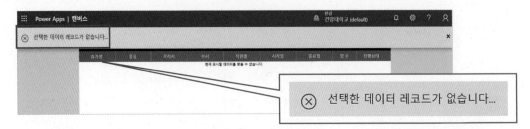

이로써 데이터 테이블을 이용한 휴가 승인 화면 만들기가 끝났다. 이번 실전 활용 예제에서는 데이터 테이블을 통한 레코드 조회와 팝업 창 생성, 필터를 통한 특정 데이터 조회 과정을 진행했다. 다음 실전 활용 예제에서는 서명란 기능을 활용하여 경비 관리 앱을 제작해 보자.

셰어포인트에서 파워 앱스 앱을 사용하는 방법

셰어포인트에서 파워 앱스로 만든 앱을 페이지에 게시할 수 있다. 이 과정을 진행하면 셰어포인트에서 바로 앱을 실행하고 신청이나 승인 과정을 진행할 수 있다.

01 파워 앱스 홈페이지에서 앱 오른쪽 추가 명령 아이콘 ⋯ 을 클릭하고 [자세히]를 선택한다.

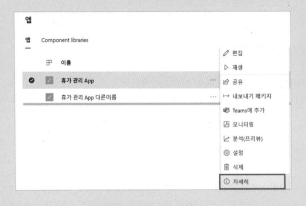

02   권한이 있는 앱의 상세 정보를 확인할 수 있다. [자세히] 탭에서 웹 링크를 확인한다. 웹 링크를 이용해서 페이지에 앱을 연결할 것이다.

03   앱을 게시할 셰어포인트 사이트에 접근한 후 [+ 새로 만들기] → [페이지]를 선택한다.

04   [비어 있음]을 선택하고 [페이지 만들기] 버튼을 클릭하여 새로운 페이지를 생성한다.

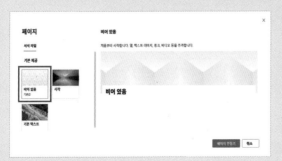

05 페이지 제목에는 '휴가 신청'을 입력하고 텍스트 섹션 위 공간에서 [1열에서 새 웹 파트 추가]를 클릭한다.

06 [고급] 탭에서 [포함]을 선택한다.

07 [웹 사이트 주소 또는 embed 태그]에 다음 구문을 입력한다. 입력하고 나면 왼쪽 공간에 앱의 메인 화면이 나타나는 것을 볼 수 있다. '페이지에 적용할 앱 링크'에는 2단계에서 확인한 웹 링크를 입력한다.

```
[iframe width="1024px" height="768px" src="[페이지에 적용할 앱 링크]"
/]
```

08 웹의 너비나 높이에 원하는 값을 입력해서 맞춘 후 상단 중앙에 있는 [게시] 버튼을 눌러 페이지를 게시한다. 게시를 완료하면 오른쪽에 속성 창이 표시되는 것을 확인할 수 있다. 해당 창에서 [탐색에 페이지 추가]를 선택해 게시한다.

09 왼쪽 탐색 창에 앱 페이지('휴가 신청')가 등록된 것을 확인할 수 있다.

MICROSOFT
POWER APPS

마지막 실전 활용 예전에서는 실무에 필요한 경비 관리 앱을 개발하면서 추가적으로 유용한 기능들을 소개한
다. 구성 요소(Components)를 활용해 공통으로 사용가능한 화면을 디자인하고 재활용하는 방법에 대해서 알
아본다. 그리고 토글 컨트롤, 슬라이더 컨트롤, 탭 기능 구현으로 다양한 요구사항에 부합하도록 유연하게 화
면을 개발하는 방법에 대해서 실습해 보자.

실전 활용 예제 3:

경비 관리 앱

실행 영상 파일
URL: https://cafe.naver.com/
msapp/103

경비 관리 앱 만들기

앞서 두 번의 실전 활용 예제를 통해 파워 앱스 앱 제작에 대한 기본적인 기능을 학습했다. 이번에는 직원이 경비를 신청하고 관리자가 승인하는 앱을 구현하는 과정을 설명한다. 그 과정에서 데이터 테이블을 이용해 데이터를 표시하고 폼을 이용해 레코드를 수정하거나 생성한다. 그리고 펜 입력 컨트롤로 서명을 입력받는 기능도 함께 소개한다.

먼저, 경비 관리 앱의 화면 구성과 기능을 정리해 보자. 이 앱은 메인 화면, 경비 신청 화면, 승인/반려 화면, 경비 수정 화면으로 구성된다.

메인 화면

데이터 테이블 컨트롤에서 전체 경비 리스트를 확인할 수 있고 개별 데이터를 선택하고 경비 결재를 승인하거나 반려한다.

경비 신청 화면

경비를 신청하는 화면이다. 경비 상세 내용을 입력할 수 있고 증빙 자료인 영수증 파일을 첨부할 수 있다.

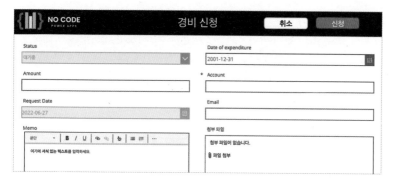

승인/반려 화면

신청한 경비를 결재하는 화면이다. 경비 요청을 승인하거나 반려할 수 있고 펜 입력 컨트롤을 이용하여 서명을 추가할 수 있다.

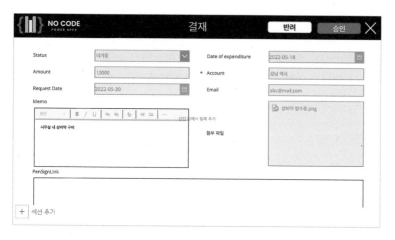

경비 수정 화면

신청한 경비를 수정하는 화면이다. 기존에 신청한 경비를 수정하고 삭제할 수 있다.

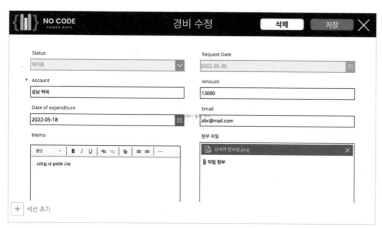

02

셰어포인트로 목록 만들기

경비 관리 앱을 만들려면 먼저 파워 앱스의 데이터 테이블과 폼에서 사용할 셰어포인트 목록을 생성해야 한다.

01 데이터를 저장할 목록을 생성하자. 셰어포인트에 접속한 후에 메뉴에서 [새로 만들기] → [목록]을 선택한다. [빈 목록]을 선택하고 이름과 설명을 입력한 뒤에 [만들기] 버튼을 클릭한다. 목록이름은 'Expenses List'로 설정하겠다.

02 목록을 생성하고, [+ 열 추가] 버튼을 눌러서 목록에 들어갈 개별 열을 생성한다. 개별 열의 자세한 내용은 다음 표를 참고하자.

열 이름	유형	설명
Status	선택 항목	선택할 수 있는 항목을 설정한다. 여기서는 대기중, 승인, 반려 항목으로 구성된다.

열 이름	유형	설명
Date of expenditure	날짜 및 시간	경비를 사용한 날짜를 입력한다.
Amount	통화	경비 금액을 입력한다.
Account	한 줄 텍스트	계정을 입력한다. 다음 단계에서 기존 열을 수정하므로 새로 만들 필요는 없다.
Request Date	날짜 및 시간	요청 날짜를 입력한다. 기본값은 '오늘 날짜'로 설정한다. 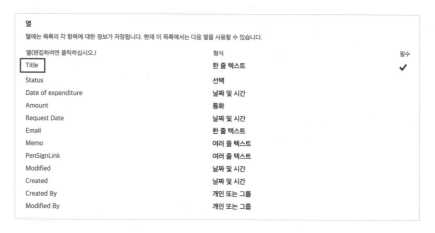
Email	한 줄 텍스트	이메일을 입력한다.
Memo	여러 줄 텍스트	메모를 입력한다.
PenSignLink	여러 줄 텍스트	서명 이미지를 텍스트 형태로 입력한다.

03 이제 셰어포인트 목록을 생성하면 기본으로 생성되는 Title(제목) 칼럼의 이름을 변경해 보자. 오른쪽 위에 있는 설정 아이콘 ⚙️을 누르고 [목록 설정] → [열] → [Title]을 선택한다.

열

열에는 목록의 각 항목에 대한 정보가 저장됩니다. 현재 이 목록에서는 다음 열을 사용할 수 있습니다.

열(편집하려면 클릭하십시오.)	형식	필수
Title	한 줄 텍스트	✔
Status	선택	
Date of expenditure	날짜 및 시간	
Amount	통화	
Request Date	날짜 및 시간	
Email	한 줄 텍스트	
Memo	여러 줄 텍스트	
PenSignLink	여러 줄 텍스트	
Modified	날짜 및 시간	
Created	날짜 및 시간	
Created By	개인 또는 그룹	
Modified By	개인 또는 그룹	

04

'Title'이라는 이름을 'Account'로 변경하고 오른쪽 아래에 있는 [확인] 버튼을 누른다. 필요에 따라서 필수 열로 지정할 수 있다. 예제에서는 필수 열로 설정한다. 필수 열이란, 말 그대로 반드시 값이 입력되어야 한다는 뜻이다.

목록 열 위치 변경하기

셰어포인트 목록의 열 위치를 변경하는 방법을 알아보자. 오른쪽 위의 설정 아이콘 ⚙ 을 누르고 [목록 설정]을 선택한 다음, 아래에 있는 [열 순서]를 클릭한다.

표시 순서 입력란에서 개별 열의 순서를 쉽게 변경할 수 있다.

05 앱에서 사용할 데이터를 셰어포인트 목록으로 생성해 보자. [+ 새로 만들기] 버튼을 클릭하고 다음 표 내용과 동일하게 레코드를 입력한 후에 [저장] 버튼을 눌러 저장한다.

열 이름	레코드
Status	대기중
Date of expenditure	2022-05-18
Amount	13,000
Account	강남 약국
Request Date	2022-05-30
Email	abc@email.com
Memo	사무실 상비약 구비
PenSignLink	
첨부 파일	영수증.png

HTML 태그

파워 앱스에서 HTML 태그를 사용하는 방법에 대해서 간단한 예제를 통해 알아보자. 이 과정은 텍스트를 표시하고 HTML 태그를 서식으로 변환하는 과정이라고 보면 된다. 다음과 같은 Excel 데이터가 있다고 가정 하에 시작하겠다.

국가별 ▼	2019 ▼	2020 ▼	2021 ▼
아시아			
대한민국	31,929	31,727	34,984
이스라엘	43,951	44,178	51,430
일본	40,458	39,918	39,285
튀르키예	9,122	8,536	9,587

출처: OECD 회원국(아시아) GDP 평균 참고 자료

01 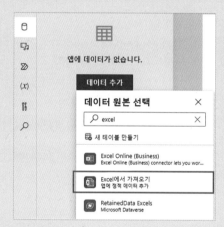 [데이터 추가]를 통해 [Excel에서 가져오기]를 클릭하여 Excel 데이터를 추가한다.

02  [삽입] → [표시] → [HTML 텍스트]를 순서대로 선택해서 추가한다.

03 년도에 따라서 평균을 구하는 리스트를 보여주려고 한다. 다음 수식을 입력하자.

수식	`"<Table style='border-collapse: collapse; width : 100%;'>`
	
	`<tr>`
	`<th colspan=2 style='text-align: center; border: 2px solid black; background-color: #dddddd;'> Powerapps </th>`
	`</tr>`
	
	`<tr>`
	`<td style='text-align : left; border : 1px solid #dddddd;'>2019 아시아 OECD GDP 평균</td>`
	`<td style='text-align : right; border : 1px solid #dddddd;'> "& Sum(표2,'2019') & "</td>`
	`</tr>`
	
	`<tr>`
	`<td style='text-align : left; border : 1px solid #dddddd;'>2020 아시아 OECD GDP 평균</td>`
	`<td style='text-align : right; border : 1px solid #dddddd;'> "& Sum(표2,'2020') & "</td>`
	`</tr>`
	
	`<tr>`
	`<td style='text-align : left; border : 1px solid #dddddd;'>2021 아시아 OECD GDP 평균</td>`
	`<td style='text-align : right; border : 1px solid #dddddd;'> "& Sum(표2,'2021') & "</td>`
	`</tr>ss`
	
	`</table>"`

설명	각 년도에 따라서 SUM구문을 사용하여 GDP의 평균 값을 구한다.

Powerapps	
2019 아시아 OECD GDP 평균	125460
2020 아시아 OECD GDP 평균	124359
2021 아시아 OECD GDP 평균	135286

04 조건에 따라서 필드 색도 조정할 수 있다. 예를 들어, GDP가 130,000이 넘으면 초록색
으로 변경하도록 하겠다.

수식	background-color: "& If(Sum(표2 ,'2021') > 130000, "Green") &";
설명	Background를 통해서 필드에 조건을 걸어서 색을 설정할 수 있다.

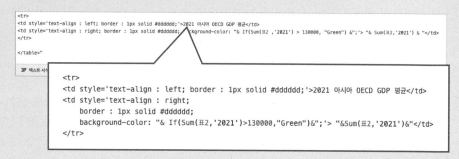

```
<tr>
<td style='text-align : left; border : 1px solid #dddddd;'>2021 아시아 OECD GDP 평균</td>
<td style='text-align : right;
    border : 1px solid #dddddd;
    background-color: "& If(Sum(표2,'2021')>130000,"Green")&";'> "&Sum(표2,'2021')&"</td>
</tr>
```

05 그 결과, GDP가 130,000이 이상인 '2021 아시아 OEDC GDP 평균' 항목값이 초록색으
로 변한 것을 볼 수 있다.

Powerapps	
2019 아시아 OECD GDP 평균	125460
2020 아시아 OECD GDP 평균	124359
2021 아시아 OECD GDP 평균	135286

경비 리스트 화면 만들기

기업의 선호에 따라서 앱을 시작하는 초기 화면을 별도로 구성할 수 있다. 시작 화면이 있다면, 상세 화면으로 이동하는 추가 사용자 액션(버튼을 누르는 등)이 필요하다. 로그인 화면처럼 특정한 기능이 요구되지 않는다면 굳이 메인 화면을 만들 필요는 없다. 불필요한 단계를 없애고 바로 상세리스트 화면부터 앱을 시작하는 것이 더 생산적이고 효율적이다. 이번에는 첫 화면에서 바로 데이터 리스트를 확인할 수 있도록 구현하고자 한다.

01 새로운 앱을 생성하고 앱 이름을 입력하고 '태블릿' 모드로 설정한다. 기본으로 생성되는 화면 이름을 Screen1에서 'Home'으로 변경한다. 그리고 화면에 타이틀 바를 만들고자 상단 메뉴의 [삽입] → [셰이프] → [사각형]을 선택하여 추가한다. 배경색은 검은색으로 변경하고 레이블 컨트롤을 추가해서 앱의 제목을 설정하자. 사각형의 너비는 1,366픽셀, 높이는 91픽셀이고 헤더 텍스트의 글자 색은 흰색, 글꼴 크기는 30로 설정한다. 본인 소속의 회사 로고를 넣고 이미지 크기는 280픽셀, 높이는 68픽셀로 설정한다.

02

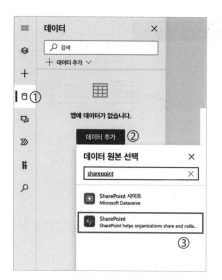

먼저, 셰어포인트에 있는 목록을 화면에 표시하고자 화면 왼쪽 메뉴에서 ① [데이터]를 선택하고 ② [데이터 추가] 버튼을 클릭한다. 그리고 셰어포인트에 연결하고자 ③ [SharePoint]를 선택한다.

03

셰어포인트를 연결하는 방법은 두 가지가 있다. ① 조직 내 생성된 셰어포인트 목록 중에서 선택하거나 ② 셰어포인트 URL을 직접 입력해서 연결할 수 있다.

04 앞서 생성한 셰어포인트 목록인 'Expenses List'를 선택한다.

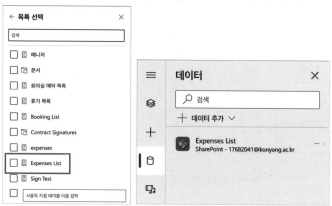

05 화면에 경비 리스트를 보여주고자 상단 메뉴의 [삽입] → [레이아웃] → [데이터 테이블]을 선택하여 컨트롤을 추가한다. 그리고 데이터 테이블 컨트롤의 속성 영역에서 데이터 원본 'Expenses List'를 선택한다.

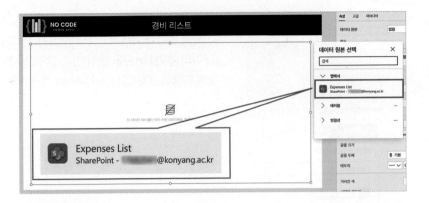

06 데이터 테이블 컨트롤을 화면 크기에 맞게 변경한다. 여기서는 화면 앞 뒤 양쪽에 여유 공간이 있도록 설정했다.

07 데이터 테이블 컨트롤에 보이는 불필요한 열은 숨기도록 하자. 필드 속성에서 ① [필드 편집] 버튼을 클릭하고 ② 데이터에서 [Email], [Memo], [PenSignLink] 열을 삭제한다.

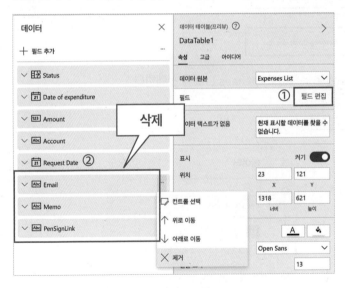

08 데이터 테이블을 선택한 뒤 오른쪽 [속성] 탭에서 [제목 채우기] 부분을 선택하여 ① 제목의 배경색을 주황색 RGBA(246,88,16,1)로 변경하고 ② 제목 크기와 데이터 레코드의 텍스트 크기는 18로 설정한다.

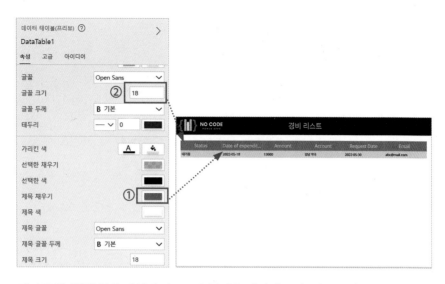

09 경비 금액에 '원' 통화 단위가 나오도록 형식을 변경해 보자. 왼쪽 트리 뷰에서 ① [DataTable1] → [Amount_열1]을 선택한다. ② [Text] 속성을 선택하고 ③ 서식 입력 창에서 Text( ) 명령을 활용해서 형식을 변경한다.

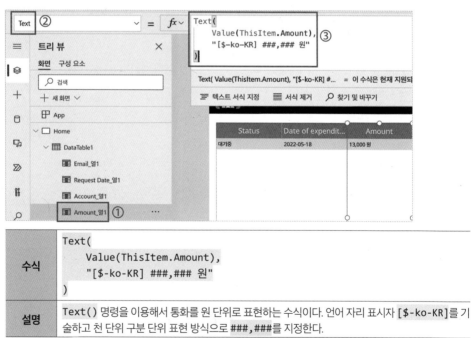

수식	Text(
	    Value(ThisItem.Amount),
	    "[$-ko-KR] ###,### 원"
	)

설명	Text( ) 명령을 이용해서 통화를 원 단위로 표현하는 수식이다. 언어 자리 표시자 [$-ko-KR]를 기술하고 천 단위 구분 단위 표현 방식으로 ###,###를 지정한다.

10

{Ⅲ} NO CODE   경비 리스트   신청   승인/반려

상태	지출일자	사용금액	거래처	요청일자
대기중	2022-05-18	13,000 원	강남 약국	2022-05-30

이제 [신청] 버튼과 [승인/반려] 버튼을 추가한다. 버튼의 배경색은 RGBA (246,88,16,1)이고 글꼴 크기는 20이다.

경비 신청 화면 만들기

경비 상세 내용을 입력하는 신청 화면을 만들어 보자. 해당 화면에서는 영수증 파일을 첨부하는 기능과 게시판처럼 메모를 입력할 수 있는 기능을 추가한다.

01 먼저 상단 메뉴의 [새 화면] → [비어 있음]을 선택하여 빈 화면을 생성한다. 화면 이름은 Create로 변경한다.

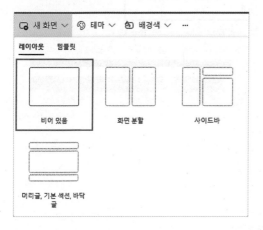

02 앞에서 만든 'Home' 화면에 추가한 로고와 버튼을 복사([Ctrl]+[C])해서 신청 화면에 붙여넣는다([Ctrl]+[V]). 그리고 화면 제목을 '경비 신청'으로 변경한다.

구성 요소 소개

구성 요소(Components)는 패턴이 비슷한 기능을 공용 기능으로 만든 것으로, 앱을 빌드하는 데 유용하게 사용된다. 구성 요소 정의를 업데이트하면 구성 요소를 사용하는 모든 앱의 인스턴스에 즉각 반영된다. 위 실습에서 화면의 헤더를 복사/붙여넣었지만, 이번에는 구성 요소를 활용해서 헤더를 만들어 보자.

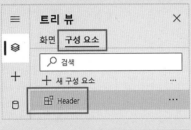

개발 중인 앱의 트리 뷰에서 [구성 요소] → [새 구성 요소]를 선택하여 추가한다. 구성 요소의 이름은 'Component1'에서 'Header'로 변경한다.

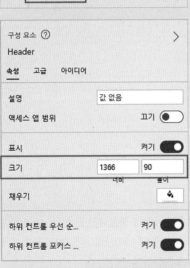

경비 관리 앱은 태블릿 형태이므로 구성 요소의 너비는 1,366픽셀, 높이는 90픽셀으로 설정한다.

모든 화면에서 공통으로 사용하는 헤더를 구성해 보자.

화면마다 헤더의 레이블이 다르므로 구성 요소에서 변수를 설정해야 한다. 헤더의 레이블에 사용할 변수를 설정하려면 [속성] 탭의 ① [+ 새 사용자 지정 속성]을 선택한 후에 형식에 따라서 작성하면 된다. ② [만들기] 버튼을 클릭하면 설정이 완료된다.

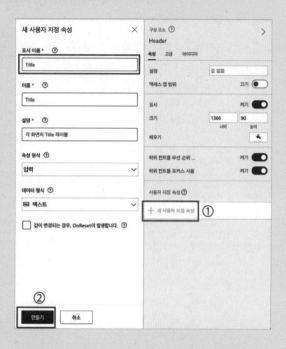

단, 수식을 작성할 때 이름으로 구성 요소를 참조하므로 속성 이름에 공백을 포함하면 안 된다. 상단 메뉴에서 [삽입] → [레이블]을 선택하여 추가하고 글자 색은 흰색, 글꼴 크기는 30으로 설정한다. 레이블의 [Text] 속성에는 구성 요소인 Header와 변수로 설정한 .Title을 입력하면 된다.

Home 화면으로 넘어가서 기존에 있던 타이틀 바와 로고를 삭제하고 상단 메뉴의 [삽입] → [사용자 지정] → [Header]를 클릭한다.

기존에 있던 버튼이 Header에 가려졌다. 마우스 오른쪽 버튼을 클릭하고 [순서 바꾸기] → [맨 뒤로 보내기]를 클릭하여 Header의 위치를 맨 뒤로 옮기자.

Home 화면에 있는 헤더 타이틀을 변경하려면 Header 구성 요소를 클릭한 후, 변수로 설정했던 [Title] 속성에 "경비 리스트"라고 입력한다.

나머지 화면도 똑같이 설정하면 복사하기와 붙여넣기를 반복하지 않고도 구성 요소를 재활용하여 손쉽게 설정할 수 있다.

03 Home 화면에서 복사한 [신청] 버튼과 [승인/반려] 버튼의 레이블을 각각 '취소'와 '신청'으로 변경한다. 그 다음, [취소] 버튼과 [신청] 버튼을 사용자가 쉽게 구분할 수 있도록 [취소] 버튼의 배경색은 흰색으로, 글자 색상은 검은색으로 설정한다.

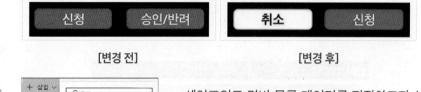

[변경 전]   [변경 후]

04

셰어포인트 경비 목록 데이터를 편집하고자 상단 메뉴에서 [삽입] → [입력] → [편집할 양식] 컨트롤을 선택하여 추가한다.

05 Home 화면에서 데이터 원본을 선택한 것처럼 경비 신청 화면의 폼에도 'Expenses List'를 연결한다.

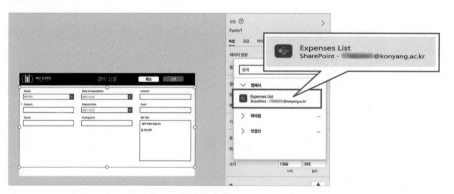

06

[PenSignLink] 필드는 승인/반려 화면에만 필요하기 때문에 삭제한다. 그리고 폼 레이아웃은 2열로 설정한다.

07 [Memo] 입력 필드에는 사용자가 여러 줄을 입력할 수 있도록 ① Memo 필드의 데이터 카드 (DataCardValue7)를 클릭 후 ② 텍스트 입력 컨트롤을 삭제한다. 속성을 변경하려면 먼저 잠금을 해제해야 한다.

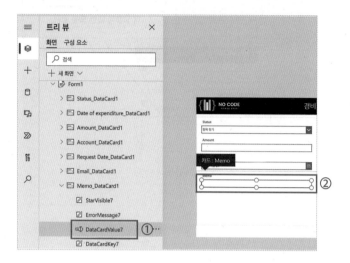

08 상단 메뉴에서 [입력] → [서식 있는 텍스트 편집기]를 선택하여 추가한다. 기존에 있던 필드를 삭제했기 때문에 오류가 발생한다.

09 Memo 필드에서 ① 오류 아이콘 ❌을 클릭하면 두 가지의 메뉴가 나타난다. 두 가지 메뉴 중, ② [수식 입력 줄에서 편집]을 클릭하여 어디서 오류가 발생했는지 확인하고 ③ 오류가 발생한 수식을 삭제한다.

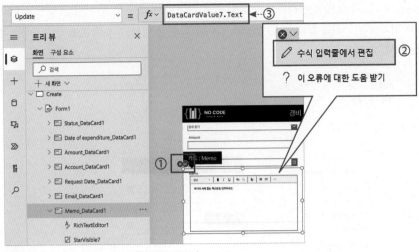

> **TIP**
>
> 오류 발생 시 해당 수식을 삭제하는 방법도 있지만, 속성을 변경해서 해결할 수도 있다. 기존에 있던 필드를 삭제해서 발생한 오류이므로 [Update] 속성에 새로 추가한 편집기의 텍스트를 입력하면 문제가 해결된다.
>
> **변경 전**
>
>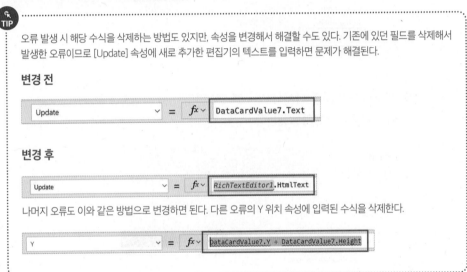
>
> **변경 후**
>
> 나머지 오류도 이와 같은 방법으로 변경하면 된다. 다른 오류의 Y 위치 속성에 입력된 수식을 삭제한다.

10 경비 신청 화면 디자인이 끝났다. 이제 사용자가 잘못된 값을 입력하지 않도록 컨트롤의 기본 속성을 변경해 보자. 경비 신청을 했을 때 Status 필드와 Request Date 필드는 편집 모드가 아닌 디스플레이 모드로 표시해야 한다. 디스플레이 모드로 변경하려면 왼쪽 트리 뷰에서 ① 해당 컨트롤(DataCardValue1)을 선택하고 ② 속성 선택 창에서 [DisplayMode]를 선택한다. ③ 수식 입력 줄에 Disabled를 입력하면 입력 컨트롤에서 사용자가 값을 입력할 수 없도록 설정된다. Request Date 필드도 마찬가지로 [DisplayMode] 속성을 Disabled로 지정하자.

> **TIP**
>
> 예제에서는 사용자가 값을 입력하지 못하게 **Disabled**로 설정했지만, **View**를 입력해서 조회 모드로 설정할 수
> 도 있다.
>
> | DisplayMode | ∨ | = | *fx* ∨ | View |

11 경비를 신청할 때에는 Status 필드에 **"대기중"** 값이 기본으로 표시되도록 [DefaultSelectedI
tems] 속성에 다음 수식을 입력한다.

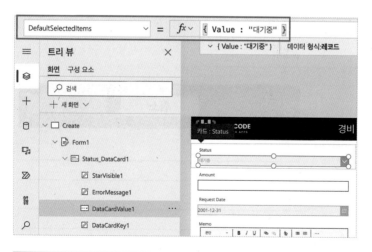

수식	{ Value : "대기중" }
설명	드롭다운의 기본값을 Value 수식을 이용하여 **"대기중"**으로 설정한다.

12 Request Date의 기본 날짜를 오늘로 설정하고자 [DefaultDate] 속성에 **Today( )** 명령을 입력한다.

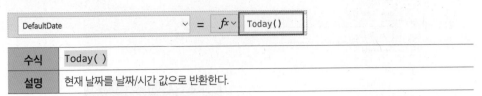

수식	Today( )
설명	현재 날짜를 날짜/시간 값으로 반환한다.

13 [취소] 버튼을 선택한 후, 이전 화면으로 돌아가는 기능을 넣기 위해 [OnSelect] 속성에 **Back( )** 명령을 입력한다.

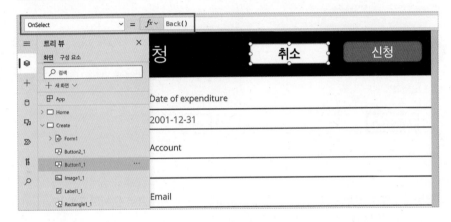

14 경비 작성을 완료하고 [신청] 버튼을 누르면 데이터를 저장하는 기능을 구현하자. 그리고 Home 화면으로 이동하도록 **Back( )** 명령을 추가한다.

수식	SubmitForm(Form1); Back( )
설명	컨트롤의 변경 내용을 데이터 원본에 저장하고 뒤로 돌아간다.

15 성공적으로 데이터가 저장되었으면 **"신청 완료 했습니다."** 라는 메시지를 표시하도록 폼의 [OnSuccess] 속성 수식에 다음과 같이 `Notify( )` 명령을 넣는다.

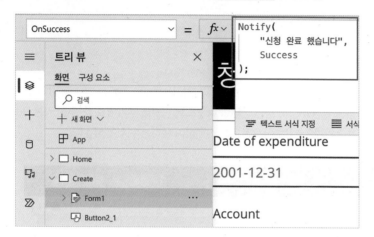

16 경비 신청 Create 화면으로 연결하고자 Home 화면으로 돌아가 [신청] 버튼에 다음 수식을 입력한다.

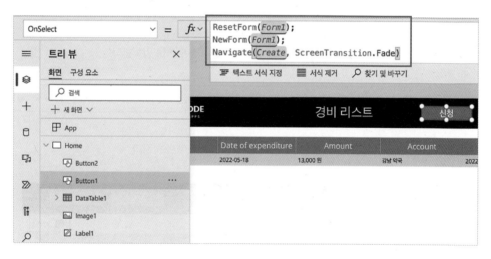

토글(toggle) 컨트롤 알아보기

토글(toggle)은 전등 스위치처럼 켜기/해제 기능을 반복한다. 켜기는 `true`, 해제는 `false` 값이 된다. 실습 중인 예제에서 토글 컨트롤을 설정했을 때 승인 상태만 나오도록 기능을 추가해 보자. 우선 기본 Home 화면에서 상단 메뉴의 [삽입] → [입력] → [토글] 컨트롤을 선택하여 원하는 위치에 넣는다.

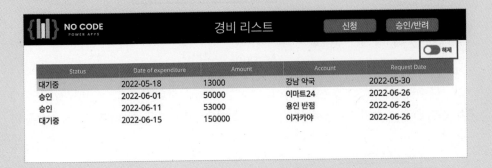

'승인' 상태만 나오도록 데이터 테이블의 [Items] 속성에 다음 수식을 입력한다.

```
fx ∨   If(Toggle1.Value = false, 'Expenses List', Filter('Expenses List', Status.Value = "승인"))
```

토글을 활성화하면 다음과 같이 승인 상태의 데이터만 리스트에 조회된다.

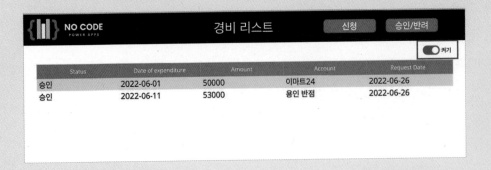

경비 승인/반려 화면 만들기

경비 신청 리스트를 조회하는 Home 화면과 경비 신청 생성 화면 개발이 끝났으므로 이어서 신청 경비 결재를 승인하고 반려하는 기능이 있는 화면을 만들어 보자.

01 새로운 화면을 생성한 후에 화면 이름은 'A/R'로 설정한다. 그리고 경비 신청 화면 'Create'의 헤더 컨트롤을 복사해서 붙여넣는다.

02 복사한 버튼의 이름을 A/R 화면에 맞게 [반려]와 [승인]으로 변경한다.

03 경비 승인 화면에서는 관리자가 서명하고 저장해야 하므로 폼 편집 컨트롤을 추가한다. 경비 신청 화면처럼 데이터 원본 셰어포인트 목록을 연결한다.

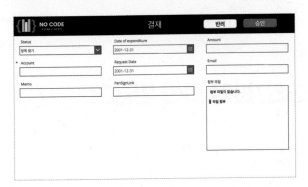

04 폼 편집 열에 맞춤 속성에서 ① 열은 2열로 하고 ② 레이아웃은 가로로 설정하면 화면에 맞게 유동적으로 컨트롤이 배열된다. 경비 신청 화면에서 ③ [Memo] 텍스트 입력 컨트롤은 삭제하고 서식 있는 텍스트 편집기 컨트롤로 대체한다. 그리고 서명을 넣을 ④ [PenSignLink] 컨트롤은 폼의 마지막에 둔다.

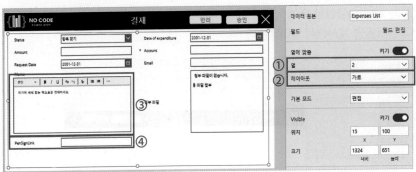

> **TIP**
>
> 폼 양식의 필드 순서를 바꾸는 데는 다음과 같은 2가지 방법이 있다.
>
>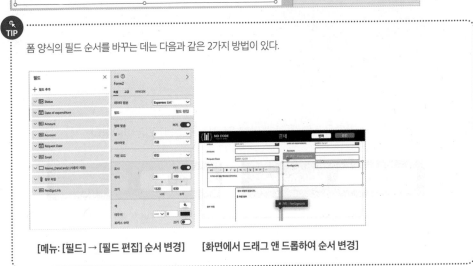
>
> [메뉴: [필드] → [필드 편집] 순서 변경]   [화면에서 드래그 앤 드롭하여 순서 변경]

05 Home 화면의 경비 신청 리스트에서 선택한 한 행이 A/R 화면에서 기본으로 나타나도록 설정하자. 왼쪽 트리 뷰에서 ① 폼(Form2)을 선택한다. ② [Item] 속성을 선택하고 Home 화면에 있는 ③ DataTable1의 선택된 행을 의미하는 수식을 다음과 같이 입력한다.

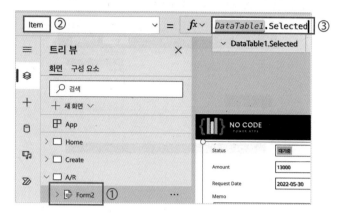

06 Memo 필드는 서식 있는 텍스트 편집기로 변경했기 때문에 값을 조회하려면 수식을 추가로 입력해야 한다.

수식	ThisItem.Memo
설명	ThisItem은 폼 또는 갤러리 컨트롤에서 현재 레코드를 의미한다.

07 경비를 승인하기 전에 결재자가 서명하는 기능을 구현해야 한다. PenSignLink 텍스트 입력 컨트롤을 삭제하고 상단 메뉴의 [삽입] → [입력] → [펜 입력] 컨트롤을 선택하여 추가한다. 경비 신청 화면에서 서식 있는 텍스트 편집기 컨트롤을 추가했던 방식과 마찬가지로 적용한다.

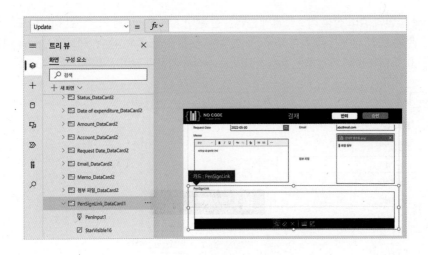

데이터 카드의 [Update] 속성은 빈 값으로 설정한다.

08 경비 신청 상태가 승인/반려일 때는 서명을 하지 못하도록 비활성화해야 하고 서명 이미지가 나타나도록 해야 한다. 이와 달리 대기 중인 상태라면 서명을 입력할 수 있도록 펜 입력 컨트롤을 활성화해야 한다. 해당 기능을 구현하고자 PenSignLink 필드에 이미지를 추가한 후에 PenSignLink과 이미지 크기를 조절한다. 이미지 속성 중 이미지 위치는 '채우기'로 설정한다.

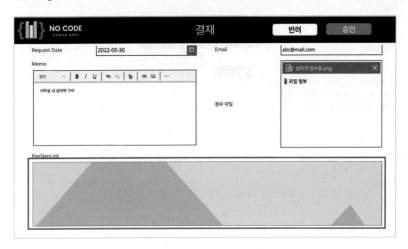

09 이미지를 추가한 후에 주의할 점은 **PenSignLink 필드가 이미지보다 앞에 있어야 한다는 점이다.** 그 이유는 PenSignLink 필드가 이미지보다 앞에 있어야 서명을 할 수 있기 때문이다. 이미지를 선택하고 마우스를 오른쪽 클릭한 뒤, [순서 바꾸기] → [뒤로 보내기]를 선택하자.

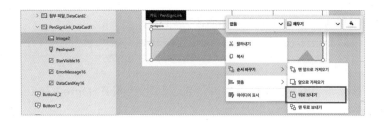

10 경비 신청 상태에 따라서 PenSignLink 컨트롤의 조회 속성을 변경하는 기능을 구현해 보자. If( ) 조건문과 IsBlank( ) 명령을 이용하여 서명이 있으면 PenSignLink 컨트롤의 [Visible] 속성을 비활성화하는 수식을 입력한다.

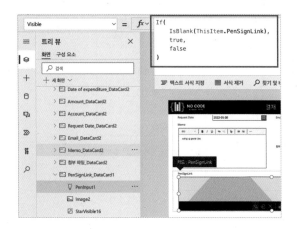

수식	If(IsBlank(ThisItem.PenSignLink), true, false)
설명	만약 서명이 저장되어 있다면 '펜 입력'을 보이지 않게 설정한다.

11 이번에는 저장된 서명 이미지를 화면에 나타나도록 설정해 보자.

수식	`Substitute(ThisItem.PenSignLink, """", "")`
설명	`ThisItem.PenSignLink`를 문자열로 변환한 다음, 흐름에 전달하는 형식이다.

12 [승인] 버튼을 눌렀을 때 경비 신청 상태를 "승인"으로 업데이트하고 Home 화면으로 이동하는 수식을 입력한다.

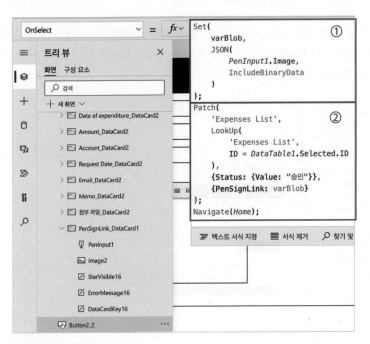

| 수식 ① | ```
Set(
    varBlob,
    JSON(PenInput1.Image, IncludeBinaryData)
);
``` |
| 설명 ① | 이미지를 셰어포인트에 저장하려면 JSON 문자열로 변환해야 한다. 또한 `JSON()` 명령의 두 번째 매개 변수는 이미지를 이진 데이터로 저장한다. |
| 수식 ② | ```
Patch(
    'Expenses List',
    LookUp('Expenses List', ID = DataTable1.Selected.ID),
    {Status: {Value: "승인"}},
    {PenSignLink: varBlob}
);
Navigate(Home);
``` |
| 설명 ② | `Path()` 명령으로 상태 데이터를 수정한다. `LookUp()` 명령을 사용하여 조건에 해당하는 레코드를 찾아서 업데이트한다. |

13 승인 작업이 성공하면 `Notify( )` 명령으로 성공 메시지를 출력한다.

14 12단계에서 [승인] 버튼에 추가한 수식처럼 [반려] 버튼에도 상태를 `"반려"`로 업데이트하는 수식을 입력한다.

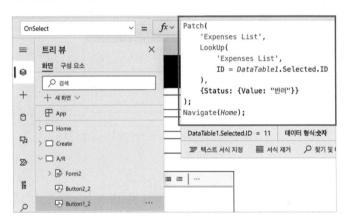

15 경비 신청 상태가 `"반려"` 또는 `"승인"`일 때는 사용자가 버튼을 클릭하지 못하도록 [반려]와 [승인] 버튼을 비활성화한다.

| 수식 | ```
If(
    DataTable1.Selected.Status.Value = "반려",
    DisplayMode.Disabled,
    If(
        DataTable1.Selected.Status.Value = "승인",
        Disabled,
        Edit
    )
)
``` |
|---|---|
| 설명 | 상태가 "반려" 또는 "승인"일 때 버튼을 비활성화한다. |

<u>16</u> 경비 승인 화면에 뒤로 가기 아이콘을 추가하고 [OnSelect] 속성에 Back( ) 명령을 입력한다.

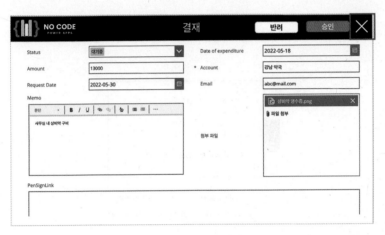

<u>17</u> PenSignLink 필드 이외의 모든 필드는 사용자가 변경하지 못하도록 Disabled로 설정한다.

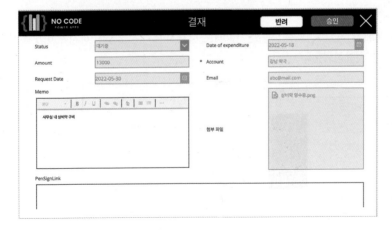
```

18 마지막으로 Home 화면으로 돌아가서 [승인/반려] 버튼을 누르면 경비 승인 화면 A/R로 이동하는 [승인/반려] 버튼의 [OnSelect] 속성에 `Navigate('A/R')` 명령을 입력하자.

19 앱을 실행하고 서명한 후에 승인하는 기능을 각자 확인해 보자.

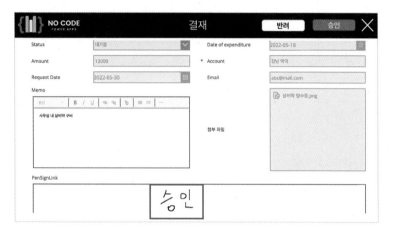

슬라이더 컨트롤 알아보기

슬라이더 컨트롤은 다양한 용도로 활용할 수 있다. 예를 들어, 슬라이더를 좌우로 스크롤하면 텍스트 또는 사진의 크기를 변경할 수 있다. 신규 앱을 생성하고 상단 메뉴의 [삽입] → [입력] → [슬라이더]를 선택하여 추가해 보자. 슬라이더 최솟값과 최댓값은 [고급] 탭에서 상황에 따라서 적절한 값으로 변경할 수 있다.

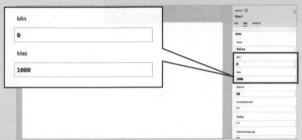

우선 텍스트 크기를 변경하는 기능을 테스트하고자 텍스트 입력 컨트롤을 추가한다. 텍스트 설정에서 [Size] 속성을 선택한 후, 슬라이더를 가리키는 변수 Slider1을 넣어주면 완성이다. 슬라이더를 움직여서 텍스트 크기가 어떻게 변하는지 확인해 보자.

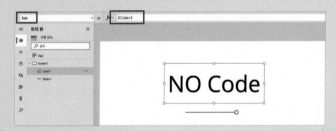

이번에는 슬라이더를 이용해 사진 크기를 변경해 보자. 빈 화면에서 이미지와 슬라이더 2개를 추가한다.

슬라이더를 가로에서 세로로 변경하려면 [Layout] 속성을 Horizontal에서 Vertical로 설정하면
된다.

예제에서는 슬라이더 최댓값을 1000으로 설정했다. 이미지 설정에서 가로 슬라이더는 [Width] 속성에,
세로 슬라이더는 [Height] 속성에 지정한다.

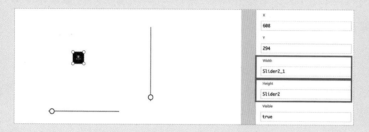

슬라이더를 변경하면 다음과 같이 이미지의 크기도 변경되는 것을 확인할 수 있다.

경비 수정 화면 만들기

경비 결재를 승인하고 반려하는 화면 구현을 완료하였다. 마지막으로, 신청한 경비 결재를 수정하고 삭제하는 기능을 가진 화면을 만들어 보자.

01 수정 화면으로 이동하고자 [변경] 버튼을 추가한다. 버튼의 배경색은 RGBA(246,88,16,1)이고 글꼴 크기는 20이다. 버튼 크기 속성의 너비는 130, 높이는 40으로 통일하였다.

02 수정 화면은 생성 화면 'Create'와 비슷하므로 여기서는 화면을 복사하여 사용하겠다. ① 'Create' 화면의 더 보기 아이콘을 클릭하고 ② [화면 복제]를 선택한다. 그리고 복제된 화면 이름은 'M/D'로 설정한다.

03 A/R 화면에서 설정했던 방식과 마찬가지로 경비 신청 리스트에서 선택한 한 행이 M/D 화면에 나타나도록 설정한다. 또한, 서식 있는 텍스트 편집기도 값을 조회하기 때문에 마찬가지로 설정한다.

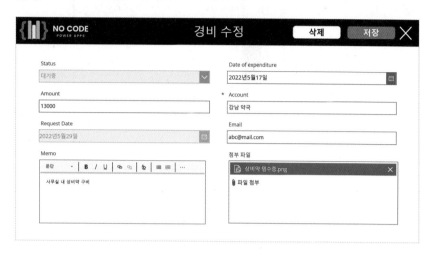

04 복사한 버튼 컨트롤을 M/D 화면에 맞게 [삭제]와 [저장]으로 변경한다.

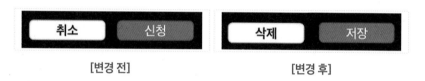

[변경 전]　　　　　　　　　　　　[변경 후]

05 수정 화면에 [취소] 아이콘을 추가한다. 뒤로 이동하기 위해서 [취소] 아이콘의 [OnSelect] 속성에 `Back( )` 명령을 입력한다. 타이틀 또한 '경비 신청'에서 '경비 수정'으로 변경한다.

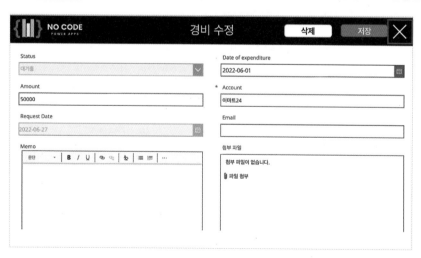

06 경비 신청 리스트에서 선택한 한 행을 삭제하는 기능을 구현해야 한다. [삭제] 버튼의 [OnSelect] 속성에 데이터를 삭제하는 다음 수식을 입력한다.

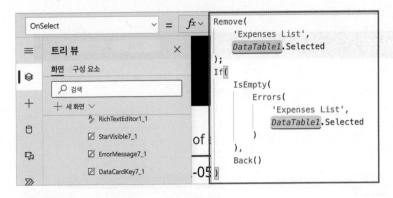

수식	```Remove(
'Expenses List',
DataTable1.Selected
);
If(
IsEmpty(
Errors('Expenses List', DataTable1.Selected)
),
Back( )
)```
설명	경비 신청 리스트에서 데이터 테이블 컨트롤의 선택된 값을 지우고(**Remove**), 오류가 없다면 (**IsEmpty(Errors)**), 뒤로 돌아간다(**Back()**).

07 [저장] 버튼을 클릭했을 때 작업이 성공했으면 **"성공적으로 저장했습니다."**라는 메시지를 출력하도록 폼의 [OnSuccess] 속성을 수정한다.

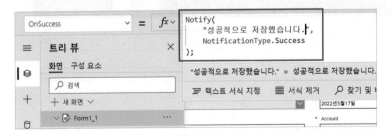

08 Home 화면에서 M/D 화면으로 이동하는 수식을 추가하자. [OnSelect] 속성을 다음 수식처럼 수정한다.

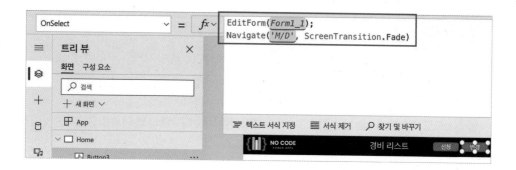

09 앱을 실행해서 삭제와 수정 기능을 확인해 보자.

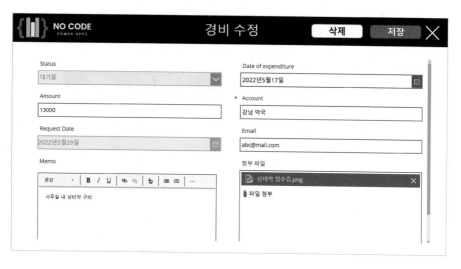

탭 기능 구현하기

탭 형식으로 비슷한 필드를 한 화면에 그룹화하여 표시할 수 있다. 2개의 탭 예제를 통해서 탭의 활용처에 대해서 이해하도록 한다.

첫 번째 탭 예제는 데이터 테이블 컨트롤에 탭 기능을 추가해서 상태별로 조회하도록 한 것이다. '모두', '승인', '대기중', '반려' 상태를 탭으로 나누어 보자.

01 우선 4개의 버튼을 추가한다. 버튼의 글자 색은 RGBA(172, 62, 11, 1), 테두리 반지름은 0으로 설정하고 각 버튼의 텍스트는 '모두', '승인', '대기중', '반려'로 설정하자.

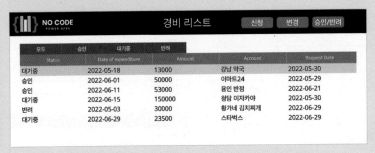

02 [승인], [대기중], [반려] 버튼의 [OnSelect] 속성에 버튼(탭)을 누르면 버튼의 텍스트가 변수에 저장되도록 Set(varTab, Self.Text) 수식을 입력한다. 여기서 Self는 자신을 가리킨다.

03 [모두] 버튼의 [OnSelect] 속성에 변수를 초기화하는 Set(varTab, Blank( )) 수식을 넣는다.

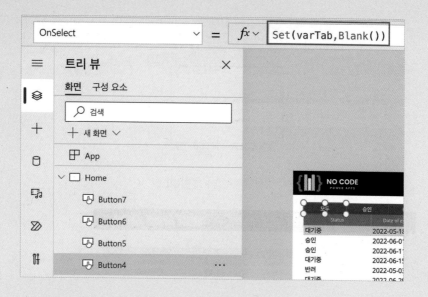

04 누른 탭을 강조하고자 해당하는 탭 버튼을 누르면 다른 탭 버튼의 배경색이 변경되도록
[Fill] 속성에 각각 다음과 같은 수식을 입력한다.

[모두] 버튼의 [Fill] 속성

```
If(IsBlank(varTab), RGBA(172, 62, 11, 1), RGBA(230, 230, 230, 1))
```

[승인] 버튼의 [Fill] 속성

```
If(varTab = "승인", RGBA(172, 62, 11, 1), RGBA(230, 230, 230, 1))
```

[대기중] 버튼의 [Fill] 속성

```
If(varTab = "대기중", RGBA(172, 62, 11, 1), RGBA(230, 230, 230, 1))
```

[반려] 버튼의 [Fill] 속성

```
If(varTab = "반려", RGBA(172, 62, 11, 1), RGBA(230, 230, 230, 1))
```

05 탭을 선택하면 버튼의 텍스트와 같은 상태의 데이터 레코드만 표시하도록 해야 한다. 데
이터 테이블의 [Items] 속성에 다음 수식을 입력한다.

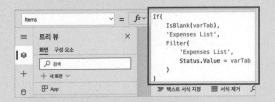

06 승인 버튼을 누르면 '승인' 상태의 데이터만 조회된다.

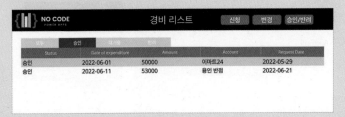

탭이 자주 활용되는 두 번째 예제를 하나 더 만들어 보자. 데이터 테이블에서 선택한 값을
데이터 그룹별로 상세하게 보여줄 때 탭을 활용하면 유용하다.

01 상단 메뉴의 [삽입] → [입력] → [표시할 양식]을 선택하여 추가한다. 폼의 [Item] 속성에
`DataTable1.Selected`을 넣어서 데이터 테이블 컨트롤에서 선택한 값이 조회되도
록 한다. 폼 테두리는 1, 열은 2로 설정한다.

02 탭을 두 개로 구분하기 위해서 버튼 컨트롤 2개를 추가한다. 버튼의 글자 색은 RGBA
(246, 88, 16, 1), 테두리 반지름은 0으로 설정한다. 버튼의 텍스트는 '상세 정보', '서
명'으로 입력한다.

03 첫 번째 탭 예제처럼 두 개 버튼의 [OnSelect] 속성에 버튼 텍스트를 변수에 저장하는
Set(varTabdetail, Self.Text) 수식을 입력한다.

04 누른 버튼(탭)을 강조하고자 [Fill] 속성에 색상을 설정한다.

[상세 정보] 버튼의 [Fill] 속성

```
If(varTabdetail = "상세 정보", RGBA(246, 88, 16, 1), RGBA(230, 230, 230,
1))
```

[서명] 버튼의 [Fill] 속성

```
If(varTabdetail = "서명", RGBA(246, 88, 16, 1), RGBA(230, 230, 230, 1))
```

05 폼 보기에서 서명을 이미지로 조회하려면 기존에 있던 PenSingLink 필드를 삭제하고 상단 메뉴의 [삽입] → [미디어] → [이미지]를 선택하여 이곳에 추가해야 한다. 이미지 속성의 이미지 위치를 '채우기'로 설정한다. 그리고 Status 필드는 삭제하고 이미지 크기를 조정한다.

06 PenSignLink 필드 이외 필드를 선택한 후, [Visible] 속성에 `varTabdetail = "상세 정보"` 수식을 입력하자. [Shift] 키를 누른 상태에서 클릭하면 여러 개 컨트롤을 선택할 수 있다.

07 PenSignLink 필드도 [Visible] 속성에 `varTabdetail = "서명"` 수식을 입력한다.

08 예제에서 입력했던 서명 이미지가 화면에 나타나도록 다음과 같이 수식을 입력하자.

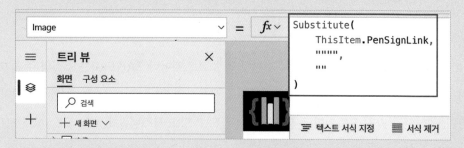

09 앱을 실행해서 [상세 정보] 탭과 [서명] 탭이 제대로 동작하는지 확인한다.

파워 앱스와 SAP ERP 연결

SAP ERP는 SAP에서 개발한 전사적 자원 관리 소프트웨어다. SAP ERP는 조직의 주요 비즈니스 기능을 통합하고 관리한다. SAP ERP 커넥터를 사용하면 On-premises 데이터 게이트웨이를 통해 파워 앱스 앱과 파워 오토메이트 자동화 흐름을 SAP ERP 시스템(SAP ECC 또는 SAP S/4HANA)에 연결할 수 있다.

- **SAP 인증 또는 Windows 인증을 사용하여 SAP ECC 또는 S/4HANA 서버에 대한 연결 생성**
- **모든 BAPI와 사용자가 정의한 RFC 호출**
- **RFC 또는 BAPI에 대한 입력과 출력 매개 변수에 대한 동적 스키마 제공**

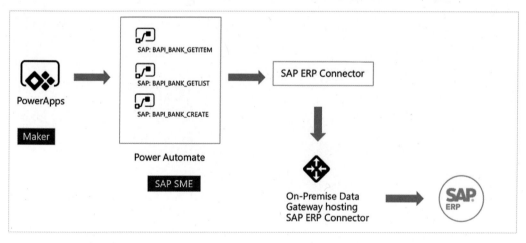

그림 출처: 〈Introducing the SAP ERP connector〉 (마이크로소프트 공식 홈페이지 https://powerapps.microsoft.com/en-us/blog/introducing-the-sap-erp-connector/)

SAP ERP와 파워 앱스를 연결하려면 두 가지 소프트웨어를 설치해야 한다.

- **On-premises Data Gateway**

  필수 버전: 2019년 12월(3000.21.18) 이상

  On-premises Data Gateway는 On-premises Data(클라우드 이외의 서버 또는 개인 PC)와 여러 마이크로소프트 클라우드 서비스 사이에 빠르고 안전한 데이터 전송을 제공하는 브리지 역할을 한다. 이러한 클라우드 서비스에는 파워 비아이(Power BI), 파워 앱스(Power Apps), 파워 오토메이트(Power Automate), Azure Analysis Services, Azure Logic Apps가 포함된다.

- **SAP .NET Connector 3.0 SDK from SAP**

  커넥터는 32비트와 64비트 버전으로 제공되는데, 64비트 버전을 선택해야 한다.

  서버 구성 환경은 On-premises Data Gateway 권장 요구 사항에 부합하는 8코어 CPU, 16GB RAM, Windows 10 OS, 1920x1080 화면 해상도, SSD 설치 환경이다.

먼저 On-premises Data Gateway를 설치해 보자.

01 마이크로소프트 온-프레미스 데이터 게이트웨이 문서(https://docs.microsoft.com/ko-kr/data-integration/gateway/service-gateway-install) 페이지를 참고해서 게이트웨이를 내려받아 설치한다.

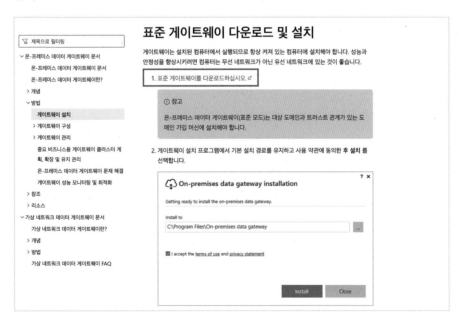

02 게이트웨이 설정과 설치를 마치면 On-premises data gateway 프로그램이 실행된다. 기본적으로, 한 번 설치하면 시스템을 재부팅할 때마다 자동으로 실행된다.

03 SAP 서포트 페이지(https://support.sap.com/en/product/connectors/msnet)로 접속해서 .NET Framework 환경에 따라 SAP 커넥터(.Nco) x64 최신 버전을 내려받는다.

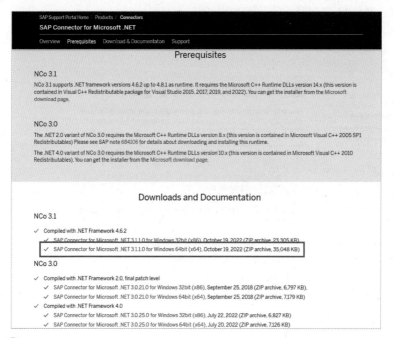

TIP 내려받으려면 유효한 SAP S-User 계정이 필요하다. 회사 또는 그룹의 SAP팀에 연락해야 할 수도 있으니 계정이 있는지 확인하길 바란다.

04 SAP .NET Connector 설치 단계에서 [Install assemblies to GAC] 옵션을 선택해서 설치를 완료한다.

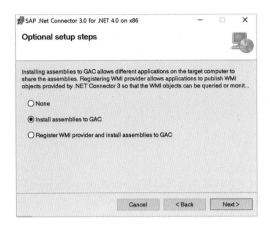

연결 환경 구성을 모두 완료했다. 이제 SAP ERP 커넥터를 활용하여 파워 앱스에서 두 개의 숫자와 연산자를 SAP의 RFC로 보내서 값을 계산하고 파워 앱스로 결과를 받아 조회하는 예제를 실습해 보자.

SAP ERP에 생성한 RFC의 변수는 다음과 같다.

Import			Export		
변수 이름	타입	설명	변수 이름	타입	설명
IV_VALUE1	Integer Type	숫자 1	EV_RESULT	Character Type	결괏값 또는 오류 메시지
IV_VALUE1	Integer Type	숫자 2			
IV_OPER	Character Type	연산자			

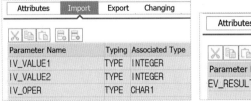

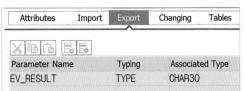

01 SAP 시스템에서 두 숫자와 연산자를 가져오고(Import) 결과를 계산해서 내보내는(Export) 간단한 RFC를 생성한다. [Remote-Enabled Module]로 생성하는 것에 주의한다.

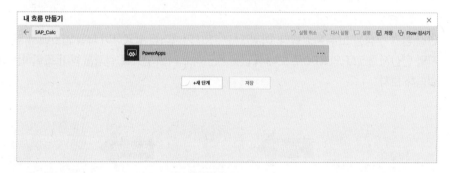

02 파워 앱스에서 빈 캔버스 앱을 생성한 다음, 왼쪽 메뉴에서 [Power Automate]를 선택하고 [새흐름 만들기] 버튼을 클릭해 흐름을 만들고 제목을 지정한다.

03 새 단계를 추가하고 [SAP ERP] 커넥터를 선택한다.

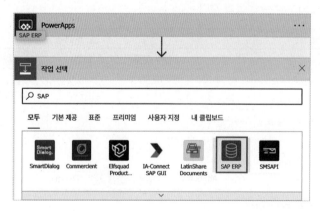

04 SAP 시스템의 RFC를 호출할 것이므로 [SAP 함수 호출]을 선택한다.

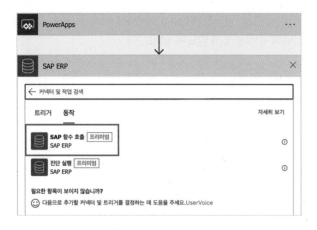

05 SAP 인증 또는 Windows 인증으로 시스템 접속에 필요한 정보를 입력하고 [만들기]를 클릭한다.

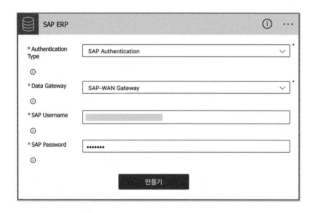

06 서버 IP 또는 도메인 호스트, 클라이언트 ID 그리고 시스템 번호를 입력한다.

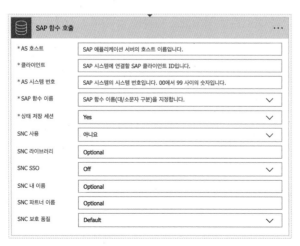

07 SAP 함수 이름에 생성한 RFC 이름을 넣으면 하단에 Import 변수가 자동으로 추가된다. [PowerApps에서 질문]을 선택해서 값을 입력받도록 설정한다.

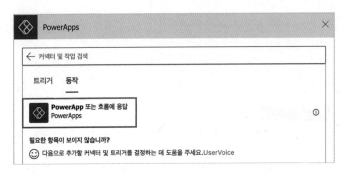

08 새 단계를 추가해서 [PowerApps] 커넥터를 선택하고 [PowerApps 또는 흐름에 응답]을 선택한다.

09 [+ 출력 추가] 버튼을 누른 다음, 텍스트를 선택하고 제목을 입력한다. 값 입력 칸을 선택하면 SAP 함수의 Export 값이 조회된다. 선택하고 흐름을 저장한다.

10   파워 앱스 화면에 값을 입력할 텍스트 입력 컨트롤과 결과를 표시할 레이블, 버튼을 추가한다.

11   [계산하기] 버튼의 [OnSelect] 속성에 `UpdateContext( )` 명령을 입력한다.

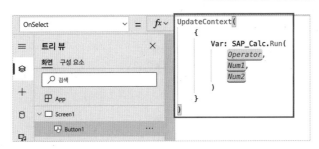

수식	`UpdateContext({Var: SAP_Calc.Run(Operator, Num1, Num2)})`
설명	연산자(`Operator`)와 두 숫자(`Num1`, `Num2`)를 넣어 흐름을 실행한다. `Var` 변수에는 흐름에서 받은 값을 할당한다.

12   결과 레이블의 [Text] 속성은 흐름 변수의 텍스트인 `Var.result`로 설정한다.

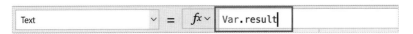

13   숫자와 연산자를 넣고 [계산하기]를 누르고 결과가 출력되는지 확인해 보자.

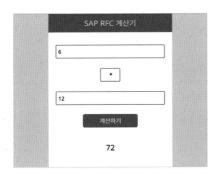